THORSTEN HAVENER

Mach doch, was ich will

THORSTEN HAVENER

Mach doch, was ich will

Die Kunst der Manipulation

YES

Originalausgabe
2. Auflage 2024

Nymphenburger Straße 86, D-80636 München
info@yes-publishing.de

Redaktion: Dr. Sybille Beck
Umschlaggestaltung: Ivan Kurylenko (hortasar covers)
Umschlagabbildung: Bernt Haberland
Layout und Satz: Daniel Förster, Belgern
Druck: GGP Media GmbH, Pößneck
Printed in Germany

ISBN Print 978-3-96905-074-3
ISBN E-Book (EPUB, Mobi) 978-3-96905-076-7
ISBN E-Book (PDF) 978-3-96905-075-0

Es ist leichter, einen Menschen zu täuschen, als ihm klarzumachen, dass er getäuscht worden ist.

Mark Twain

INHALT

DIE GEDANKEN SIND FREI! – ODER?

Kürzlich war ich mit meiner Familie im Schloss Neuschwanstein. Ein wirklich fantastisches Schloss. Auch wenn ich mir kaum vorstellen kann, dass es jemals etwas anderes war als ein Ausflugsort für Touristen und Familien. Tatsächlich wohnte König Ludwig II. nur wenige Monate dort. Ich liege mit meiner Einschätzung also gar nicht so weit daneben.

Das wahrlich Spannendste am Ausflug waren für mich aber nicht die Zimmer oder die Landschaft (wobei die wirklich bemerkenswert sind), sondern die Aufteilung des Souvenirshops. Nach dem Schlossbesuch wurden wir nämlich durch einen Bereich geführt, in dem man so wunderschöne Kleinigkeiten wie Bierkrüge mit dem bayerischen Wappen oder übergroße Bleistifte mit dem Bild des Königs drauf erwerben kann. Oder auch Kissen mit dem Kölner Dom oder dem Matterhorn – für den Fall, dass der vergessliche Tourist es bei deren Besuch versäumt hat, sich damit einzudecken. Nach Beendigung der Führung kommt man also automatisch in diesen Shop.

Nachdem man durch den Souvenirbereich geleitet wurde, kommt ein Déjà-vu – man gelangt über einen kurzen Gang nämlich unmittelbar in den nächsten Bereich, in dem es genauso aussieht und in dem es dieselben Artikel wieder zu kaufen gibt. Und als wir den hinter uns gelassen haben, sind wir durch einen weiteren Gang in einen dritten

Souvenirbereich geschleust worden. In allen drei Boutiquen gab es exakt dasselbe Angebot.

Jetzt könnte man ja denken, dass die Touristen spätestens beim dritten Shop langsam sauer werden. Das stimmt aber nicht – ganz im Gegenteil. Tatsächlich hat der dritte Shop am meisten verkauft.

Solche Dinge faszinieren mich. Eine stumpfe Wiederholung und nicht endende Aneinanderreihung geschmackloser Kissen und Bierkrüge haben dafür gesorgt, dass die Besucher gekauft haben. Aber erst beim dritten Mal.

Wie ich Ihnen in diesem Buch noch ausführlich erläutern werde, ist das Prinzip der Wiederholung ein Grundpfeiler der Einflussnahme, und hier war der praktische Beweis. Genauso faszinierend: Die Kunden waren glücklich über ihre Einkäufe. Sie fühlten sich überhaupt nicht manipuliert.

Als ich als 13-Jähriger begonnen habe, die Zauberkunst intensiv zu studieren, habe ich meine Liebe zu Sinnes-, Wahrnehmungs- und Denktäuschungen entdeckt. Sie ist bis heute ungebrochen. Dieses Studium hat mir erhebliche Einblicke in unser Denken geschenkt. Aus diesem Grund ziehen mich Situationen wie im Souvenirshop in Neuschwanstein auch immer noch in ihren Bann.

Wo werden wir überall manipuliert?

Was kann mit Manipulation alles bewirkt werden?

Welche Rolle spielt die Sprache dabei?

Diese Fragen bewegen mich noch heute.

Ich denke, meine Faszination entspringt der Tatsache, dass sich die Manipulation – genau wie die Täuschung – im Verborgenen abspielt.

Vielleicht habe ich deshalb nach dem Abitur Angewandte Sprachwissenschaft sowie Übersetzen und Dolmetschen an der Universität des Saarlandes und in Monterey, Kalifornien studiert. (Und auch erfolgreich abgeschlossen, das muss man inzwischen ja schon dazusagen.) Denn die Sprache ist eines der wesentlichen Werkzeuge der Beeinflussung. Oder, wie es die amerikanische Schriftstellerin Rita Mae Brown ausdrückte: »Sprache übt Macht im Verborgenen aus, so wie der Mond die Gezeiten beeinflusst.«

Übt Macht im Verborgenen aus … Harter Stoff.

Heute, viele Jahre später, nutze ich in meinen Vorträgen und Workshops und auch in meinen Shows als Gedankenleser zahlreiche Methoden, die ich damals während meiner Studien gelernt habe, jedoch meist in einem anderen Rahmen.

Unsere Gedanken, unsere Sprache und Illusionen sind mein Metier. Diese Geheimnisse des menschlichen Geistes spielen nicht nur in meinem Beruf eine große Rolle, sondern im Leben von uns allen.

Sie haben Macht.

Ich schreibe dieses Buch also aus der Sicht eines »Gedankenlesers«. In dieser Eigenschaft durchleuchte ich den Charakter meiner Mitmenschen und erforsche Methoden zum Steuern unserer Gedanken und unseres Verhaltens. Das ist meine Perspektive.

Was ich Ihnen hier beschreibe, habe ich nicht nur aus Büchern gelernt, sondern in über 30 Jahren Erfahrung vor Publikum getestet. Ich habe es von echten Meistern der Illusion und der Beeinflussung gelernt. Von Hypnotiseuren, Zauberern und Mentalisten. Wenn diese Menschen ihr Publikum nicht sofort überzeugen, können sie keinen Erfolg haben. Sie nutzen Täuschung und Illusion – man könnte das auch als Manipulation bezeichnen –, um Menschen zu unterhalten. Und um sie zu inspirieren. Das Wissen in diesem Buch kommt also nicht nur aus Studien und Experimenten (wobei ich viele Studien und Experimente zitiere), sondern auch aus der verborgenen Welt der Magie.

Ich nenne das die »Havener-Methode«. Die können Sie auch in Ihrem Leben anwenden. Sie müssen sich nur trauen.

Das, lieber Leser, liebe Leserin, waren schon die ersten beiden Manipulationen in diesem Buch. Es gibt nämlich keine »Havener-Methode«. Den Begriff habe ich mir beim Schreiben dieser Zeilen ausgedacht.

Sobald eine Sache einen Namen hat, erscheint sie uns greifbarer, realer, anwendbarer. Die zweite Manipulation bestand darin, Ihnen durch die Formulierung »Sie müssen sich nur trauen« ein wenig Furcht einzuflößen. Denn Furcht schafft Interesse.

Die Sätze haben ihr Ziel erreicht, wenn Sie den Einfluss nicht bemerkt und mit Neugier weitergelesen haben. Ich habe vor, dieses Interesse auf jeder Seite wachzuhalten.

Ich hoffe, dass dieses Buch und das Thema Sie so faszinieren wie mich, seit ich mit 13 Jahren meinen ersten Zaubertrick vorgeführt habe.

Betreten Sie mit mir auf den folgenden Seiten meine Welt.

Eine Welt der Illusion, Beeinflussung und Manipulation.

Und eine Welt, in der die eigenen Gedanken frei sind.

1

SEIN UND SCHEIN: DIE WELT ALS TÄUSCHUNG

Jeder große Zaubertrick besteht aus drei Akten. Der erste Akt ist »die Ankündigung« – der Magier zeigt etwas Gewöhnliches, aber natürlich ist es das gar nicht.

Der zweite Akt ist »die Wendung« – der Magier bringt das Gewöhnliche dazu, etwas Ungewöhnliches zu tun. Nun sucht man das Geheimnis. Aber man findet es nicht.

Deshalb gibt es noch einen dritten Akt: »die perfekte Illusion«. Der Teil, in dem sich alles dreht und wendet. Man sieht etwas, das man zuvor noch nie gesehen hat.

(Aus dem Film *The Prestige. Die Meister der Magie* von Christopher Nolan)

Ich weiß noch, wie ich als junger Bub die damalige Bibel der Zauberei studiert habe, das Handbuch der Magie von Jochen Zmeck. Ein Standardwerk, das es über die damalige DDR hinaus auch im Westen geschafft hat, zu einem der Grundlagenwerke der Zauberkunst zu werden. Es ist praktisch der Rotkäppchensekt und das Ampelmännchen der Zauberbücher. Vor mir liegt die Ausgabe aus dem Jahr 1984, auf Zeitungspapier gedruckt, zerlesen und mit unzähligen Anmerkungen in Jugendschrift versehen. Damals musste ich zur Aufnahmeprüfung in den Magischen Zirkel die drei Haupttäuschungsbereiche lernen. Ich hätte damals nicht gedacht, dass es mit zu dem Nützlichsten zählen wird, was ich je gelernt habe.

Der Kern der Zauberkunst ist die Täuschung, die bewusste Irreführung der Zuschauer mit dem Ziel, sie dadurch zu unterhalten.

So steht es bei Zmeck. Leicht paraphrasiert lässt sich diese Definition auch auf die Manipulation übertragen:

→ **Der Kern der Manipulation ist die Täuschung, die bewusste Irreführung der Mitmenschen mit dem Ziel, sie zu einer gewünschten Handlung zu bewegen.**

Hier erkennen wir bei allen Gemeinsamkeiten schon einen wesentlichen Unterschied zwischen Manipulation und der Kunst der Illusion. Die Kunst der Illusion hat das Ziel *zu* unterhalten. Die Manipulation hat zum Ziel, Menschen zu überzeugen und zu einer gewünschten Handlung zu bewegen. So viel vorweg, mit der genauen Definition befassen wir uns noch im nächsten Kapitel.

Dabei ist jede Form der Zauberkunst eine Form der Manipulation – aber es handelt sich bei Weitem nicht bei jeder Form der Manipulation um Zauberei. Aber beides hat immer mit Täuschung zu tun.

Da die Zauberkunst die Täuschung zum Kern hat, lohnt es sich, von ihr über die Täuschung zu lernen.

Ich tue jetzt etwas, was ich noch nie getan habe: Ich lüfte ein Geheimnis und verrate Ihnen einen Zaubertrick. Betrachten Sie es als seltenes Geschenk. (Diese drei Sätze sind übrigens sehr suggestiv und haben das Ziel, Sie zum Weiterlesen zu animieren. Die Methode dahinter wird in der Beschreibung des Tricks und in den folgenden Kapiteln enthüllt und vertieft.)

Um sich und andere zu verblüffen, brauchen Sie eine Münze. Also, schnappen Sie sich vorzugsweise ein 2-Euro-Stück und legen es vor sich auf den Tisch. Am besten ca. 15 Zentimeter von der Tischkante entfernt. Jetzt greifen Sie es mit der rechten Hand, um es aufzunehmen. Dabei hilft es ungemein, wenn Sie das Geldstück nicht direkt von der Position am Tisch aufnehmen, an der es liegt, sondern die Münze von oben mit den Fingern bedecken und in einer geraden Linie zuerst zu sich hin an die Tischkante ziehen. Dann greifen Sie die überstehende Kante der Münze mit dem Daumen von unten, sobald die Münze die Tischkante erreicht. Sobald Sie die Münze zwischen den Fingern und dem Daumen halten, heben Sie die Hand an und drehen sie aus dem Handgelenk mit dem Handrücken nach vorne. Heben Sie jetzt den Arm leicht an und halten die Münze vor Ihrem Oberkörper. Als Linkshänder machen Sie diese Bewegung mit der linken Hand.

Machen Sie das ein paarmal und prägen Sie sich genau ein, wie Sie das machen. Beobachten Sie den natürlichen Ablauf und Rhythmus der Bewegungen Ihres Arms und Ihrer Hand.

Als Nächstes ändern Sie ein wichtiges Detail: Beim nächsten Greifen der Münze tun Sie nur so, als würden Sie sie von der Tischkante aufnehmen. Anstatt sie jedoch zwischen Daumen und Fingerspitzen zu greifen, lassen Sie die 2 Euro auf Ihren Schoß fallen. Sie geben also nur vor, das Geldstück vom Tisch zu heben. Die Bewegungen müssen genauso aussehen wie bei der echten Tätigkeit – der einzige Unterschied besteht darin, dass Sie die Münze auf Ihren Schoß fallen lassen. Der Daumen berührt die Münze nicht und die Finger schieben das Geldstück über die Tischkante. Von dort fällt es in Ihren Schoß. Die Hand bewegt sich dabei ganz normal wie zuvor. Auch bei dieser Bewegung schließen sich die Finger leicht um die (nicht vorhandene) Münze, die Hand dreht sich leicht im rechten Handgelenk, der Arm hebt sich und Sie halten die Hand mit den Fingern nach vorne vor Ihrem Oberkörper.

Schauen Sie kurz auf Ihre Hand, reiben den Daumen an den Fingerspitzen und öffnen dann die Hand, um die Handfläche zu zeigen: Die Münze ist verschwunden. Damit die Täuschung funktioniert, muss Ihr Zuschauer Ihnen gegenübersitzen. Wenn Sie die Bewegung richtig ausführen, ist die Illusion sehr überzeugend und täuschend. Die Wirklichkeit Ihres Zuschauers ist nicht dieselbe wie Ihre Wirklichkeit. Damit das wirklich echt aussieht und auch verblüffend ist, sollten Sie den Ablauf so lange wiederholen, bis er auch bei der Trickhandlung natürlich aussieht und das echte Aufnehmen der Münze sich in den Bewegungen nicht vom falschen Aufnehmen unterscheidet. Beide Abläufe müssen exakt gleich aussehen. Am besten, Sie üben das Ganze vor einem Spiegel und schauen dabei genau auf Ihre Hände.

Diesen Kunstgriff lernte ich früh in meiner Jugend. Da die Münze in den Schoß des Vorführenden fällt, heißt die Technik in Fachkreisen auch »Lapping«. Vom englischen *lap*, auf Deutsch »Schoß«. Der deutsche Begriff »Schoßeln« ist absoluten Experten zwar bekannt – er hat sich jedoch nie wirklich durchgesetzt.

Die Methode ist klasse und sie ist auch noch immer Teil der Ausbildung an der Zauberakademie Deutschland, an der ich als Student unterrichtet habe. Dort ist sie sogar Teil der Abschlussprüfung. Hier ziehen die Prüflinge Karten mit Aufgaben, die sie dann vor einer Jury ausführen müssen. Zum Beispiel: »Zeigen Sie ein Kartenkunststück.« Oder eben: »Demonstrieren Sie das ›Lapping‹«. In der Jury saßen früher meine Frau, der Direktor der Akademie, Klaus Thaller, ein Vertreter des Magischen Zirkels von Deutschland, und ich. Klaus und ich haben uns immer einen Heidenspaß daraus gemacht, selbst eine Münze unter dem Tisch zu halten und unsere Münze genau in dem Moment auf den Boden fallen zu lassen, wenn die Münze des Studenten auf seinem Schoß gelandet ist.

Der Blick der Studenten war Gold wert. (Fairerweise haben wir das in den Abschlussprüfungen nie gemacht – in den Zwischenprüfungen war das jedoch einer unserer Lieblings-Jokes.)

Der Kunstgriff ist grundlegend. Aber so direkt ausgeführt hat er noch nicht viel mit Zauberei zu tun. Er ist nur eine Technik, noch keine gute Täuschung oder Illusion. Wir werden ihn noch ausbauen und viel täuschender machen. Dabei werden wir lernen, wie eine Täuschung zu einer schönen Illusion wird und wie wir es schaffen, durch viele wertvolle Details das Denken anderer Menschen auf eine völlig falsche Fährte zu lenken und so dafür zu sorgen, dass deren Denken in eine Sackgasse läuft und sie keine Ahnung haben, was wirklich passiert ist. Damit sind wir dann schon ganz nah am Thema dieses Buchs: der Manipulation des Denkens und damit auch der Handlungen unserer Mitmenschen. Beschäftigen wir uns also nun mit den wichtigen Einzelheiten. Werden wir überzeugender.

Als Erstes: Warum legen wir zuerst eine Münze auf den Tisch, nur um sie direkt danach wieder von dort wegzunehmen? Das ist ja völliger Unsinn. Es überzeugt nicht – außer wir handeln andauernd nur unsinnig. Aber in dem Fall sollten Sie sowieso vielleicht besser zuerst ein anderes Buch lesen. Unsere Mitmenschen sind in der Regel kluge Leute. Wenn ich eine Münze auf den Tisch lege, nur um sie von dort dann wieder aufzuheben, und dann ist sie verschwunden – dann ist die Aktion des Hinlegens und Aufnehmens unnötig und unnatürlich. Diese Unnatürlichkeit muss etwas mit dem Verschwinden zu tun haben. Der Zuschauer spürt, dass das Aufnehmen der Moment gewesen sein muss, in dem irgendetwas nicht so richtig gestimmt hat. Von dort ist es nicht mehr weit zur richtigen Lösung. Ganz anders wäre die Situation, wenn die Münze schon die ganze Zeit auf dem Tisch gelegen hätte. Dann wäre das vorherige Hinlegen hinfällig und die Greifbewegung isoliert. Viel natürlicher. Also ist es eine gute Idee, zum Beispiel die Münze mit anderem Kleingeld und anderen Gegenständen auf den Tisch zu legen, wenn sie Ihre Taschen leeren, um, sagen wir mal, Ihr Handy oder einen

Stift rauszuholen. Das machen Sie natürlich, einige Minuten bevor Sie die Münze dann verschwinden lassen. Dann beachten Sie die Sachen auf dem Tisch nicht weiter und lassen sie einfach liegen. Natürlich in der richtigen Position für den Trick. Jetzt können Sie sie später aufnehmen, um den Trick zu zeigen. Das ist aber nur die erste Schicht der Täuschung. Wirklich überzeugende Täuschungen haben am besten möglichst viele Schichten und Methoden. Also stoppen wir hier noch lange nicht.

Wenn Sie die Münze mit der rechten Hand vom Tisch aufnehmen und dann die rechte Hand öffnen, um sie verschwinden zu lassen, dann ist das eine einzige Bewegung. Sie ist leicht zurückzuverfolgen und es ist leicht, sie gedanklich zu rekonstruieren. Auch hier: Unsere Mitmenschen sind in den seltensten Fällen so einfach gestrickt, wie wir es in solchen Fällen gerne hätten. Sie denken: Wenn die Münze mit der rechten Hand gegriffen wurde und dann plötzlich nicht mehr in der rechten Hand ist – vielleicht war sie dann ja nie in der rechten Hand … Bingo. Wie können wir solche Gedanken verhindern? Ganz einfach: indem wir eine sehr natürliche weitere Bewegung einführen, die nur zum Ziel hat, den Zuschauer auf eine falsche Fährte zu locken. Wir zünden eine Nebelkerze, indem wir die Münze scheinbar von der rechten in die linke Hand legen. In Wirklichkeit ist ja gar keine Münze in der rechten Hand – die zusätzliche Übergabe in die linke Hand ist die weitere Ablenkung. Sobald also die rechte Hand, die scheinbar eine Münze in der Hand hält, mit den Fingern nach vorne und nach oben bewegt wird, legt sie die Münze scheinbar in die linke Hand. Die Linke schließt sich dann locker. Auch diese Bewegung sollten Sie vorab mit Münze so lange wiederholen, bis der natürliche Ablauf gespeichert ist. Diese wunderbare Ablenkung hat mir der Großmeister der Zauberkunst Alexander DeCova vor Jahrzehnten gezeigt. Ich kenne niemanden, der so etwas besser kann als er. In dem Moment, in dem Sie die Münze jetzt scheinbar in die linke Hand gelegt haben, die Sie dann zu einer lockeren Faust geschlossen haben, fällt es dem Betrachter viel schwerer, das Geschehene rückwärts zu erzählen und richtig zu rekonstruieren. Außerdem: Warum sollte ein Mensch eine nicht vorhandene Münze in eine Hand legen, um sie dort verschwinden zu lassen? So denkt kein normaler Mensch. Reiben Sie nach der Scheinübergabe die Finger der linken Faust aneinander (das sieht so ähnlich aus, als würden Sie einen Keks in der linken Hand zerdrücken und zerkrümeln), öffnen Sie die Faust und die Münze ist verschwunden. Gedanklich geht der Betrachter jetzt zum letzten Punkt, an dem er die Münze vermutet. Das ist durch das zusätzliche Element der Übergabe die rechte Hand. Die ist aber auch leer. Bis zur falschen Aufnahme der Münze ist es ein viel weiterer gedanklicher Weg, den der Betrachter nicht ohne Weiteres geht.

Das geht allerdings noch viel besser.

Legen wir eine weitere Schicht der Täuschung über den Vorgang: Wir bringen den Betrachter dazu, zu denken, er hätte die Münze vor der Übergabe in unserer rechten Hand gesehen. Das machen wir, indem wir eine der grundlegendsten Techniken der Manipulation anwenden. Wir stellen eine Behauptung auf, indem wir vorgeben, eine Tatsache wäre so, wie wir es für unser Ziel brauchen. In diesem Fall zeigen wir einfach unsere geschlossenen Fingerspitzen kurz dem Betrachter und legen dann die nicht vorhandene Münze in die Linke, die sich sofort locker zu einer Faust schließt. Wir halten also vor der »Übergabe« Daumen und Finger nach oben und betonen die Hand ganz kurz. Die Geste ist schnell und flüssig, aber keinesfalls hastig. Richtig ausgeführt wird der Betrachter keine Sekunde zweifeln, dass Sie eine Münze in der Hand hielten, die Sie in die andere Hand gelegt haben. Für mich sind das die schönsten Momente einer Vorführung. Viele wichtige Details sorgen für eine Illusion.

Wenn Sie die Münze jetzt scheinbar von der rechten in die linke Hand gelegt haben, ist es sehr wichtig, dass die rechte Hand sich ganz normal bewegt. Genau hier machen viele Anfänger – und auch leider noch einige Fortgeschrittene – den Kardinalfehler und gestikulieren wild mit der rechten Hand, um scheinbar subtil zu suggerieren: geht alles gaaanz mit rechten Dingen zu. Einige zeigen nach der Übergabe sogar mit dem rechten Zeigefinger auf die linke Hand. Oder sie schnipsen mit den rechten Fingern als sogenannte »effektauslösende Geste«. Bitte machen Sie das nicht. Mit dem Finger zeigen ist unhöflich und das Fingerschnipsen ist ein seltsamer Spleen vieler Zauberer. Kein normaler Mensch macht das. (Ich gebe zu, dass auch kein normaler Mensch eine leere Hand betont, als sei eine Münze drin, nur um die nicht vorhandene Münze dann in eine andere Hand zu geben, um sie dort dann als verschwunden vorzuzeigen – aber das ist der Unterschied zwischen sichtbarem Unsinn und unsichtbaren Geheimnissen und Manipulation …)

Zurück zu unserem letzten schönen Detail: Nachdem Sie also die Münze scheinbar in die linke Hand gegeben haben, bewegen Sie Ihre rechte Hand ganz natürlich und normal und zeigen sie dabei noch nicht als leer vor. Halten Sie sie locker mit dem Handrücken nach oben. So spielen Sie mit Ihrem Gegenüber. Sie lassen ihm die Möglichkeit einer falschen Lösung. Nämlich, dass die Münze noch in der rechten Hand sein könnte. Merken Sie, was hier passiert: Sie bieten ganz subtil zwei Lösungen, von denen keine stimmt. Sehr manipulativ. Reiben Sie die Finger der linken Hand und zeigen die Hand leer vor. Erst nach einem Augenblick, wenn Ihr Betrachter den Effekt wahrgenommen hat, drehen Sie zeitversetzt auch Ihre rechte Hand mit der Handfläche nach oben und sagen so ohne Worte: »Auch hier ist sie nicht.« Sie haben ganz subtil eine falsche Fährte ausgelegt, eine einfache Lösung, wo die Münze wohl sein könnte, um dann diese Lösung genauso feinsinnig zu vereiteln.

Und selbst jetzt machen wir noch weiter, um die Illusion zu verstärken. Die wahre Täuschung entsteht nämlich oft erst dann, wenn die Trickhandlung schon lange vorbei ist. Der amerikanische Close-up-Zauberer Eugene Burger, eine Legende unter Zauberern, kreierte hierzu den Begriff »Experience of Magic«, also die Erfahrung, etwas Magisches erlebt zu haben. Diese Erfahrung wird oft dadurch geschaffen, dass der Betrachter falsch rekonstruiert, was passiert ist. Durch die scheinbare Übergabe der Münze in die linke Hand haben wir es ihm ja schon ein wenig schwerer gemacht. Aber wir können das noch weitertreiben und falsche Erinnerungen säen. Der große Mentalist Derren Brown schlägt hier eine schöne List vor: Legen Sie zwei Münzen vor sich auf den Tisch. Sagen wir mal, ein 2-Euro-Stück und eine 1-Euro-Münze. Den Euro legen Sie näher zur Tischmitte und das 2-Euro-Stück, das Sie dann verschwinden lassen werden, legen Sie in die richtige Position zum »Schoßeln«. Später schauen Sie sich dann beide Münzen an und überlegen scheinbar, welche Sie gleich aufnehmen. Wenn Sie auf den Tisch schauen, wird auch Ihr Gegenüber auf den Tisch schauen und dort zwei Münzen sehen. Damit schaffen Sie die Erinnerung an zwei Münzen auf dem Tisch. Nehmen Sie dann das 1-Euro-Stück vom Tisch. Dabei greifen Sie es *direkt* vom Tisch und ziehen es zur Aufnahme *nicht* zurück zur Tischkante! Jetzt ist der Fokus auf Ihnen und der Münze. Legen Sie die Münze in die linke Hand und schließen die linke Hand um die Münze. Kneten Sie die Finger der linken Hand um die Münze und öffnen Sie die Hand. Die Münze ist noch da. Schließen Sie die Hand wieder. Ihr Gegenüber weiß ja noch nicht, was Sie vorhaben – aber egal, was es ist, es klappt wohl nicht so, wie Sie sich das vorstellen. Nachdem Sie die Hand wieder geöffnet haben und sich die Münze immer noch in der linken Hand befindet, geben Sie auf und legen die Münze wieder zurück auf den Tisch. Legen Sie die Münze nicht direkt neben das 2-Euro-Stück. Atmen Sie einmal ein und wieder aus und entspannen Sie Ihren Körper. »Das war nix …« In der Entspannung ziehen sie jetzt das 2-Euro-Stück zu sich und machen die Trickhandlung! Der Moment ist sehr gut dafür: Der Betrachter passt nicht wirklich auf, was geschieht. Er schaut auf eine Wiederholung einer Handlung in einem Moment der Entspannung. Sobald Sie die Münze (scheinbar) in die linke Hand gegeben haben, spannen sie sich jetzt wieder ein wenig an und konzentrieren sich auf Ihre linke Hand. So ist der Trick noch überzeugender. Durch die Fehlversuche mit der 1-Euro-Münze haben Sie dem Zuschauer ein Bild geliefert, an das er sich erinnern wird. Diese Erinnerung macht es ihm schwieriger, die korrekten Abläufe zu rekonstruieren, wenn die andere Münze verschwunden ist. Sie haben deutlich eine Münze vom Tisch aufgehoben und in Ihre linke Hand gelegt. Es ist leicht, dieses Bild mit der zweiten Aufnahme, die in einem Moment der Unachtsamkeit und Entspannung des Betrachters stattgefunden hat, zu verwechseln. Viele meiner Zuschauer haben in solchen Fällen später falsch weitererzählt, was passiert ist. In unserem Fall: Er hat die Münze direkt vom Tisch genommen und plötzlich war sie weg. Unsere Erinnerung ist kein echtes Abbild dessen, was wirklich geschehen ist. Ganz im Gegenteil: Fragen Sie doch mal drei Leute nach einer gemeinsamen Erinnerung. Die Erzählungen decken sich nur in den seltensten Fällen.

Und wir können noch mehr machen, um eine weitere Hülle über die Illusion zu legen. Das tun wir, indem wir den Moment des Verschwindens magisch aufladen. Eine Münze in die Hand zu nehmen und dann die Hand zu öffnen, ist ein wenig flach. Es hat keine Magie, es fehlt die Poesie. Es ist vielleicht ein nettes Rätsel, aber es ist noch lange keine gute Zauberkunst.

Die Magie entsteht nicht durch das, was Sie tun, sondern durch das, was der Zuschauer denkt.

Dass die Münze verschwindet, ist ein Rätsel. Wie sie verschwindet, ist Magie. Wenn die Münze also scheinbar in der linken Hand ist, dann ist es noch viel überzeugender, wenn Sie sich auch so verhalten, als sei die Münze wirklich in Ihrer linken Hand. Hier habe ich einen Tipp eines weiteren Meisters der Zauberkunst, David Williamson. Er vergleicht die Bewegung, die wir machen würden, wenn wir wirklich eine Münze in der Hand halten würden, mit der Bewegung, die wir machen, wenn wir ein paar Erdnüsse in der Hand halten, um sie dann in den Mund zu stecken. Die Hand bewegt sich leicht und spielt mit der Münze. Kein normaler Mensch würde so etwas tun, wenn er nicht wirklich eine Münze in seiner Hand halten würde. Tun Sie einfach so, als müsste die Münze erst kurz gaaanz leicht und sanft in der

Hand geschüttelt werden, bevor sie verschwinden kann. Bitte nutzen Sie hier nur Ihre Körpersprache und kommentieren Sie nicht, was sowieso schon jeder sehen kann. Es gibt nichts Langweiligeres als Leute, die erzählen, was wir sowieso schon sehen. (»Ich nehme die Münze vom Tisch, gebe sie in meine linke Hand – dann schüttele ich so und dann ist sie weg.« – Unerträglich!) Dann fokussieren Sie Ihren Blick auf die linke Hand, warten kurz und öffnen die Hand: Die Münze ist verschwunden.

Tun Sie sich den Gefallen und verraten Sie nicht, wie die Münze verschwindet. Etwas verschwinden zu lassen ist sehr stark – eine Münze in den Schoß fallen zu lassen ist es nicht.

Merken Sie, wie komplex allein diese eine Nummer ist?

Es ist das optimale Zusammenspiel von Timing, Körpersprache, Motivation und vielen anderen Faktoren. Eine gute Illusion ist eben kein billiger Trick, sondern eine gelungene Kombination aus all den oben beschriebenen Faktoren.

Sie haben die Strippen der Wahrnehmung und des Denkens von Anfang an in der Hand gehalten und gezogen. Sie haben die Wahrnehmung und das Denken Ihres Gegenübers zu jedem Zeitpunkt kontrolliert und gesteuert: Sie haben manipuliert.

Das ist schon einer der grundlegenden Punkte dieses Buchs:

→ **Wichtig ist nicht, was passiert, sondern was Ihr Gegenüber denkt, was passiert.**

METHODE UND EFFEKT

Hier lernen wir eine der wichtigsten Grundlagen unserer Wahrnehmung kennen. Und damit lernen wir auch, sie zu steuern und zu täuschen. Wir lernen die Manipulation.

Ich entlehne die folgenden Grundlagen der Kunst der Illusion und übertrage sie auf unseren Alltag.

Fangen wir an. Jeder Trick und jede Illusion bestehen aus zwei Ebenen: Effekt und Methode.

Der Effekt ist das, was im Kopf des Zuschauers passiert: »Die Münze verschwindet.« Der Effekt ist die subjektiv Ebene des Betrachters.

Die Methode ist die Technik, das, was unbeachtet und unbemerkt passiert.

Der Effekt ist das Wunder, die Methode der verborgene Mechanismus dahinter.

Diese Regel aus der Kunst der Illusion lässt sich ganz präzise auf jede Form der Manipulation übertragen. Der Effekt ist das Handeln, zu dem der Manipulierte gebracht wird – die Methode ist der verborgene Mechanismus, den der Manipulierte entweder gar nicht oder zu spät bemerkt, den der Manipulator aber ganz bewusst benutzt.

Wenn Sie das Verschwinden der Münze überzeugend präsentieren, dann zeigen Sie Ihrem Zuschauer einen Effekt, während Sie gleichzeitig die Methode im Verborgenen nutzen. Das ist Manipulation, Irreführung. Bei jeder gut ausgeführten Irreführung bleibt der Effekt, die Methode jedoch geht unter.

In unserem Beispiel ist der Effekt in den Köpfen der Betrachter, dass eine Münze plötzlich nicht mehr existiert. Die Methode ist, dass die Münze durch Lapping im Schoß des Vorführenden landet und nicht in seiner linken Hand. Gut ausgeführt erinnert sich der Betrachter nicht mehr an den genauen Handlungsablauf, obwohl der ganz natürlich und alltäglich aussah.

Bei dieser Form der Irreführung handelt es sich um eine Manipulation der visuellen Wahrnehmung. In der Zauberkunst nennen wir diese Form der Täuschung »Wahrnehmungstäuschung«.

Es gibt noch weitere Formen der Täuschung. Schauen wir uns die doch mal ein wenig genauer an.

ARTEN DER TÄUSCHUNG

Wir werden auf drei Ebenen getäuscht:

1. Sinnestäuschungen

Wie sagt der herausragende Zauberkünstler Pit Hartling hierzu so treffend: »Sinn es Täuschungen – oder sinn es keine ...«

Unsere menschliche Wahrnehmung der Welt ist alles andere als vollkommen. Der herausragende Psychologe und Konstruktivist Paul Watzlawick sagte sinngemäß, dass es an ein Wunder grenzt, dass wir Menschen uns trotz unserer unvollkommenen Wahrnehmung und trotz der für Fehler so anfälligen menschlichen Kommunikation überhaupt auf eine gemeinsame Wirklichkeit einigen können. Einer seiner Buchtitel lautet dementsprechend *Wie wirklich ist die Wirklichkeit?* Ich kann es wärmstens empfehlen. Wie alle Bücher von Watzlawick.

Zurück zur Zauberkunst: Es gibt drei Möglichkeiten, unsere Sinne zu täuschen.

Einmal durch fehlende Reize. Das passiert zum Beispiel, wenn ein schwarzer Gegenstand vor einem schwarzen Hintergrund steht und dadurch unsichtbar wird.

Dann können wir noch durch flüchtige Reize getäuscht werden. Zum Beispiel, wenn etwas sich so schnell bewegt, dass wir es mit dem bloßen Auge nicht erkennen können. Jeder Kinofilm erzeugt die Illusion bewegter Bilder, indem er unsere Wahrnehmung durch flüchtige Reize täuscht.

Und dann gibt es noch die falschen Reize. Die haben wir bei unserer falschen Übergabe der Münze gleich zweimal genutzt. Einmal bei der falschen Aufnahme vom Tisch und einmal bei der falschen Übergabe von der rechten in die linke Hand. Die Hände haben ganz realistische Bewegungen gemacht – die Münze war aber nie da, wo der Betrachter sie vermutet hat.

2. Wahrnehmungstäuschungen

Unsere Kapazität, Informationen bewusst zu verarbeiten, ist extrem eingeschränkt. Ganz abgesehen davon, dass wir eine große Vielzahl an Informationen überhaupt nicht bewusst wahrnehmen, bei den wahrgenommenen Informationen täuschen wir uns auch noch zusätzlich. Beim Sehen, Hören, Riechen, Schmecken und Fühlen können wir nicht alle uns umgebenden Reize bewusst wahrnehmen. Beim Sehen müssen wir eine dreidimensionale Welt auf unserer Netzhaut abbilden. Die ist aber nur zweidimensional. Allein dabei gehen zwangsläufig viele Informationen verloren. Nur durch das Sehen nehmen wir pro Sekunde ein Gigabyte an Informationen auf.

Das sind ungefähr 500 000 Buchseiten. Um da das Richtige und Wesentliche rauszufiltern, müssen wir selektieren. Ich habe diese Prozesse bereits in *Ich weiß, was du denkst* eingehend beschrieben und möchte das daher an dieser Stelle nur der Vollständigkeit halber kurz erwähnen. Dem geneigten Leser lege ich zur Vertiefung das Buch *Ich weiß, was du denkst* ans Herz. Ich empfehle es mit bestem Gewissen, der Autor liegt mir sehr am Herzen.

Zurück zu unseren Wahrnehmungstäuschungen. Von allem, was wir tun, gelangt nur ein kleiner Teil ins Bewusstsein unserer Mitmenschen. Unendlich viele sehr bedeutende Kleinigkeiten werden nicht wahrgenommen.

Unsere Mitmenschen nehmen nur wahr, worauf wir ihre Aufmerksamkeit lenken.

Ein Zauberkünstler wird zum Beispiel nicht vorher sagen, was er als Nächstes zeigt. Denn dann würden die Zuschauer ja ihre Aufmerksamkeit auf die angekündigte Täuschung richten, was die Ausführung stark erschweren würde. Und falls ein Illusionist doch einmal vorher verrät, was als Nächstes passieren wird, macht er das nicht ohne Grund. In dem Fall will er, dass die Aufmerksamkeit sich genau auf diesen Punkt konzentriert.

Gute Manipulatoren nutzen das ganz bewusst durch den gezielten Einsatz von Gesten und Worten und lenken so die Aufmerksamkeit ihrer Mitmenschen extrem zielgerichtet.

Ein erwähnenswerter Bereich der Wahrnehmungstäuschung ist die Pareidolie. Hierbei handelt es sich um die Tendenz, in chaotischen oder auch diffusen Reizen Muster zu finden. Das ist in einigen Situationen sehr nützlich, in anderen führt es zu falschen Schlussfolgerungen. Wenn Sie in die Wolken schauen und dort Gesichter oder auch Tiere sehen, ist das ein Fall von Pareidolie. Wir vervollständigen die Muster in unserem Kopf und schaffen Verbindungen, wo keine sind. Die Neurowissenschaft hat gezeigt, dass es ein spezielles Areal in unserem Gehirn für die Entdeckung von Gesichtern gibt. Klar, das Erkennen und Lesen von Gesichtern ist sehr wichtig für unser Leben – aber wenn wir auf einem Toast das Bild von Jesus entdecken oder das Gesicht eines geliebten Verstorbenen in einer Spiegelreflexion oder einem dunklen Fleck in einem Foto, dann werden wir schnell emotional und damit anfällig für Manipulation. Mit beiden hier genannten Beispielen wurde und wird Geld verdient. So können Sie zum Beispiel auf eBay alte »heilige« Toastbrotscheiben mit den eingeschimmelten Gesichtern von Michael Jackson oder der Jungfrau Maria kaufen. Das Ganze ging vor Jahren los, als eine Hausfrau in Florida das Bild der Jungfrau auf einem zehn Jahre alten Käsebelag auf einem Brot gesehen hat. Sie wurde darauf für kurze Zeit zum Medienstar. Der Wunsch, Kontakt mit Verstorbenen herzustellen, ist ein verborgener, aber sehr lukrativer Wirtschaftszweig.

3. Denktäuschungen

Das sind meine Lieblingstäuschungen. Für mich sind sie an Eleganz und Raffinesse kaum zu übertreffen. Es sind Täuschungen, die – so Zmeck – »durch Unkenntnis der angewendeten Gesetze« zustande kommen. Der Manipulator der Gedanken lenkt das Denken seiner Mitmenschen in völlig falsche Richtungen. Als ich noch als Close-up-Zauberkünstler mein Publikum in kleinstem Kreis unterhalten habe (daher der Name, »Close-up« bedeutet »ganz nah dran«. Close eben.), habe ich es geliebt, meine Fingerfertigkeit zu verstecken, indem ich zum Beispiel beim Mischen von Spielkarten ein paar Karten habe fallen lassen. Und auch bei unserer verschwindenden Münze lenken wir die Gedanken unserer Mitspieler in die falsche Richtung, indem wir die rechte Hand nach der scheinbaren Übergabe nicht direkt leer zeigen, sondern erst, kurz nachdem die Münze aus der linken Hand verschwunden ist. Die meisten Menschen neigen dazu, das, was sie sehen, theoretisch zu ergänzen. Diese gedanklichen Sackgassen sorgen in vielen Fällen für falsche Erinnerungen. Der Zuschauer ergänzt in Gedanken Details, die so gar nicht stattgefunden haben. So ist es für ihn unmöglich, das Geschehen richtig zu rekonstruieren. Auch dieses Prinzip wird in der Manipulation häufig genutzt. Zum Beispiel, wenn bei einer Zeugenbefragung suggestiv gefragt wird: »Wie schnell war das Auto, als es an dem Schuppen vorbeigefahren ist?« oder »Wie schnell war der weiße Sportwagen, als er in den Bus gerast ist?«. In Wirklichkeit stand da aber gar kein Schuppen und der Wagen war weder ein Sportwagen, noch war er weiß. Diese bewusst suggestiv gestellten Fragen sorgen für Bilder, die mit dem echten Erlebnis nichts mehr zu tun haben. Das knallharte Behaupten und Schaffen falscher Tatsachen ist eine der heftigsten Formen der Manipulation.

Dass Illusionen und die Zauberkunst für die Psychologie ein wertvolles Werkzeug sind, ist ein recht neuer Trend. Es leuchtet aber ein, denn ein guter Zauberer muss wissen, was und auch wie sein Publikum denkt. Das gilt ganz besonders für gute Gedankenleser, denn unser Werkzeug besteht in weiten Teilen aus den Gedanken unserer Mitmenschen. Neben einigen sehr raffinierten Methoden zur Unterhaltung sind wir sehr gut darin, das Verhalten anderer Menschen zu lesen und auch zu lenken. Natürlich nutzt der Mentalist hierzu auch Illusionen.

Eine Illusion ist eine subjektive Wahrnehmung, die von der objektiven Realität abweicht.

Betrachten Sie einmal diese Abbildung. Schauen Sie kurz auf das oberste Bild und schließen dann die Augen:

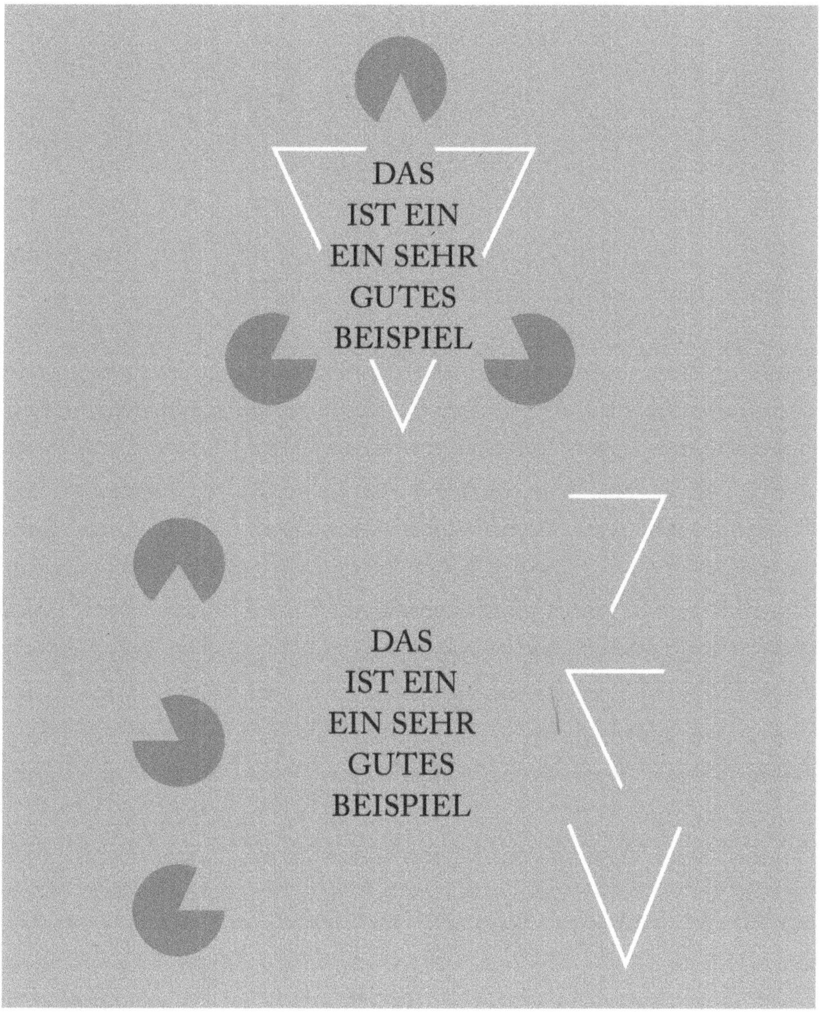

Wahrscheinlich erinnern Sie sich an einen kurzen Satz und zwei überlappende Dreiecke. Beides ist eine Illusion. Als Erstes greift hier eine Wahrnehmungstäuschung. In diesem Fall nehmen wir nicht alles wahr, was vor uns ist, und lassen ein Detail aus. Das Wort »ein« steht nämlich gleich zweimal im Text. Wahrscheinlich ist Ihnen das entgangen. Außer natürlich, Sie kennen den Test schon. Wenn Sie das doppelte »ein« nicht gesehen haben, sind Sie in bester Gesellschaft. Die meisten Betrachter übersehen es, obwohl es genauso groß und dick geschrieben ist wie alle anderen Wörter im Bild. Die meisten Menschen übersehen das Wort ganz einfach, weil Sie es nicht erwarten! Die Täuschung liegt in unserem Denken. Auch diese Auslassungsillusion kann zur Manipulation genutzt werden. Zum Beispiel kann uns ein und dieselbe Sache immer wieder präsentiert werden, bis wir uns daran gewöhnt haben. Wenn es jedoch darauf ankommt, wird ein Detail hinzugefügt, das wir aufgrund der Wiederholung nicht wahrnehmen. Bei der verschwindenden Münze haben wir die Trickhandlung ja auch erst ausgeführt, nachdem wir die echte Handlung wiederholt haben, um den Betrachter zu konditionieren.

Die zweite Täuschung im Bild ist das Gegenteil der Auslassung: die Ergänzung. Hier sieht der Betrachter etwas, was gar nicht da ist. Auch die haben wir schon praktisch kennengelernt, als wir unserem Betrachter mit der rechten Hand eine Münze gezeigt haben, die gar nicht da war, um sie dann in die linke Hand zu legen.

In unserem Bild handelt es sich um eine optische Täuschung des Italieners Gaetano Kanizsa aus dem Jahr 1955. Das Bild besteht aus drei Vs und drei Pac-Man-Figuren. Trotzdem sehen wir zwei Dreiecke. Wir sehen Striche, wo keine sind. Das Bild aktiviert in unserem Gehirn dieselben Areale wie echte Konturen. Wir sehen also nicht nur, was um uns herum ist, sondern wir sehen auch, was wir vermuten und woran wir uns erinnern. Die Psychologie spricht hier von »amodaler Ergänzung«. Die Grafik ist übrigens durch ein ähnliches Beispiel aus dem Buch *Die*

Kunst der Illusion: Magier, Spiritisten und wie wir uns täuschen lassen von Matthew L. Tompkins inspiriert.

Fassen wir mal kurz zusammen: Wir sehen Dinge, die nicht da sind, und dafür lassen wir andere aus, die da sind. Und dann geben wir uns der Illusion hin, wir hätten, was unsere Sinne und unser Denken angeht, einen echten Durchblick.

Die Tatsache, dass wir auslassen und ergänzen, wird auch als Top-down-Verarbeitung bezeichnet. Hierbei handelt es sich um Wahrnehmungen, die sich aus unseren Erwartungen und Erinnerungen speisen.

Wie wir noch sehen werden, sind sowohl Erwartungen als auch Erinnerungen wunderbare Hebel, an denen Manipulation ansetzt. Neben der Top-down- gibt es noch die Bottom-up-Verarbeitung. Sie basiert auf Informationen aus der Umwelt. Eine weitverbreitete Denktäuschung besteht darin, dass unsere Wahrnehmung ausschließlich aus Bottom-up-Verarbeitungen besteht. Ein ganz typischer Satz derjenigen, die an dieser Illusion festhalten, lautet: »Ich glaube nur, was ich mit eigenen Augen gesehen habe.« Spätestens jetzt dürfte klar sein, dass genau das oft völliger Unsinn ist. Mit dieser Logik wäre etwa die Erde konsequenterweise eine Scheibe, um die die Sonne kreist …

In Wahrheit besteht unsere Wahrnehmung größtenteils aus einer Kombination von Top-down- und Bottom-up-Prozessen. Zu Deutsch: Was wir wahrnehmen *und* was wir denken bestimmt, wie wir die Welt sehen. Und beides ist äußerst anfällig für Täuschungen – und damit auch für Manipulation. Im Alltag vergessen wir ganz gerne mal, dass Wahrnehmen und Erinnern bei Weitem nicht so einfach sind, wie wir glauben. Die Einfachheit ist eine Illusion. Wahrnehmen und Erinnern sind extrem komplexe und hoch komplizierte Vorgänge. Millionen von Nervenzellen in verschiedenen Hirnarealen sind daran beteiligt, wenn über unsere Sinne wahrgenommene Informationen mit anderen Sinnen abgeglichen werden. Stellen Sie sich mal vor, Sie würden ein Stück Käsekuchen essen, das nach Bohneneintopf schmeckt. Die Kombination stimmt einfach nicht. Das liegt daran, dass wir jede intern produzierte Information mit Wissen aus der Vergangenheit abgleichen und daraus Vorhersagen erstellen. Eine Sache, die wir diesbezüglich später noch näher betrachten werden, ist unsere Grundeinstellung der Gedanken, nämlich »vorhersagen und vermeiden«. Das Zusammenspiel von Wahrnehmung und Erinnerung ergibt das, was wir als Erfahrung erleben. All das erscheint uns ganz einfach und mühelos. Diese Mühelosigkeit ist jedoch eine große Illusion.

2

DENKEN WIE EIN ZAUBERER: MANIPULATION WIRKT WIE MAGIE

Wie wir im letzten Kapitel gesehen haben, hat die Manipulation sehr viel mit der Täuschung und den aus dieser Täuschung resultierenden Schlussfolgerungen zu tun.

Eine wichtige Voraussetzung für unsere Manipulierbarkeit ist, denke ich, immer unvollständiges oder falsches Wissen. Sobald wir nämlich den vollen Durchblick haben und vollständig über eine Sache Bescheid wissen, sind wir nur noch sehr schwer manipulierbar.

Die verschwindende Münze ist ein wunderbarer Zaubertrick. Und sie ist ein sehr gutes Beispiel dafür, wie eine Täuschung sich auf unsere Gedanken auswirkt und uns dazu bringt, völlig falsche Schlussfolgerungen zu ziehen.

Zerpflücken wir doch dieses Beispiel aus der Zauberkunst einmal, um die einzelnen Schritte zu verdeutlichen. Wir durchleuchten und nutzen hier also die Prinzipien der Illusion und Täuschung in einem anderen Kontext – wir wenden sie an, um zu verstehen, wie Manipulation funktioniert.

Anders als Christopher Nolan im Anfangszitat unterteilen wir das Münzverschwinden dabei aber nicht in drei Akte, sondern in acht!

Zuvor widmen wir uns noch (ganz kurz, versprochen!) der Frage, was Manipulation denn genau ist und worin sie sich von anderen Arten der Einflussnahme unterscheidet.

AB WANN IST ES MANIPULATION?

Stellen wir diese Frage doch einmal einem der größten Hypnosetherapeuten des letzten Jahrhunderts: Milton H. Erickson. Unter Therapeuten ist Erickson noch immer eine Lichtgestalt und er beeinflusst viele Psychologen bis heute. Unter anderem einen guten Freund von mir, der Psychologe ist. Als ich ihn kürzlich fragte, warum er so oft lilafarbene Hemden trägt, sagte er knapp: »Hatte Erickson auch immer an.« So viel dazu.

Über Manipulation sagte Erickson:

> *Man hat mir vorgeworfen, Menschen zu manipulieren, worauf ich antworte: Jede Mutter manipuliert ihr Baby, wenn sie möchte, dass es überlebt. Und jedes Mal, wenn du einkaufen gehst, manipulierst du den Angestellten, deinen Anweisungen zu folgen. Und wenn du ins Restaurant gehst, manipulierst du den Kellner. Und der Lehrer in der Schule manipulierte dich, damit du lesen und schreiben lerntest. Das Leben ist eine einzige große Manipulation.*

Hat Erickson recht?

Der Begriff Manipulation setzt sich zusammen aus den lateinischen Wörtern *manus* (Hand) und *plere* (füllen). Schlicht übersetzt (was mir als Übersetzer ja eigentlich widerstrebt) heißt es also: »eine Handvoll (haben)« und »etwas in der Hand haben«.

Übertragen würde ich es mit »Handgriff« oder auch »Kunstgriff« übersetzen. So kommen wir der Sache schon näher: ein Kunstgriff, der zum Handeln bewegt.

Noch immer etwas hölzern.

Vielleicht hilft es uns, den Begriff ein wenig auszuweiten: Sobald uns etwas zum Handeln bewegt, geht es ja um Beeinflussung. Wann aber wird die Beeinflussung zur Manipulation?

Zunächst ist Beeinflussung der Überbegriff – Manipulation der Unterbegriff. Damit ist jede Manipulation eine Beeinflussung.

Aber nicht jede Beeinflussung ist auch Manipulation!

Hierzu habe ich eine großartige Studienarbeit mit dem Titel *Kommunikation ist Manipulation* von Sabine Körting gelesen. Sie trennt sehr scharf und anschaulich:

- Jede Kommunikation ist Beeinflussung.
- Manipulation hingegen ist *kalkulierte* Beeinflussung.

Weiter schreibt sie: »›Kalkuliert‹ darf hierbei nicht mit ›bewusst‹ verwechselt werden.« Angenommen, Sie hetzen Ihren Partner, indem Sie ihm sagen, er solle sich doch bitte beeilen. Dann beeinflussen Sie Ihren Partner zweifellos. Diese Beeinflussung ist auch ganz bewusst. Da sie aber nicht vorausberechnet und kalkuliert ist, gilt sie im eigentlichen Sinne nicht als manipulativ.

Wenn eine Person eine andere manipuliert, heißt das also immer, dass der Empfänger der Manipulation – man könnte auch sagen, das »Opfer« – kalkuliert beeinflusst wird und als Folge der Beeinflussung nicht aus eigenen Überzeugungen handelt, sondern aus denen des Manipulators.

In dem viel beachteten Essay »The Ethics of Manipulation«, erschienen in der *Stanford Encyclopedia of Philosophy*, wird ebenfalls der Frage nachgegangen, was Manipulation ist, und weiter, ob sie immer verwerflich ist. Die Autoren kommen unter anderem zu folgendem Resümee:

Es gibt zwei Arten von Manipulation: punktuelle und umfassende Manipulation. Bei beiden verliert das Opfer seinen freien Willen.

Bei der punktuellen Manipulation geht es darum, beim Gegenüber eine bestimmte Sache zu erreichen. Hierzu werden bestimmte Schwachpunkte unseres Denkens genutzt, um gezielt ein gewünschtes Verhalten beim Opfer auszulösen. Das kann durchaus auch für eine gute Sache sein, wenn zum Beispiel Menschen durch eine groß angelegte Kampagne dazu gebracht werden, umweltbewusster zu handeln.

Die umfassende Manipulation ist deutlich seltener. Dabei geht es darum, jemanden derart zu beherrschen, dass er komplett das tut, was man will.

Der Essay kommt zum Fazit, dass es sich um Manipulation handelt, sobald die Fähigkeit des Gegenübers, vernünftig abzuwägen, umgangen oder ausgeschaltet wird. Manipulation ist immer ein »Austricksen«, es wird getäuscht, um die Grundlagen für vernünftiges Abwägen auszuschalten.

Das deckt sich mit unserer Definition aus dem letzten Kapitel. Sie erinnern sich:

Der Kern der Manipulation ist die Täuschung, die bewusste Irreführung der Mitmenschen mit dem Ziel, sie zu einer gewünschten Handlung zu bewegen.

Wir sind schnell versucht, all das automatisch als moralisch verwerflich einzustufen und zu denken, Manipulation wäre grundsätzlich unmoralisch. Aber ist das wirklich so?

Liegt die Frage der Moral nicht vielmehr in den Augen des Betrachters?

Ich denke, wir sollten aufpassen mit Pauschalurteilen (das ist übrigens generell eine gute Idee). Bei der Betrachtung des einzelnen Falls kann Manipulation nämlich durchaus auch moralisch in Ordnung sein. Es kommt immer darauf an, von welcher Seite aus wir sie betrachten.

Ich gebe Ihnen ein Beispiel aus der Welt der Mentalisten.

Bryn Reynolds ist amerikanischer Police Sergeant und war 2005 als Leiter eines SWAT-Teams im Irak stationiert. Man könnte ihn als »harten Typen« bezeichnen. Eine seiner Aufgaben, sowohl im Irak als auch als Sergeant in den USA, besteht darin, Verdächtige und Gefangene zu verhören. Was die nicht wissen: Reynolds' größtes Hobby ist die Mentalmagie. Ich weiß, dass er in zahlreichen Verhören Tricks angewendet hat, um so die Verdächtigen zu überzeugen, er könne ihre Gedanken lesen. Sobald sie das glaubten, haben die meisten von ihnen alles gesagt, was sie vorher zurückgehalten haben. Welchen Sinn hat es, vor einem Menschen Geheimnisse verstecken zu wollen, der Gedanken lesen kann?

Angenommen, aufgrund von Reynolds' Strategie wurden Geiseln unverletzt befreit oder Bomben gefunden und entschärft (was ich nicht weiß, hat er mir nie gesagt) – ist die Methode verwerflich?

Der Stanford-Essay kommt zu folgendem Fazit: Grundsätzlich wird Manipulation dann unmoralisch, wenn sie denjenigen, die manipuliert werden, Schaden zufügt, Menschen als Dinge behandelt oder die Freiheit der Menschen einschränkt, die manipuliert werden.

WAS IST EIN GEDANKE?

Bevor wir uns mit der Steuerung von Gedanken und Verhalten beschäftigen – keine Sorge, das kommt noch früh genug –, halte ich es für sinnvoll, zunächst zu klären, wie ich unsere Gedankenwelt in diesem Buch definiere. Denn in die Gedankenwelt wird ja eingegriffen, um über sie unser Handeln zu steuern.

Ich habe die Begriffe »Geist« und »Gedankenwelt« beziehungsweise »Gedanken« bereits mehrfach verwendet und dabei nicht scharf zwischen den drei Bezeichnungen getrennt. Das ist für unsere Zwecke auch nicht weiter nötig. Wenn ich in diesem Buch über unsere Gedanken schreibe, meine ich damit auch unseren Geist und umgekehrt. Im Englischen gibt es hier eine schönere Trennschärfe, nämlich den Begriff *mind*, Geist, der sich von den *thoughts*, also Gedanken, unterscheidet.

Ich schlage vor, wir definieren den Begriff »Gedanke« einmal, um dann im weiteren Verlauf dieses Buchs freier damit umgehen zu können.

Hier also die Definition für unsere Zwecke:

Ein Gedanke ist eine Form, die unser Geist annehmen kann. Das kann richtig sein oder falsch, eine Fantasie, eine Erinnerung, eine Meinung, eine Ablehnung oder eine Vorliebe.

Unsere Gedanken entstehen aufgrund äußerer Ereignisse, aber auch innerer gespeicherter Eindrücke.

Die Reaktion aufgrund von äußeren Ereignissen ist auch abhängig von unseren gespeicherten Eindrücken wie beispielsweise unseren Erfahrungen, Erinnerungen und Meinungen.

Unsere Gedanken sind mit Emotionen verbunden, die sowohl förderlich sein können als auch hinderlich.

Unsere Gedanken und die damit verbundenen Emotionen können einerseits zu neuen Eindrücken führen oder auch bestehende Gedanken festigen.

Unsere Gedanken beeinflussen unser Handeln und umgekehrt beeinflusst unser Handeln unser Denken.

DIE NEUN SCHRITTE DER TÄUSCHUNG UND MANIPULATION

Nachdem wir nun die Begriffe »Manipulation« und »Gedanke« geklärt haben, machen wir uns doch endlich mal ans Eingemachte und betrachten das Zusammenspiel der beiden.

Was können wir nun aus der »verschwindenden Münze« über Manipulation lernen? Einen knappen Überblick haben wir im letzten Kapitel ja bereits erhalten. Tauchen wir hier doch ein wenig tiefer ein, um zu verstehen, welche Schritte dazu führen, dass der Zuschauer eine falsche Schlussfolgerung zieht und getäuscht wird.

Hier also die neun wichtigsten Punkte, aus denen wir diese Grundlagen ableiten:

1. Den normalen Ablauf etablieren

Jeder große Zaubertrick besteht aus drei Akten. Der erste Akt ist »die Ankündigung« – der Magier zeigt etwas Gewöhnliches, aber natürlich ist es das gar nicht.

Mit diesem Satz beginnt dieses Buch und auch der Film *The Prestige* von Christopher Nolan. Darin liefern sich zwei Illusionisten, gespielt von Hugh Jackman und Christian Bale, einen erbitterten Zweikampf. Der Film hat alles, was ein guter Film braucht: großartige Schauspieler, eine Liebesgeschichte, Spannung und viele Geheimnisse. Nolan ist Regisseur und kein Zauberkünstler. Dennoch finde ich seine Einteilung eines Tricks in drei Akte gar nicht schlecht. Das Vorgeben, etwas sei ganz natürlich, was es aber in Wirklichkeit gar nicht ist, ist tatsächlich ein viel genutztes Mittel der Manipulation. Zuerst wird ein normaler Ablauf etabliert. Dass dieser normale Ablauf in Wirklichkeit nur die Pforte für eine Manipulation ist, wird uns – wenn überhaupt – erst viel zu spät klar. Bei unserem Münztrick nutzen wir aus, dass unser Zuschauer beim wiederholten Mal nicht mehr so aufmerksam hinschaut, weil er den Ablauf bereits zu kennen glaubt.

Auch Falschspieler nutzen diese Methode. Sie haben doch sicherlich schon einmal Hütchenspieler gesehen, die ihre Opfer auf der Straße raten lassen, unter welcher Nussschale oder unter welcher Streichholzschublade sich eine Erbse befindet. Zunächst zeigen sie die Erbse und die Nussschalen ganz genau vor und demonstrieren den Ablauf ganz klar und deutlich. Die ersten Teilnehmer, die sich auf das Spiel einlassen, gewinnen in der Regel auch. Kein Wunder, denn die gehören gewöhnlich auch zum Team der Hütchenspieler. Dabei ist der Trick einer der ältesten überlieferten Tricks in der Geschichte der Zauberkunst. Einige Historiker sind der Ansicht, dass Betrüger mit dem Spiel mit den Nussschalen bereits im alten Ägypten ihre Opfer geprellt haben. Wie dem auch sei – die Methode, einen »normalen Ablauf« zu etablieren, der dann unbemerkt oder zumindest ohne weiteren Kommentar geändert wird, ist bei Manipulatoren äußerst bewährt.

Es geht aber auch in die andere Richtung: Sobald ein Ablauf etabliert ist, kann der geschickte Manipulator auf diesem Ablauf bestehen, wenn das Opfer ihn ändern möchte. Wie wir in Kapitel 13 sehen werden, ist das sogar eine der Grundtechniken der Manipulation.

Den Satz »Das haben wir noch nie so gemacht« oder natürlich auch »Das haben wir schon immer so gemacht« kennen wir alle. Wir stehen diesen Sätzen oft deshalb so machtlos gegenüber, weil ein etablierter Ablauf sich einfach so schwer ändern lässt. Sehr beliebt ist hier die Technik, sich über einen kleinen Gefallen einen größeren zu erschleichen. Ich gebe Ihnen ein Beispiel: Angenommen, ich möchte neue Bilder von einem Live-Auftritt und frage einen Freund, der toll fotografieren kann, ob er nächsten Samstag bei einem Auftritt ein paar Bilder machen kann. Das ist der normale Ablauf. Nachdem er Ja gesagt hat, sage ich ihm dann, dass der Auftritt 250 Kilometer entfernt ist und ich auch erst um 21.45 Uhr dran bin. Das ist die Abweichung. Hätte ich das gleich gesagt, hätte der Freund es viel leichter gehabt, mir die Bitte abzuschlagen. Jetzt, nachdem der normale Ablauf etabliert ist – und nachdem er sich durch sein Ja zu diesem normalen Ablauf ja auch schon bereit erklärt hat, mir zu helfen –, ist es für ihn viel schwieriger, sein Angebot wieder zurückzuziehen. Natürlich hat er noch die Möglichkeit, aber ich habe meine Chancen, dass er bei seiner Zusage bleibt, drastisch erhöht. Die Frage ist nur, wie viele Freunde man in ein paar Jahren noch hat, wenn man so was echt durchzieht …

Das »Gewöhnliche« am Anfang des Ablaufs stellt sich bei dieser Methode als etwas überhaupt nicht Gewöhnliches heraus. Es ist lediglich das Opening für die darauf folgende Manipulation.

2. Manipulation braucht ein Gegenüber

Ich gebe zu, das ist kein echter »Schritt«, aber ein sehr wichtiges Merkmal. Wir können uns zwar auch selbst manipulieren, in dem Fall würde ich es jedoch eher als »Selbst-Suggestion« bezeichnen. Die funktioniert natürlich in zwei Richtungen. Wir können uns über unsere limitierenden Glaubenssätze und unbewussten Motivationen natürlich auch ständig selbst einflüstern, dass wir unsere Ziele nicht erreichen dürfen oder können.

Diese Muster der Selbst-Sabotage zu erkennen hat das Potenzial, unser Leben zu verändern. Aus diesem Grund werden wir uns im dritten Teil dieses Buches auch mit der Selbst-Manipulation beschäftigen. In diesem Abschnitt geht es mehr darum, dass jede Manipulation natürlich mindestens ein Gegenüber braucht, das in die Irre geführt wird. In unserem Münztrick verschwindet die Münze ja nicht wirklich. Es ist eine schöne Illusion. Die kann aber nur in den Gedanken unseres Betrachters entstehen. Wir selbst werden uns nicht fragen, wie wir das wohl gemacht haben. Diese Frage stellt sich nur der Zuschauer.

Wichtig ist also nicht, was wirklich passiert. Wichtig ist, was unser Gegenüber denkt …

Ohne ein Umfeld also keine Beeinflussung und keine Manipulation. Als Menschen leben wir mit anderen Menschen zusammen, mit denen wir uns verbinden. Wenn wir nicht völlig isoliert leben, sind wir im Austausch mit anderen Menschen und da findet automatisch auch Beeinflussung statt.

Der Autor Josef Kirschner hat unter anderem das Buch *Manipulieren – aber richtig* geschrieben. In diesem Buch definiert er sechs »Gegner«, die alle versuchen, sich durchzusetzen und einen Vorteil zu erlangen (Sie merken schon, er wählt seine Worte recht konfrontativ):

1. Das andere Geschlecht
2. Alle, die uns im Weg stehen
3. Autoritäten
4. Die Gesellschaft
5. Die Medien
6. Die Familie

Fazit nach Kirschner also: JEDER ist ein »Gegner«. Na ja …

3. Es entstehen zwei Wirklichkeiten – mit der Wahrheit lügen

Ein chinesisches Sprichwort sagt: »Jedes Ding hat drei Seiten: eine, die du siehst, eine, die ich sehe, und eine, die wir beide nicht sehen.«

Durch Manipulation sorgen wir dafür, dass die Wirklichkeit des anderen sich für ihn so darstellt, wie wir es wollen. Eine sehr bewährte Methode ist diesbezüglich die Darstellung der Wirklichkeit über Statistiken. Hier wird, wie Gerd Bosbach und Jens Jürgen Korff, Autoren des Buches *Lügen mit Zahlen,* es so trefflich ausdrücken, »mit der Wahrheit gelogen«. Ihr Buch ist wirklich klasse und es öffnet einem die Augen, wie wir mit Zahlen und Statistiken getäuscht, zu völlig falschen Schlussfolgerungen verleitet und manipuliert werden. Ich zitiere hier ein paar Beispiele. Weitere Techniken, mit denen wir nach Strich und Faden belogen werden, finden sie bei den beiden. Ich gebe Ihnen lediglich ein paar passende Leckerbissen. Die folgenden Tricks sind also nur ein Teil der unzähligen Täuschungen, die in dem Buch vorgestellt werden:

• ***Lange Zeiträume – wie Mücken zu Elefanten werden***
Wenn man sagt, der Bund einigt sich auf ein Bildungspaket von 18

Milliarden Euro, dann klingt das erst mal toll. Aber wenn die 18 Milliarden Euro auf die nächsten zehn Jahre verteilt werden, dann ist das wenig.

- ***Mittelwerte – die Mitte ist nicht immer richtig***

Thema Einkommen. Wenn ein paar wenige zum Beispiel in einem afrikanischen Land extrem viel verdienen (mehrere Millionen US-Dollar im Jahr), dann steigern sie das Durchschnittseinkommen enorm. Damit wird verhüllt, dass die große Mehrheit nur 500 US-Dollar im Jahr verdient.

- ***Mit Definitionen tricksen***

Man kann eine Statistik, zum Beispiel die Arbeitslosenstatistik, schön aufhübschen, indem man zum Beispiel die 1-Euro-Jobber, die Kranken und andere nicht in die Definition »arbeitslos« mitaufnimmt.

- ***Zahlen aus dem Zusammenhang reißen bzw. in einen falschen Zusammenhang setzen***

Was ist die kriminellste Stadt der Welt? Eigentlich Mogadischu und die Ciudad de Juarez. Aber man kann statistisch sagen – ganz seriös nach »Zahl der Delikte pro Zahl der Einwohner« eingeteilt –, dass eigentlich Vatikan-Stadt die kriminellste Stadt der Welt ist.

Das liegt aber nur daran, dass hier 18 Millionen Pilger und Touristen im Jahr hinkommen, da kommt es eben zu dem einen oder anderen Diebstahl.

- ***Die Bezugsgröße***

Wenn man die Bezugsgröße falsch setzt oder gar weglässt, dann kann man die Realität ganz schön verdrehen. Einfaches Beispiel: »Im letzten Jahr haben wir in Nordrhein-Westfalen 2200 vollzeitbeschäftigte Lehrer eingestellt«, sagte einmal ein Ministerpräsident von NRW. Aber bei genauerer Betrachtung hatte er einfach diese wahre Zahl genommen, dabei jedoch unterschlagen, dass im gleichen Jahr 2500 Lehrer aus dem Dienst ausgeschieden waren. Damit ist die Zahl der Lehrer eigentlich sogar zurückgegangen!

• ***Heran- und Herauszoomen***

Wenn man sagt, die Zahl der Krebsfälle pro 100 000 Einwohner einer seltenen Krebsart hat sich verdoppelt, dann klingt das alarmierend. Aber wenn sich die Zahl lediglich von eins auf zwei bewegt hat, dann ist der Anstieg eigentlich minimal.

Bei der Darstellung mit Grafiken geht das auch gut: Man zoomt einfach heran, und schon erscheint ein geringer Anstieg groß.

• ***Die Frage nach Ursache und Wirkung***

Das ist meine persönliche Lieblingsmethode: Wenn zwei Dinge korrelieren, dann ist man schnell dabei, da eine kausale Beziehung herzustellen.

Ich gebe Ihnen ein Beispiel aus meinem persönlichen Umfeld: Vor einigen Monaten hielt meine älteste Tochter in der Schule ein Referat über die »Flying-Spaghetti-Monster-Religion«. Das ist eine Pseudo-Satire-Religion, die Anfang 2005 von dem Physiker Bobby Henderson erfunden und gegründet wurde. Henderson hat sich entschieden, die Religion als Gegenbewegung der Pseudowissenschaft »Intelligent Design« zu gründen.

Das wiederum ist eine christlich-fundamentalistische Religionsauslegung, die lehrt, dass einzig und allein die Schöpfung, wie sie in der Bibel gelehrt wird, richtig ist und dass die Evolutionstheorie nach Darwin falsch ist. Ausschließlich ein intelligenter Urheber, also Gott, kann die Welt geschaffen haben. Die Anhänger des »Intelligent Design« heißen Kreationisten. Sie haben es fast geschafft, im US-Staat Kansas die Evolutionstheorie aus den Lehrplänen streichen zu lassen, weil sie ihrer Weltanschauung widerspricht.

Als eine Satire auf das »Intelligent Design« erfand Henderson einfach das »Flying Spaghetti Monster« und forderte, dass auch diese Religion an den Schulen gelehrt werden müsse. Dabei stellte er genauso unwissenschaftliche Theorien und Behauptungen auf wie die Kreationisten. Hier eine Auswahl an Kostproben:

Die Welt wurde von einem fliegenden Spaghettimonster geschaffen.

Die Gravitation existiert nicht, sondern wir werden durch nudelige Klebmasse am Boden festgehalten.

Und jetzt kommt meine ganz persönliche Lieblingsbehauptung: Die globale Erwärmung geht zurück auf die sinkende Zahl von Piraten. Das sei, so Henderson, eine empirisch belegbare Tatsache.

Denn: Als es noch viele Piraten gab, war von der Erderwärmung noch keine Rede. Er brachte einen weiteren Beweis im Jahr 2008. In diesem Jahr gab es in Somalia am meisten Piraten und gleichzeitig den niedrigsten Wert an CO_2-Emissionen. Solchen Unsinn meine ich mit Verdrehung von Ursache und Wirkung.

Sobald jemand diese völlig hirnrissigen Theorien anzweifelt, bringen die Anhänger der Pseudo-Religion das Totschlagargument:

»Dann beweis mir doch mal, dass es *nicht* so ist.«

Die Anhänger der Spaghettimonster-Religion, die sich »Pastafari« nennen, machen das aus Jux und um die Absurdität der Argumentation der Kreationisten aufzuzeigen.

Aber die Methode genau dieses Arguments wird in anderem Kontext oft genutzt. Zu beweisen, dass es *nicht* so ist, wie der andere behauptet, ist in vielen Fällen unmöglich. Das ist unter anderen auch eines der Totschlagargumente von Menschen, die mit Statistiken manipulieren.

Die Idee, dieses Argument zu nutzen, ist nicht neu. Schon der britische Philosoph Bertrand Russell beschäftigte sich in den 1950er-Jahren mit dieser Form der Argumentation. Russell beschreibt in einem nicht veröffentlichten Brief, den man in seinem Nachlass fand, eine rein hypothetische Teekanne, die im Weltall zwischen Erde, Mars und Sonne umherfliegt. Die Kanne sei aus Porzellan und so klein, dass sie mit einem Teleskop nicht gesichtet werden könne. Jeder, der das anzweifle, solle den Beweis erbringen, dass es die Teekanne *nicht* gäbe.

Das ist unmöglich.

Russells Artikel sprach sich dafür aus, dass bei einer sauberen Argumentation und in der Wissenschaft diejenigen, die eine Behauptung aufstellen, eine Beweislast haben. Und dass es nicht die Aufgabe derjenigen ist, die die Existenz eines fliegenden Spaghettimonsters oder auch Russells Teekanne anzweifeln, deren Nicht-Existenz zu belegen. Vielmehr liegt die Verantwortung, einen Beweis zu erbringen, bei denjenigen, die die Behauptung aufstellen.

Es gilt also Beweislast und nicht Widerlegungspflicht!

Am schönsten drückte das der Wissenschaftler Carl Sagan aus. Sagan war unter anderem Astrophysiker, Astronom, TV-Moderator und auch Schriftsteller. Von ihm stammt unter anderem der Roman *Contact*, der 1997 mit Jodie Foster verfilmt wurde. Über die Beweislast sagte er in einer seiner Fernsehsendungen:

Außergewöhnliche Behauptungen erfordern
außergewöhnlich starke Beweise.

Ein schönes Zitat, wenn uns jemand durch die verdrehte Reihenfolge von Ursache und Wirkung in Argumentationsschwierigkeiten manipulieren will.

• ***Verfälschende Befragungen und Stichproben***

Befragungen und Stichproben sind oft nicht repräsentativ. Wenn man zum Beispiel sagt, die Absolventen einer bestimmten Elite-Universität verdienen durchschnittlich 105 000 Euro im Jahr, und diese Befragung stammt aus einem Rundschreiben an Alumnis, dann liefert diese Stichprobe ein verfälschtes Bild der Tatsachen. Denn diejenigen, die es nicht weit gebracht haben (was immer das auch heißen mag) oder nur wenig verdienen, werden eher nicht geantwortet haben.

Das ist nur eine Sammlung *meiner* Lieblingsmethoden der Manipulation durch Statistiken. Schlaue Köpfe haben da noch viele weitere Techniken im Waffenschrank. Zum Beispiel das Zusammenstauchen einer grafischen Darstellung. Ohne die Zahlen an den Achsen zu ändern, wird eine Anstiegskurve auf der x-Achse zusammengedrückt (das ist die horizontale Achse). Und schon hat man statt eines moderaten Anstiegs einen dramatischen Anstieg.

Widmen wir uns weiter den Schritten der Manipulation und kommen zu Punkt vier.

4. Vorbereitet sein

Wir legen bei unserem Trick unter dem Vorwand, etwas anderes zu suchen, die Münzen zunächst auf dem Tisch ab. Dann machen wir eine Zeit lang etwas ganz anderes und widmen uns erst später einer von mehreren Münzen, um die dann verschwinden zu lassen. Wir haben das Verschwinden lange vor der Aktion unbemerkt vorbereitet. Diese Vorbereitung ist ein wichtiger Teil der Täuschung.

Einer der größten Zauberkünstler der Geschichte war der Kanadier Dai Vernon. Vernon hat die Close-up-Zauberkunst, wie sie heute gezeigt wird, maßgeblich geprägt. Er war ein Genie der Zauberkunst und wurde von Kollegen ehrfürchtig mit »Professor« angesprochen. Eine seiner Grundmaximen war: »Sei natürlich!« Jede unnötige Geste, jedes Rumgezappel und Fingerschnipsen waren ihm zuwider. Über Vernon kursieren zahlreiche Legenden. Zwei davon scheinen mir hier sehr passend.

Hier die erste:

Mark Wilson war ein in den USA sehr bekannter Zauberkünstler, der viel im Fernsehen auftrat. Er hat auch ein Zauberbuch geschrieben, in dem er immer wieder das Zeigen mit dem Zeigefinger auf Requisiten beschreibt. (Bei unserem Münztrick hätte Wilson sicher mit dem rechten Zeigefinger auf die linke – leere – Hand gezeigt und gesagt: »Hier ist die Münze drin.«) Vernon war das völlig zuwider, weil es ja seinem Grundsatz der Natürlichkeit widerspricht. Kein normaler Mensch verhält sich so.

So weit zur Vorgeschichte.

Im legendären Magic Castle in Los Angeles hörte ich in diesem Zusammenhang folgende Anekdote: Der Sohn Mark Wilsons hatte eine Privatstunde bei Dai Vernon. Der hat ihm ein tolles und sehr natürliches Münzverschwinden beigebracht. Genau wie ich Ihnen in diesem Buch. Als der Sohn am Abend seinem Vater das nahezu perfekte und völlig natürlich aussehende Münzverschwinden zeigte, sagte Wilson: »Toll, mein Sohn! Aber du hast vergessen, auf die leere Hand zu zeigen.«

Zurück zu Vernon und damit zur zweiten Anekdote. Vernon ist in Kanada an einer Bahnstrecke aufgewachsen. Auf dem Weg zur Schule ist ihm aufgefallen, dass an einem Punkt entlang der Strecke neben den Gleisen immer Spielkarten verstreut lagen. Später fand er heraus, dass das Karten von Falschspielern waren, die sie im Zug während des Spielens gegen eigene, gezinkte Karten austauschten. Die unpräparierten Karten haben die Falschspieler an besagter Stelle aus dem Zugfenster geworfen. Immer an derselben Stelle und wohl auch immer unbemerkt von den Opfern, die dann mit den markierten Karten über den Tisch gezogen wurden. Jetzt machte Vernon Folgendes: Er ging nachmittags nach den Hausaufgaben denselben Weg noch mal ab und lernte auswendig, welche Karte an welcher Stelle lag. Dann wartete er. Irgendwann war es so weit: Eines Morgens fragte ein Mitschüler Vernon auf dem morgendlichen Schulweg, welche Karte das wohl sei. Vernon konnte das beantworten. Die Kameraden dachten natürlich, das sei ein Glückstreffer, und fragten jetzt bei den folgenden Karten, welche das wohl seien. Vernon kannte jede Karte!

Ganz wichtig: Vernon hat die Situation nicht selbst herbeigeführt. Er hat sich gut vorbereitet und einfach abgewartet. Wäre die Situation nicht entstanden, hätte er den Trick nicht gezeigt. Das war Teil des Tricks, denn hätte er von sich aus angefangen, die Werte der verteilten Karten aufzuzählen, hätten seine Weggefährten sich denken können, dass er sich jeweils am Vortag die Karten angeschaut und gemerkt hat. In dem Moment, in dem die Idee aber nicht von ihm war, kam keiner auf das Geheimnis. Vernon war vorbereitet ... Auch bei unserem Münztrick sind wir vorbereitet. Wenn wir uns den Ablauf eingeprägt und geübt haben, warten wir einfach ab. Irgendwann wird schon ein passender Moment kommen und dann legen wir los. Natürlich können wir da unter Umständen lange warten – aber unser Warten wird belohnt.

5. Nebelkerzen zünden

Die Nebelkerze bei unserem Münzverschwinden ist die scheinbare Übergabe der Münze aus der (schon leeren) rechten Hand in die linke, aus der die Münze dann schließlich verschwindet. So ist es für den Betrachter viel schwieriger, den wahren Ablauf richtig zu rekonstruieren. Wir fügen ein völlig unnötiges Element ein und betonen es, um die Illusion täuschender zu machen.

Ein geschickter Manipulator wird oft Nebenschauplätze betonen und über Unwesentliches debattieren, damit das Wesentliche im Verborgenen bleibt. Er wird bei bestimmten Nachfragen ausweichen, von der Frage ablenken oder sich geschickt weigern, Punkten Aufmerksamkeit zu zollen, die von seinem Plan abweichen. In der packenden Netflix-Serie *The People vs. OJ Simpson* versucht die Staatsanwältin, einen der Verteidiger zu diskreditieren, indem sie einen früheren Skandal aufdeckt. (Bitte erwarten Sie jetzt keine Einzelheiten. Ich habe die Serie während des Lockdowns geschaut. In dieser Phase habe ich so viel Netflix geschaut, dass ich mich an Details einfach nicht erinnere ...) Als der betreffende Verteidiger OJs von der Presse auf den Skandal angesprochen wird, nimmt er den Ball einfach nicht auf. Er sagt knapp: »In diesem Fall geht es nicht um mich, sondern um die Unschuld meines Mandanten.« Das ist eine bemerkenswerte Taktik. Und eine sehr erfolgreiche.

6. Eine Behauptung aufstellen

Das Aufstellen einer Behauptung ist meines Erachtens eine der grundlegendsten Methoden der Beeinflussung. Es ist in vielen Fällen tatsächlich so einfach:

Der Manipulator stellt einfach voller Selbstbewusstsein irgendeine Behauptung auf und schaut, was passiert.

Erinnern Sie sich noch, wie wir beim Münztrick ganz souverän die leeren rechten Fingerspitzen vorgezeigt haben, bevor wir die Münze scheinbar in die linke Hand gelegt haben? Wir haben einfach mal behauptet, die Münze sei noch in der rechten Hand – in Wirklichkeit war sie ja schon auf unserem Schoß. Es ist mir schon öfter passiert, dass Zuschauer nachher beteuert haben, die Münze noch in der rechten Hand gesehen zu haben!

Eine einfache Behauptung ist ein unglaublich starkes Mittel der Einflussnahme.

Das Schöne daran: Mit genügend Selbstbewusstsein vorgetragen wird derjenige, der die Behauptung aufstellt, nie nach Beweisen für seine Prognosen gefragt.

Ein wahrer Meister im selbstbewussten Aufstellen wilder Behauptungen ist der ehemalige Präsident der Vereinigten Staaten von Amerika, Donald Trump.

Er hat, so die *Tagesschau*, in seiner vierjährigen Amtszeit über 22 000 falsche Behauptungen aufgestellt. Danach hat er die uns wohlbekannte Technik der Wiederholungen genutzt, um die falschen Aussagen immer wieder zu präsentieren und so Glaubwürdigkeit zu suggerieren. Mit Erfolg, die Aussagen standen im Raum, die Angegriffenen waren damit beschäftigt, die Aussagen zu widerlegen, was aber nicht alle Menschen erreicht hat, die zuvor den Schwachsinn von Trump gelesen hatten.

Trump hat zum Beispiel über 260 Mal behauptet, die Mauer zwischen den USA und Mexiko werde von den Mexikanern gezahlt werden – völliger Unsinn. Auch Deutschland bekam sein Fett weg, denn Trump behauptete unter anderem, dass die Kriminalität in Deutschland durch die Migrationspolitik um 10 Prozent gestiegen sei und dass die deutschen Behörden die Kriminalität von Migranten vertuschten. In Wirklichkeit ist die Kriminalität laut Statistik in Deutschland im angesprochenen Zeitraum jedoch gesunken, wie die *Washington Post* sofort richtigstellte.

Solche Behauptungen sind gewöhnlich schwammig formuliert (wer sind »die Behörden« – welche genau und wer aus der betreffenden Behörde genau hat das gesagt?) und sie werden gewöhnlich einfach mal stehen gelassen. Der »Experte« beweist die Richtigkeit seiner Aussage einfach nicht.

Das scheint mir eine geeignete Stelle zu sein, einen Begriff zu erwähnen, der in den letzten Jahren immer stärker Beachtung gefunden hat, das sogenannte Gaslighting oder auch der Gaslight-Effekt. Der Begriff wurde geprägt durch die Psychoanalytikerin und Autorin Dr. Robin Stern. Sie hat ein sehr gutes Buch darüber geschrieben: *Der Gaslight-Effekt*, also der Gaslicht-Effekt. Der deutsche Begriff hat sich aber selbst in der deutschen Übersetzung nicht durchgesetzt, daher verwende ich, wie Stern selbst, die englische Bezeichnung. Gaslighting ist eine »emotionale Manipulation, bei der ein Gaslighter versucht, Sie davon zu überzeugen, dass Sie Ihr Verhalten oder Ihre Beweggründe falsch erinnern, falsch verstehen oder falsch interpretieren. So sät er Zweifel, weshalb Sie sich verletzlich und verwirrt vorkommen«, so Stern wörtlich in ihrem Buch. Die Inspiration zur Wortwahl kommt aus dem Film *Gaslight* von 1944. (Auf Deutsch heißt der Film *Das Haus der Lady Alquist* – machen Sie da als Übersetzer mal ein knackiges Nomen draus. Der »Das-Haus-der-Lady-Alquist-Effekt« wird sich auch nach vielen Wiederholungen langfristig nicht durchsetzen, denke ich.)

Ich kann mich noch sehr gut erinnern, dass ich den Film als Jugendlicher mit meiner Mutter gesehen habe und ihn klasse fand. In dem

Film wird Paula, gespielt von Ingrid Bergmann, von ihrem manipulativen Mann in den Wahnsinn getrieben. Eigentlich ganz normal, werden meine Leserinnen jetzt vielleicht denken. In der Geschichte sorgt der durchtriebene Manipulator jedoch dafür, dass die Frau wirklich verrückt wird.

Im Film sind die Grundlagen der Manipulation alle schon drin: Zweifel säen, Angst machen, Druck ausüben, einen üblen Plan haben, Nebelkerzen und natürlich das Aufstellen von Behauptungen.

Ein Beispiel aus dem Film, an das ich mich noch gut erinnere, zitiert Stern auch in ihrem Buch. Paula kann eine Brosche nicht mehr finden. Sie ist nicht mehr dort, wo Paula sie hingelegt hat. Natürlich hat ihr durchtriebener Ehemann Gregory die Brosche von dort weggenommen und versteckt. »Ach«, so der scheinbar liebevolle Gatte, »du bist einfach zu vergesslich.« Das ist Gaslighting par excellence. Durch Vorbereitung für die entsprechende Situation sorgen und dann eine suggestive Behauptung aufstellen.

Ein weiteres sehr treffendes Gaslight-Beispiel für das plumpe Behaupten stammt ebenfalls aus Sterns Buch. Sie beschreibt hier, wie der HBO-Moderator John Oliver von Donald Trump manipuliert wurde – sorry, schon wieder Trump …

Trump behauptete in einem Tweet, dass Oliver ihn in seine Late-Night-Talkshow eingeladen habe und dass er, Trump, für eine derart langweilige Talkshow, die sich sowieso kein Mensch ansehe, nicht als Gast zur Verfügung stehe. »Ich sagte, NEIN DANKE. Reine Zeit- und Energieverschwendung«, so Trump.

Das wirklich Bemerkenswerte an der Story ist jedoch, dass John Oliver überhaupt kein Interesse daran hatte, Trump in seine Sendung einzuladen. Die von Trump getwitterte Einladung hat es nie gegeben!

Als Oliver das sagte, zündete Trump die zweite Stufe: Er blieb felsenfest bei seiner Behauptung.

In einem Radiointerview behauptete er, er sei sogar vier oder fünf Mal eingeladen worden – und hätte natürlich immer abgesagt.

Das ging dann so weit, dass Oliver – immerhin ein gestandener TV-Moderator – an sich selbst zu zweifeln begann. Wie Paula im Film. Er war sich nicht mehr zu 100 Prozent sicher, ob nicht doch jemand aus der Redaktion eine Einladung ausgesprochen hatte.

Die *Huffington Post* schrieb hierzu dann etwas sehr Bemerkenswertes: »Trumps Behauptung wurde mit einem solchen Elan vorgetragen, dass Oliver an der Wahrheit zu zweifeln begann, obwohl er wusste, dass Trump log. Eine solche Macht hat Gaslighting.«

Für unsere Zwecke ändere ich das Zitat leicht ab: Eine solche Macht hat eine selbstbewusste Behauptung in Kombination mit stumpfer Wiederholung.

Eine Behauptung muss übrigens nicht immer laut ausgesprochen werden. Sie kann durch einen anderen Satz auch durch die Hintertür auf den Plan treten.

Das kann bis zur Erpressung in der Partnerschaft reifen. Wenn der manipulative Partner etwa eine Forderung stellt und dann – meist ungefragt – hinzufügt: »Aber du liebst mich doch!« In diesem Zusammenhang suggeriert der Satz die unausgesprochene und dadurch unterschwellige Behauptung: »Wenn du meiner Bitte nicht nachkommst, dann liebst du mich also *nicht*.« Hier sind wir schon im Bereich der Suggestion: »Wenn … dann …«. Im konkreten Beispiel: »Wenn du mich liebst, dann machst du, was ich will.« Das impliziert freilich: »Wenn du nicht machst, was ich will, dann liebst du mich auch nicht.« Das ist extrem manipulativ.

Wir werden uns später noch eingehend mit der Kraft der Suggestion befassen. Auch hier werden wir sehen, wie aus der Suggestion »Stell dir mal vor, du kannst deinen Finger nicht mehr bewegen« später eine Behauptung wird: »Du kannst deinen Finger nicht mehr bewegen.« Die Behauptung wird, wie wir noch sehen werden, so stark akzeptiert, dass sie zur Realität wird. Mehr dazu in den Kapiteln über Suggestion und selbsterfüllende Prophezeiungen.

7. Natürlich sein

Je natürlicher sich eine Manipulation einfügt, desto eher wird sie von uns angenommen und nicht als solche erkannt. Vernons Maxime »Sei natürlich« haben wir gerade eben schon gehabt. Nachdem die Münze scheinbar in die linke Hand gelegt wurde, haben wir einen Augenblick gewartet, bevor wir die linke Hand leer gezeigt haben. Wir haben sogar mit der (nicht vorhandenen) Münze in der Hand gespielt. Das Bewegen und »Rumschütteln« der Münze ist eine ganz natürliche Handlung.

Wir werden noch zahlreiche Beispiele kennenlernen, in denen die Manipulation ganz natürlich und fast schon nebenbei daherkommt. Zum Beispiel hat der Webberater Jacob Nielsen in vergleichenden Versuchen herausgefunden, dass Internetuser bei Bestellungen überwiegend die obere von zwei Optionen nehmen. Ich finde so etwas ja unglaublich spannend. Warum das so ist, weiß kein Mensch. Es scheint eine natürliche Standardeinstellung bei den meisten von uns zu sein. Also platzieren die Unternehmen, die Nielsen berät, natürlich ihre Produkte entsprechend. Ganz natürlich und nebenbei.

8. Den Moment ändern

Der wichtigste Faktor für Erfolg ist die passende Situation. Es ist nicht unser Wille und es sind auch nicht unsere Fähigkeiten und Fertigkeiten allein, die über Erfolg und Misserfolg entscheiden. Das sind alles wichtige Faktoren für das Gelingen eines Vorhabens. Genau wie eine Prise Glück.

Aber der wichtigste Faktor ist der richtige Moment.

Versuchen Sie doch einmal, im Winter auf einer schneebedeckten Wiese Blumen zu pflücken … Da helfen auch Wille und Fähigkeiten nicht weiter.

Der geschickte Manipulator wartet auf den richtigen Moment.

Oder er schafft ihn.

Wir haben die Trickhandlung beim Münzverschwinden in dem Moment ausgeführt, als der Betrachter die Bewegung bereits wiederholt gesehen hatte und seine Aufmerksamkeit nicht mehr so hoch war wie bei den ersten Versuchen. Wir haben den Moment seiner Entspannung abgewartet und dann gehandelt.

Das ist eine Möglichkeit.

Es gibt einige weitere, um unsere Gedanken einzuschränken: Stress, Angst erzeugen, unter Zeitdruck setzen, Zweifel säen.

Wenn der Manipulator merkt, dass seine Beeinflussung nicht greift, wartet er in vielen Fällen auf den passenden Moment. In der Zauberkunst gibt es eine Regel, die sagt: Wenn du die Methode nicht ändern kannst, dann ändere den Moment. Dasselbe gilt für Manipulation.

9. Die Macht der Wiederholung

Die Wiederholung ist meines Erachtens – neben der Behauptung – eine der elementarsten Techniken der Einflussnahme. Die Wiederholung ist meines Erachtens – neben der Behauptung – eine der elementarsten Techniken der Einflussnahme. Die Wiederholung ist meines Erachtens – neben der Behauptung – eine der elementarsten Techniken der Einflussnahme.

Welche Technik ist wohl eine der elementarsten Techniken der Einflussnahme?

Merken Sie was?

Die Wiederholung kann in dreierlei Hinsicht eingesetzt werden: Einmal wird durch stetes Wiederholen eine Message in unserem Kopf verankert.

Die zweite Eigenschaft haben wir bei der verschwindenden Münze genutzt. Hier hat die Wiederholung der Handlung dafür gesorgt, dass der Betrachter mehrere Bilder der Handlung im Kopf hat.

Durch die Struktur des Tricks pflanzen wir ganz geschickt das Bild einer ganz legitimen Übergabe der Münze in die linke Hand in die Erinnerung des Zuschauers. Außerdem verursacht in diesem Beispiel die Wiederholung eine Entspannung und reduziert die Aufmerksamkeit beim zweiten Durchlauf. Genau in dem Moment wird dann die Täuschung durchgeführt. Die Wiederholung macht es dem Zuschauer viel schwerer, den Ablauf des Verschwindens richtig zu rekonstruieren.

Beim Lernen einer neuen Fähigkeit ist die Wiederholung die Mutter der Weisheit. Wir lernen allerdings nicht nur durch selbst gewählte Wiederholung, sondern auch wenn andere uns ständig etwas wiederholt vorsetzen. Von wem ist der Werbeslogan »Ich liebe es«? Wenn Sie die Antwort kennen, dann haben Sie den entsprechenden Satz oft genug in Verbindung mit dem entsprechenden Unternehmen gehört, gelesen und gesehen. Er ist in Ihrem Gedächtnis verankert und er geht da auch nicht mehr raus. Falls Sie den Slogan nicht zuordnen können, haben Sie ihn einfach noch nicht oft genug gehört. (Er ist übrigens von Mc Donald's.)

In einem Bericht der *Süddeutschen Zeitung* wird Angela Merkel von einer Studentin gefragt, worin ihres Erachtens der größte Unterschied zwischen der Naturwissenschaft und der Politik bestehe. Merkel antwortet, so die *Süddeutsche*:

> *In der Wissenschaft erziele man ein Ergebnis und forsche dann gleich weiter (...) in der Politik dagegen habe sie erst lernen müssen, die Dinge möglichst oft zu wiederholen, damit sie auch verstanden würden.**

* Einer meiner Lieblingsautoren, Yuval Noah Harari, sieht das ein wenig anders. In einem Interview mit der Schauspielerin und Neurowissenschaftlerin Mayim Bialik, die Sie vielleicht als Amy aus *Big Bang Theory* kennen, seziert er den Unterschied sehr viel glaubwürdiger: Die Wissenschaft beschäftigt sich mit der Wahrheit, die Politik dagegen mit Macht. Sein komplettes Zitat lesen Sie auf Seite 198.

Dann gibt es noch eine dritte Möglichkeit, durch Wiederholung zu manipulieren. Hier wird der Spieß umgedreht. Anstatt eine Aussage oder Behauptung stumpf und ständig zu wiederholen, bittet der Manipulator seinen Gesprächspartner umgekehrt immer wieder, eine Aussage zu wiederholen. Der Manipulator verfolgt dadurch das Ziel, den anderen durch die ständige Wiederholung zu ermüden und gegebenenfalls sogar von seinen Argumenten abzubringen. Einer der effektivsten Sätze, mit dem ich mich vor einigen Jahren mit einer Geschäftspartnerin rumschlagen musste, war:

»Verstehe ich nicht – erklär es mir bitte noch mal.«

Wenn Sie einen Witz killen möchten, dann sagen sie genau diese Worte zu dem, der den Witz erzählt hat. Die Wiederholung zerstört jede Pointe.

In meinem Fall hatte ich eine Idee, die meiner Geschäftspartnerin nicht geschmeckt hat und die sie nicht mochte. Anstatt das jedoch offen auszusprechen, hat sie mich immer wieder gebeten, ihr die Idee doch noch mal zu erklären, damit sie sie auch wirklich versteht, »um mich dabei auch richtig unterstützen zu können«. Das war eine falsche Behauptung. In Wirklichkeit hatten die ständigen Wiederholungen lediglich zum Ziel, mich zu zermürben und mich nach der 500. Wiederholung dazu zu bringen zu sagen: »Ach egal, lassen wir es.«

Sich doof stellen und den anderen seine Argumente zigmal wiederholen zu lassen ist sehr effektiv, wenn man ihn schwächen will. Vorausgesetzt, Sie bringen die entsprechende Renitenz mit. Nach einigen Monaten habe ich mich nicht mehr wiederholt. Ich habe einmal sehr klar gesagt, dass ich keine Lust mehr auf die Geschäftsbeziehung habe.

Auch wenn die Wiederholung einer der Grundpfeiler der Manipulation ist, so hat sie in einigen Bereichen doch ihre Grenzen. Bei mir zu Hause etwa scheint sie nur in Ausnahmefällen zu greifen. Dort liegen beispielsweise trotz gebetsmühlenartiger Wiederholungen überall Schuhe und Jacken rum. Und auch das Licht ist ganz gerne mal über

Nacht eingeschaltet. Vielleicht sind meine Kinder aber mit 13, 15 und 18 Jahren einfach noch nicht alt genug für die entsprechende Anzahl an Wiederholungen …

3

UNSER GEHIRN IST NICHT IMMER RATIONAL: UNSERE SCHWACHPUNKTE

Ein Schläger und ein Ball kosten zusammen 1,10 Euro. Der Schläger kostet 1 Euro mehr als der Ball.

Wie viel kostet der Ball?

Intuitiv sind wir versucht, sofort zu antworten: »Klar, 10 Cent!«

Das stimmt aber nicht …

Lesen Sie weiter und entdecken den Fehler.

Unser Denken hat den Drang, optimal zu reagieren. Paradoxerweise lässt es sich gerade dadurch besonders gut täuschen. Der Nobelpreisträger Daniel Kahneman beschreibt in seinem epochalen Werk *Schnelles Denken – langsames Denken* sehr detailliert, wie sich unser Denken täuschen lässt und wie unser Gehirn ausgerechnet in den Momenten, in denen es optimal reagieren will, oft suboptimal reagiert. Aus seinem Buch ist auch das Beispiel mit dem Schläger und dem Ball. Es lohnt sich, diese Mechanismen genauer zu betrachten, denn wenn wir wissen, wie sie funktionieren, wissen wir auch, wie sie für Manipulationen eingesetzt werden können.

Zunächst unterscheidet Kahneman zwei unterschiedliche Denksysteme, nämlich die titelgebenden Strukturen des schnellen und langsamen Denkens. Unser Denken besteht in einem ständigen Zusammenspiel – und oft auch Wettstreit – zwischen diesen beiden unterschiedlichen Systemen.

Wir können sie auch als intuitives und rationales System bezeichnen.

Das intuitive System arbeitet, ohne dass wir es bewusst merken. Wenn wir zum Beispiel ein lautes Knallen hören, richten wir automatisch unsere Aufmerksamkeit in die Richtung des Knalls. Das intuitive System ist unser Autopilot. Es ermöglicht es uns, schnell zu handeln und zu entscheiden. Das ist im Alltag oft von Vorteil. Wenn ich bei Starbucks immer denselben Kaffee bestelle, weil mich das immense Angebot überfordert, übergebe ich an mein intuitives System. Das schnelle Handeln erscheint mir vorteilhaft. Aber vielleicht übersehe ich dabei, dass es auf der Karte ein neues Angebot gibt, das mir viel besser schmecken würde. Der Autopilot sorgt dafür, dass wir uns nicht von Unwesentlichem ablenken lassen. Allerdings ist es auch genau dieser Autopilot, der dafür verantwortlich ist, dass wir die doppelten Wörter auf Seite 29 nicht gesehen haben …

Das rationale System ist so etwas wie der Spot für unsere Aufmerksamkeit. Den Scheinwerfer bedienen wir selbst. Wir können unsere Aufmerksamkeit steuern und uns ganz bewusst auf gewisse Dinge konzentrieren. Wenn wir zum Beispiel eine dunkelhaarige Frau in einer Menschenmenge suchen, dann werden wir sämtliche Männer und auch die Frauen mit hellen Haaren nicht so stark wahrnehmen. Wir haben die Erkennungsmerkmale parat und prüfen in der Menschenmenge die passenden Parameter, ob sie passen.

In unserem Denken benutzen wir beide Systeme, mal das eine und mal das andere. Dabei bestimmt vor allem ein Grundsatz, welches System wir gerade als effektiver einstufen:

→ **Unser Gehirn ist so faul wie möglich.**

Aus diesem Grund denken die meisten von uns bei der oben stehenden Aufgabe auch, dass der Ball 10 Cent kostet. Die Wirklichkeit ist oft aber viel komplexer als unser schnelles Denken. Der Ball kostet nämlich nur 5 Cent. Denn wenn der Ball 10 Cent kosten würde, dann müsste der Schläger 1 Euro und 10 Cent kosten, wenn er genau 1 Euro teurer ist. Damit belaufen sich die Gesamtkosten aber auf 1,20 Euro.

Die Aufgabe wird von unserem intuitiven System als einfacher wahrgenommen, als sie tatsächlich ist. Auch hier: Die meisten Dinge sind komplexer, als wir im ersten Moment glauben. Ein häufiges Problem in unserem Denken besteht darin, dass unser intuitives System sich überschätzt. Genau das macht es in vielen Situationen zu einer Fehlerquelle. Schon Einstein sagte: »Man soll die Dinge so einfach wie möglich machen – aber nicht einfacher.«

Fairerweise sollten wir hier aber nicht zu hart mit uns sein. Dass wir das intuitive System generell zuerst nutzen, bevor wir das anstrengendere rationale System anzapfen, ist nämlich ein Zeichen von Effizienz und nicht von Dummheit. Den Aufmerksamkeitsscheinwerfer anzuwerfen ist anstrengend – es geht darum, Energie zu sparen. Der Energiesparmodus hat jedoch seinen Preis, denn das intuitive System ist nur so schnell, weil es beim Denken eine gewisse Unschärfe hat.

Schauen wir uns doch mal ein paar Mechanismen an, die genau diese Unschärfe nutzen und uns so anfällig für Manipulationen machen.

PRIMING

Beim Priming werden uns wichtige Informationen in versteckter oder unterschwelliger Form vermittelt, um unser Verhalten zu beeinflussen. Als Vater des Primings gilt der Wissenschaftler John Bargh, dessen Buch *Vor dem Denken* ein Klassiker und eine absolute Leseempfehlung ist. Bargh hat zum Beispiel nachgewiesen, dass Studienteilnehmer sich messbar langsamer bewegten, wenn sie zuvor mit Wörtern wie »alt«,

»runzlig« oder auch »Rente« konfrontiert wurden. Offensichtlich lässt uns allein der Gedanke ans Altern langsamer werden. Durch Priming wurde gezeigt, dass unsere Beurteilung von Ereignissen und unsere Wahrnehmung von unbewusst wahrgenommenen vorangehenden Erfahrungen beeinflusst werden können. Angenommen, Sie haben einen Film gesehen, in dem ein Feuerwehrmann Menschen aus einem brennenden Gebäude rettet, oder Sie haben ein Buch über Kriegshelden gelesen, dann wurde dadurch wahrscheinlich Ihre Vorstellung von Tapferkeit und Courage geprimt. Wenn Sie jetzt in den Nachrichten von einem Menschen hören, der allein in einem Segelboot die Welt umrunden möchte, dann halten Sie diese Person wahrscheinlich für tapfer, vielleicht betrachten Sie sie sogar als Helden.

Hingegen würden Sie ohne Priming dieselbe Person vielleicht als bekloppt und lebensmüde bezeichnen.

Priming kann uns über all unsere Sinne erreichen. Jetzt folgt ein alltägliches Beispiel aus dem Supermarkt: der Duft von frisch gebackenen Brötchen am Eingang. Sie wollten eigentlich nur schnell Toilettenpapier kaufen, bevor es wieder knapp wird. Der Duft der Semmeln erinnert Sie daran, wie lecker sie schmecken, dass Sie ja eigentlich hungrig sind und dass Sie jetzt eigentlich ja auch was essen könnten. In dem Fall hat der Geruch seine magische Priming-Kraft entfaltet. Auch Alltagserfahrungen können uns ganz unwillkürlich primen und damit stark beeinflussen. Bargh nennt hier als Beispiel die Autofahrt ins Büro. Nehmen wir an, Sie werden auf dem Weg häufiger von anderen Autofahrern geschnitten. Es sind also mal wieder nur egoistische Idioten auf der Straße unterwegs. Wenn Sie jetzt im Büro ankommen und der völlig unschuldige Kollege druckt ein umfassendes Dokument aus – Sie wollen aber selbst etwas ausdrucken –, dann stehen die Chancen sehr gut, dass Sie den Kollegen als egoistischen Idioten betrachten. Bargh hat sogar bewiesen, dass Erfahrungen uns noch lange nach dem jeweiligen Ereignis beeinflussen, wenn wir sie schon lange vergessen haben und uns in völlig anderen Situationen befinden – wie bei unserem Beispiel mit dem Drucker. Sie sehen, auch unser Umfeld und der Alltag beeinflussen, wie wir denken, und damit letztendlich auch, wie wir handeln.

Priming ist eine der stärksten Methoden der Einflussnahme und damit natürlich auch der Manipulation. So hat der Psychologe Dan Ariely, unter anderem Autor des Buches mit dem wunderbaren Titel *Denken hilft zwar, nützt aber nichts*, Menschen wie folgt gesteuert: Er ließ amerikanische Probanden an die letzten beiden Ziffern ihrer Social Security Number (Sozialversicherungsnummer) denken. Fast jeder Amerikaner kennt seine Social Security Number auswendig. Danach sollten sie den Preis für ein Konsumgut schätzen. Diejenigen mit höheren Endziffern nannten höhere Preise als diejenigen mit niedrigen Endziffern. Dabei hat die Nummer mit dem geschätzten Gut überhaupt nichts zu tun! Genau wie der Duft der frisch gebackenen Brötchen nichts mit dem Einkauf von Toilettenpapier zu tun hat. (Zumindest nicht unmittelbar …) Trotzdem wirkt sich die Nummer auf die Einschätzung aus und der Duft auf unser Verhalten. So werden uns auch Versicherungen verkauft: Der freundliche Außendienstmitarbeiter redet mit uns über finanzielle Sicherheit im Alter und eine sichere Zukunft. Damit öffnet sich unser Bewusstsein für Sicherheit und wir handeln anders.

Priming ist sehr subtil und lenkt unsere Aufmerksamkeit. Natürlich kann ich Sie nicht zum Kunsträuber machen, indem ich mit Ihnen die *Thomas Crown Affäre* anschaue oder Ihnen eine Liste mit den Wörtern »Geld«, »Picasso« und »Museum« zeige. Aber die Wirkungen sind auch nicht zu unterschätzen und können sehr weitreichend sein. In dem Buch *Blink!* von Malcolm Gladwell habe ich zwei weitere äußerst faszinierende Priming-Beispiele entdeckt:

Die beiden niederländischen Psychologen Ap Dijksterhuis und Ad van Knippenberg (versuchen Sie mal, diese Namen zehnmal schnell hintereinander zu sagen …) haben an der Uni Amsterdam folgenden Versuch durchgeführt: Sie haben 42 Studenten gebeten, anspruchsvolle Fragen aus Trivial Pursuit zu beantworten. Für meine jüngeren Leser: Das ist ein sehr bekanntes Brettspiel mit Quizfragen aus den 80ern. Die

Hälfte der Studenten wurde fünf Minuten vor dem Test gebeten, sich intensiv vorzustellen, sie seien ein Professor. Diese Gruppe beantwortete 55,6 Prozent der Fragen korrekt. Die andere Hälfte der Studenten sollte sich vorstellen, sie seien Hooligans. Diese Gruppe konnte nur 42,6 Prozent der Fragen richtig beantworten. Das zeigt ganz nebenbei auch die immense Kraft unserer Vorstellung und Gedanken, denn die erste Gruppe wusste weder mehr als die zweite, noch war sie intelligenter. Die Fragen für die zweite Gruppe waren auch nicht schwieriger. Der Unterschied war »nur« die innere Einstellung. Die innere Haltung führt zur äußeren Handlung. Für Sie bedeutet das ganz praktisch: Manipulieren Sie sich selbst, indem Sie sich zum Beispiel vor einer schwierigen Aufgabe vorstellen, Sie seien ein Professor oder ein Superheld oder James Bond – welches Bild auch immer Ihnen hilft! Denn: 13 Prozent sind bei der Beantwortung von Fragen ein stattlicher Unterschied.

Für mich ist eines der beeindruckendsten Beispiele des Primings der Versuch der Psychologen Claude Steele und Joshua Aronson von der Uni Stanford. Sie haben den Trivial-Pursuit-Test weiterentwickelt und eine politisch äußerst unkorrekte Version durchgeführt. Sie wählten aus den Studenten People of Color aus, um ihnen Fragen aus einem Eignungstest für weiterführende Studien zu stellen. Die Hälfte der Studenten sollte vor der Befragung angeben, ob sie People of Color sind. Diese Gruppe beantwortete nur halb so viele Fragen richtig wie die Vergleichsgruppe, die das nicht angeben musste! Wir denken, solche Standardtests seien eine verlässliche Methode, um das Wissen einer Person abzubilden. Das scheint so aber nicht zu stimmen. Wenn ein weißer Absolvent einer Privatschule bei einem solchen Eignungstest besser abschneidet als ein Student of Color einer staatlichen Schule, dann liegt das möglicherweise nicht am Wissen und der Intelligenz der getesteten Absolventen, sondern unter Umständen viel mehr daran, dass der weiße Student eine »bessere« Schule besucht hat und dort praktisch kein Tag vergeht, an dem er nicht auf »Ich bin klug und intelligent« geprimt wird. Aronson und Steele redeten nach dem Test mit den Studenten und fragten sie, ob es ihrer Meinung nach etwas gegeben habe, das sich auf ihre Leistung ausgewirkt habe. Sie haben sogar ganz deutlich gefragt: »Hat es Sie gewurmt, dass Sie angeben mussten, ob Sie People of Color sind? – Das hatte offensichtlich Auswirkungen auf Ihre Leistung.« Die Studenten antworteten, dass sie das nicht dächten und dass sie offensichtlich nicht gut genug seien für diese Hochschule. Das sollte uns zu denken geben!

Priming heißt, dass wir Dinge im Zusammenhang bewerten, die aber gar nicht unbedingt im Zusammenhang stehen.

Es ist ein Beispiel für Kahnemans »schnelles Denken«. Das Perfide dabei ist, dass Priming sich komplett unserem Bewusstsein entzieht und rein intuitiv abläuft. Es hat zur Folge, dass wir nicht mehr neutral sind, sondern die Welt voreingenommen betrachten. Dabei bezieht Priming unsere bestehenden Meinungen und Tendenzen mit ein. Wie wir in den oben stehenden Beispielen gesehen haben, sind wir uns dieser Tendenzen unter Umständen überhaupt nicht bewusst und sie müssen auch nicht der Realität entsprechen. Es reicht, wenn wir sie für die Realität halten.

Da Priming sich unserem Bewusstsein entzieht, haben wir es nicht unter Kontrolle. Damit ist es ein sehr starkes Mittel zur Manipulation.

DER HALO-EFFEKT

Bitte beurteilen Sie einmal den Charakter von Alan und Ben:

Alan: intelligent – fleißig – impulsiv – kritisch – eigensinnig – neidisch
Ben: neidisch – eigensinnig – kritisch – impulsiv – fleißig – intelligent

Das ist ein klassisches psychologisches Experiment von Solomon Asch, einem Pionier der Sozialpsychologie. Die meisten Menschen schreiben Alan den besseren Charakter zu. Das liegt daran, dass wir die menschliche Tendenz haben, uns schon nach wenigen Anhaltspunkten ein Bild über eine Sache zu formen und eine Meinung zu haben. Wir tendieren dazu, aus den wenigen Informationen, die wir über eine Person haben – oder aus besonders herausstechenden Merkmalen –, ein Gesamturteil über diese Person zu fällen. Über dieses eine Charakteristikum fühlen wir uns veranlasst, sämtliche Eigenschaften dieser Person abzuleiten. Wenn wir zum Beispiel einen Fußballer sehr attraktiv und sportlich finden, dann stufen wir seine Fähigkeit, im entscheidenden Augenblick einen Elfmeter zu verwandeln, als überdurchschnittlich gut ein. Sie sehen schon: Diese Eigenart im Denken muss sich nicht mit der Realität decken, denn sonst würde Franck Ribéry gar nicht erst eingesetzt werden. Wenn wir dagegen die Stimme eines Politikers nicht mögen, dann werden wir seine politischen Fähigkeiten wahrscheinlich unterschätzen. Diesen Effekt bezeichnet man in der Psychologie als den Halo-Effekt oder auch »überzogene emotionale Kohärenz«. Das heißt: Wir nutzen ein paar positive oder negative Eindrücke, um unser Gegenüber grundlegend zu bewerten. Dabei spielt, wie wir in unserem Beispiel mit Alan und Ben gesehen haben, nicht nur die Anzahl an Merkmalen, sondern auch die Reihenfolge der Merkmale eine Rolle. Die Abfolge ist tatsächlich sehr wichtig, weil der Halo-Effekt die Bedeutung des ersten Eindrucks untermauert. In einigen Fällen geht das so weit, dass wir später folgende Informationen nicht mehr berücksichtigen oder sogar ignorieren.

Der Begriff *halo* ist das englische Wort für »Heiligenschein«. Die positiven Eigenschaften überstrahlen so das Bild und die negativen Eigenschaften und nehmen uns die Objektivität. Der Begriff ist in der Psychologie seit über 100 Jahren bekannt. Es ist eine kognitive Verzerrung, die dafür sorgt, dass wir die Welt nicht mehr als das sehen, was sie ist, sondern wir sehen die Welt in diesem Fall so, wie unser erster Eindruck von ihr ist. Unsere Erfahrung, unser Geschmack und unsere Prägung spielen dabei eine sehr große Rolle. Der Halo-Effekt sorgt dafür, dass wir Menschen, die uns ähnlich sind, sympathisch finden. Stellen Sie sich vor, Sie treffen eine fremde Person und im Small Talk stellt sich heraus, dass

Sie vor drei Jahren auf demselben BAP-Konzert im Circus Krone waren. Sofort erscheint Ihnen diese Person sympathischer, vielleicht sogar vertraut. Dabei wissen Sie praktisch nichts über diesen Menschen. Sie wissen nur, dass Sie vor drei Jahren am selben Ort gewesen sind.

Der Halo-Effekt unterstützt unsere Tendenz, Erklärungen einfach und stimmig zu halten: Durch ihn überschätzen wir maßlos die Qualität unserer Einschätzungen. Wir denken, gute Menschen tun nur Gutes und böse Menschen sind immer und überall böse. Und wenn Sie denken, Sie seien da reflektierter, habe ich ein sehr schönes Beispiel von Daniel Kahneman für Sie.

»Hitler liebte Hunde und kleine Kinder.«

Über einen solchen Satz stolpern wir zwangsläufig. Weil nicht sein kann, was nicht sein darf. Der Halo-Effekt erzeugt Erwartungen: Bei einem Menschen, der so böse war und so viel Leid über die Welt gebracht hat, verletzt jede Andeutung von Freundlichkeit genau diese Erwartung.

HEURISTIKEN

Um uns schnell orientieren zu können, hat unser Denken Abkürzungen entwickelt, damit wir uns in einer neuen Umgebung schnell zurechtfinden können. Diese Abkürzungen werden auch als Heuristiken bezeichnet. Nach Kahneman ist eine Heuristik »ein einfaches Verfahren, das uns hilft, adäquate, wenn auch oftmals unvollkommene Antworten auf schwierige Fragen zu finden«. Eine sehr häufige Heuristik ist die Substitutionsheuristik. Hier ersetzen wir zu komplexe Fragen durch Fragen, die sich einfacher und auch schneller beantworten lassen. Das heißt: Wenn wir uns mit einer Frage konfrontiert sehen, die wir mit unserem derzeitigen Kenntnisstand eigentlich nicht beantworten können, dann ersetzen wir diese Frage einfach.

Ein sehr schönes Beispiel liefert der Psychologe Mark Alicke mit einem Test, den er an der University of Ohio durchgeführt hat.

Bitte bewerten Sie folgende Situationen:

John fährt mit 70 km/h, obwohl er nur 50 fahren darf, und stößt auf einer Kreuzung mit einem anderen Fahrzeug zusammen. Johns Wagen trifft die Fahrerseite des anderen Autos. Dessen Fahrer wird verletzt, erleidet mehrere Schnittwunden, ein Schlüsselbein und ein Handgelenk sind gebrochen. John bleibt unverletzt. Er fuhr so schnell, weil er zu Hause ein Geschenk zum Hochzeitstag seiner Eltern verstecken wollte, das er aus Versehen auf dem Küchentisch hatte liegen lassen. Der Aufprall wurde noch dadurch verstärkt, dass er, als er auf die Kreuzung zufuhr, auf einer Ölspur ins Rutschen geriet.

Jetzt Ihre Beurteilung: Bitte bewerten Sie auf einer Skala von 1 bis 10, inwieweit John an dem Unfall schuld war. 1 bedeutet »völlig unschuldig« und 10 »ausschließlich schuldig«. Bitte kreisen Sie Ihre Einschätzung hier ein:

1 2 3 4 5 6 7 8 9 10

Jetzt machen Sie sich mal den Spaß und erzählen Johns Geschichte einem Freund. Dabei ändern Sie eine Kleinigkeit und erzählen die Story folgendermaßen:

John fährt mit 70 km/h, obwohl er nur 50 fahren darf, und stößt auf einer Kreuzung mit einem anderen Fahrzeug zusammen. Johns Wagen trifft die Fahrerseite des anderen Autos. Dessen Fahrer wird verletzt, erleidet mehrere Schnittwunden, ein Schlüsselbein und ein Handgelenk sind gebrochen. John bleibt unverletzt. Er fuhr so schnell, weil er zu Hause ein Tütchen Kokain vor seinen Eltern verstecken wollte, das er aus Versehen auf dem Küchentisch hatte liegen lassen. Der Aufprall wurde noch dadurch verstärkt, dass er, als er auf die Kreuzung zufuhr, auf einer Ölspur ins Rutschen geriet.

Auch Ihr Freund soll seine Einschätzung auf einer Skala von 1 bis 10 einkreisen.

Die Beurteilung Ihres Freundes wird sich wahrscheinlich nicht mit Ihrer Beurteilung decken. Ich habe diese Geschichte vor vielen Jahren in dem Buch *Gehirnflüsterer* von Kevin Dutton gelesen und den Test seither in meinen Workshops mit den Teilnehmern gemacht. Ein Teilnehmer bekam den Kokain-Text und ein anderer den Geschenk-Text.

Es hat immer geklappt.

Der Kokain-Junkie ist stets strenger beurteilt worden als der liebevolle Sohn.

Wir beurteilen in solchen Momenten jedoch nicht die Schuld am Unfall, sondern die Motive von John. Die haben aber mit dem Unfall nichts zu tun. John fuhr zu schnell. Punkt.

Unser Denken nimmt in dem Moment einen Schleichweg. Wir ersetzen die schwierigere Frage der Schuld durch eine, die wir leichter beantworten können.

In anderen Versuchen hat man Teilnehmern ein Bild von einem Staatschef aus Mittelamerika gezeigt. Mit genau dieser Information (»Das ist ein Staatschef aus einem Land in Mittelamerika«) und der Frage »Ist dieser Mann ein guter Staatschef?«. Da die Teilnehmer die Frage nicht beantworten konnten, weil sie den Mann ja gar nicht kannten, haben sie die Frage im Kopf ersetzt durch: »Sieht dieser Mann aus, als wäre er ein guter Staatschef?« Und die Antwort können wir uns sofort geben. So glauben wir, zumindest ein kleines bisschen beurteilen zu können, ob dieser Mann ein guter Politiker ist oder nicht. In Wirklichkeit beurteilen wir in solchen Momenten aber etwas ganz anderes, nämlich das Aussehen des Menschen auf dem Foto.

Ich gebe zu, die Grenzen zwischen der Heuristik, dem Primen und dem Halo-Effekt sind nicht so einfach zu ziehen. Oft greift in unserem Denken eine Kombination aus mehreren dieser Methoden. In jedem Fall ist erwiesen, dass Menschen, wenn sie aufgefordert werden, die

Wahrscheinlichkeit von etwas zu beurteilen, das jedoch nur sehr schwer einzuschätzen ist, in vielen Fällen etwas ganz anderes beurteilen. Sie unterliegen dabei jedoch der Illusion, sie hätten die Wahrscheinlichkeit beurteilt.

Wie in unserem Beispiel mit Alan und Ben spielt auch bei den Heuristiken die Reihenfolge der gestellten Fragen eine sehr große Rolle.

So hat der deutsche Sozialpsychologe Prof. Dr. Fritz Strack Studenten einen Fragebogen mit folgenden zwei Fragen beantworten lassen:

Wie glücklich fühlen Sie sich zurzeit?
Wie viele Verabredungen hatten Sie im letzten Monat?

Der Wissenschaftler wollte wissen, ob Studenten mit vielen Verabredungen sich glücklicher fühlten als solche mit weniger sozialen Kontakten. Erstaunlicherweise ist das nicht so.

Die Studenten mit vielen Verabredungen gaben nicht an, glücklicher zu sein als diejenigen mit weniger Dates. Wenn die Studenten ihr Glücksgefühl bewerten sollten, waren Treffen mit anderen offensichtlich nicht das Erste, was ihnen zur Bewertung einfiel. Ganz anders sah die Bewertung aus, als die Reihenfolge der Fragen vertauscht wurde:

Wie viele Verabredungen hatten Sie im letzten Monat?
Wie glücklich fühlen Sie sich zurzeit?

Wurden die Fragen in dieser Reihenfolge gestellt, gaben die Studenten mit vielen Dates plötzlich an, sich glücklicher zu fühlen, und diejenigen mit weniger sozialen Kontakten beurteilten sich selbst als weniger glücklich. Auch hier: Eine schwierige Frage wird durch eine Frage ersetzt, die wir leichter beantworten können. Die Frage nach Glück ist sehr schwer zu beantworten. Was ist Glück überhaupt? Und wie glücklich bin ich gerade?

Ganz anders die Frage nach den Verabredungen – hier müssen wir nicht lange nachdenken. Wird uns nun zuerst eine Frage gestellt, die wir leicht beantworten können, dann haben wir bei der folgenden, schwierigeren Frage bereits eine Antwort parat (vorausgesetzt, es gibt eine Schnittmenge bei den Fragen). In diesem Fall ersetzen wir die Frage nach dem Glück durch die Frage, auf die wir eine vorgefertigte Antwort haben. Ein weiterer Aspekt, der in dieser Heuristik eine Rolle spielt, ist die Tatsache, dass die Studenten bei der Frage nach den Dates an einen glücklichen Aspekt ihres Studentenlebens erinnert wurden. Diejenigen mit vielen Verabredungen erinnern sich an emotionsgeladene Abende, wogegen diejenigen ohne Treffen mit anderen an Einsamkeit und Ablehnung denken werden. Zumindest, wenn die Dates gut liefen. Die Aktivierung der entsprechenden Erinnerung sorgt dafür, welche mentale Abkürzung wir in einem solchen Fall nehmen.

So denken wir Menschen.

Dasselbe Muster findet sich auch bei anderen Fragen. In weiteren Befragungen haben Wissenschaftler zuerst nach der Beziehung der Studenten zu ihren Eltern gefragt oder nach der aktuellen finanziellen Lage und dann das Glücksgefühl einschätzen lassen. In allen Fällen war die Zufriedenheit im ersten Bereich ausschlaggebend für das angegebene Glücksgefühl.

Für uns bedeutet das ganz praktisch: je besser die Stimmung, desto eher die Zustimmung. Das ist eine sehr gute Methode, um Harmonie herzustellen und unsere Mitmenschen dazu zu bringen, uns zuzustimmen. Die Reihenfolge, in der uns Informationen zugänglich gemacht werden, ist entscheidend.

1995 studierte ich an der Universität des Saarlandes Übersetzen und Dolmetschen. In einer Vorlesung beschäftigten wir uns mit dem anstehenden amerikanischen Wahlkampf, in dem auch ein Bewerber namens Ross Perot antrat. Zur Erinnerung: 1996 gewann der Demokrat Bill Clinton die Wahl mit fast 50 Prozent. In seiner Partei setzte er sich vorab durch gegen Al Gore. Im Wahlkampf gewannen die Demokraten – also

Clinton – gegen den Republikaner Bob Dole und gegen die Reformpartei, die Ross Perot als Präsidentschaftskandidaten aufgestellt hatte. Perot war ein äußerst erfolgreicher Geschäftsmann. Laut dem *Forbes Magazine* belegte er Platz 403 der reichsten Männer der Welt. Das hört sich zwar nicht soooo doll an – es bedeutet aber ein Vermögen von 3,9 Milliarden Dollar. Damit kommt man, denke ich, ganz gut über die Runden. Des Weiteren organisierte Perot 1979 bei der Geiselnahme zweier Mitarbeiter im Iran eine Gruppe, die seine Mitarbeiter rausholte. Das ist so spannend, dass Ken Follett die Geschichte in seinem Buch *Auf den Schwingen des Adlers* erzählt. All das lernt man an der Uni, wenn man die richtigen Vorlesungen besucht.

Bei der Vorlesung erzählte unser Prof uns weiterhin, dass es vorab natürlich Untersuchungen bezüglich der Popularität der Bewerber gab. Bei einer davon wurden zur Ermittlung der Wirkung von Fernsehwerbung drei Werbespots von Perot gezeigt. Drei Werbespots wurden gegeneinander getestet: Perots Karriere in Wirtschaft und Politik, eine Rede von Perot und Testimonials ausgesuchter Personen bezüglich Perot. Wurden die Spots in dieser Reihenfolge abgespielt (1. Karriere, 2. Rede, 3. anerkennende Worte bezüglich seiner Person) waren die Umfragewerte okay. So weit, so gut. Bei einer Gruppe wurden die Spots jedoch versehentlich in einer anderen Reihenfolge gezeigt: 1. anerkennende Worte, 2. Rede, 3. Perots Karriere. Jetzt sanken die Umfragewerte plötzlich. Auf einmal beurteilten die Befragten die Ansichten Perots als übertrieben. Seine Rede stand zum Zeitpunkt der Wahrnehmung nicht mehr im richtigen Verhältnis mit Perots Historie, mit seinem Aufstieg und seinen wirtschaftlichen und menschlichen Erfolgen. Offensichtlich kam er plötzlich als machthungrig und übertrieben ehrgeizig rüber.

Nur wegen der Reihenfolge der präsentierten Informationen!

Wenn diese Meinung erst mal gefestigt ist, dann bringen offensichtlich spätere Berichte über sein Leben und seinen Werdegang nicht genügend Klärung. Die Befragten gingen gedanklich die Abkürzung.

Eine weitere Abkürzung zum Irrtum ist die Verfügbarkeitsheuristik. Sie besagt, dass wir die starke Tendenz haben, Ereignisse zu überschätzen, von denen wir besonders oft hören oder die wir uns besonders stark eingeprägt haben.

Da ist sie wieder, die Wiederholung.

Häufige Wiederholung in den Medien oder häufiges Erinnern an diese Ereignisse sorgt also dafür, dass wir genau diese Ereignisse überbewerten.

Auch hier ersetzen wir gedanklich eine Kategorie durch eine andere.

Anstatt zu bewerten, wie oft ein bestimmtes Ereignis eingetreten ist, beantworten wir vielmehr die Frage, wie leicht es uns fällt, entsprechende Beispiele abzurufen.

Dieser Austausch der Kategorien sorgt für Fehler. So denken die meisten Menschen, dass Politiker und Superstars besonders häufig in Sex- und Drogenaffären verwickelt sind. In Wirklichkeit fallen uns aufgrund der entsprechenden Berichterstattung einfach mehr Beispiele ein. Dadurch überschätzen wir die Häufigkeit solcher Skandale bei Politikern und Hollywoodstars.

Der Klassiker der Verfügbarkeitsheuristik ist der Flugzeugabsturz. Wenn wir ins Auto oder in ein Taxi steigen, denken wir gewöhnlich nicht weiter über die Gefahren der anstehenden Autofahrt nach. Beim Flugzeug ist das bei vielen von uns ein wenig anders. Laut eines Artikels der *Welt* wurden 2014 zehn Millionen Flugreisen aus Angst storniert. 16 Prozent der Deutschen haben Flugangst und weitere 22 Prozent fühlen sich beim Betreten eines Flugzeugs unwohl. Es gibt Geschäftsleute, die sogar den Beruf gewechselt haben, um nicht in ein Flugzeug steigen zu müssen. Das ist menschlich. Greta Thunberg und die Grünen werden es den Betreffenden danken. Unter dem Aspekt des Umweltschutzes ist es auch begrüßenswert.

Aber das ist ja nicht der Grund, warum die Leute nicht ins Flugzeug steigen. Der Grund ist Angst. Und die wäre – so sagt die Statistik – beim Taxi eher angebracht. Das Auto weist 2,9 Tote pro einer Milliarde

Personenkilometer auf, das Flugzeug dagegen nur knapp ein Tausendstel (!) davon, nämlich 0,003 Tote. Der Fairness halber muss ich an der Stelle natürlich erwähnen, dass ein Flugzeug weiter fliegt, als ein Taxi fährt. Dafür befördert es aber auch viel mehr Menschen. Das gleicht sich also aus.

Ein weiteres Beispiel sind die Terroranschläge des 11. September. Direkt nach 9/11 wurden in den USA die Sicherheitsvorkehrungen an den Flughäfen und in Flugzeugen extrem verschärft. Die Menschen hatten die fürchterlichen Bilder der kollabierenden Twin Towers noch deutlich im Kopf. Viele hatten Angst, dass sich etwas Derartiges wiederholen könnte, und stiegen um und ein ins Auto. Tatsache ist jedoch, dass es in den zwölf Monaten nach dem 11. September 2001 keine weiteren Flugzeugentführungen in den USA gab. Die Spätfolgen des 11. September zollten einen weiteren Tribut: Es gab im Jahr danach 1600 Verkehrstote mehr als sonst …

Kürzlich gab ich ein Interview für einen recht arroganten und ungemütlichen Autor einer großen deutschen Tageszeitung. Er begann das Interview mit einer hochmanipulativen und herablassenden Frage: »Nennen Sie mir zwölf Gründe, warum ich Ihr Buch lesen soll.«

Herablassend verstehe ich ja, aber was, so werden Sie sich, liebe Leserin und lieber Leser, sicher fragen, ist an dieser Frage denn bitteschön manipulativ?

Mit dieser Fragestellung sind Sie in bester Gesellschaft und diese Frage zeigt, dass Sie intelligent, niveauvoll und äußerst scharfsinnig sind. Aber etwas anderes habe ich von Ihnen als meinen Leser*innen auch nicht erwartet.

Ich nehme an, der Journalist hat Daniel Kahnemans Buch *Schnelles Denken – langsames Denken* gelesen, denn hier steht ein Versuch mit genau dieser Frage. Die stellte sich der deutsche Psychologe Norbert Schwarz mit einem Team: Wenn jemand eine vorgegebene Anzahl von Fragen beantworten soll – inwieweit wird das beeinflussen, wie er sich selbst in dieser Angelegenheit einschätzt? Genauer: Wie stark beeinflusst die Aufgabe, eine vorgegebene Anzahl von Beispielen aufzulisten, unsere Einschätzung eines Bereichs? Hierzu stellte er Probanden folgende Aufgabe:

> *Listen Sie zunächst sechs Situationen auf, in denen Sie sich durchsetzungsfähig verhalten haben. Beurteilen Sie dann, wie durchsetzungsfähig Sie waren.*

Nach der Auflistung hatten die Mitwirkenden den Eindruck, recht durchsetzungsfähig zu sein. Das ist nicht weiter verwunderlich, denn wenn wir uns an einen Moment erinnern, in dem wir uns durchgesetzt haben, dann fühlen wir uns im Moment des Erinnerns ähnlich wie im erlebten Moment selbst. Stärkende Erinnerungen stärken uns auch noch in dem Moment, in dem wir sie wieder wachrufen, jedes Erinnern vertieft das Gefühl.

Warum aber wirken sechs Erinnerungen stärkend – aber zwölf nicht?

Sollte nicht eine doppelte Anzahl für ein viel stärkeres Gefühl der Durchsetzungsfähigkeit sorgen?

Die verblüffende Antwort: Nein, das tut sie nicht!

Und das, so Schwarz und sein Team, hat folgenden Grund: Die meisten von uns dürften sich leicht an sechs entsprechende Beispiele erinnern. Es überfordert uns gewöhnlich nicht. Für die Heuristik: Die Zahl ist leicht verfügbar. Bei zwölf Beispielen dagegen sieht das schon ein wenig anders aus. Zwar haben wir uns an viele Momente erinnert, in denen wir uns durchgesetzt haben, aber wir haben uns nach den ersten paar Erinnerungen sicher anstrengen müssen, die Liste zu vervollständigen. Die beiden Werte – Beispiele einerseits und Anzahl der Beispiele andererseits – stechen sich gegenseitig aus. Die Leichtigkeit des Abrufs (oder eben seine Zähigkeit) wiegen schwerer als die Erinnerung.

Das Experiment lieferte also ein eindeutiges Ergebnis: Menschen, die zwölf Beispiele auflisten sollten, beurteilten sich selbst als weniger durchsetzungsfähig als Personen, die nur sechs Beispiele anführen mussten.

Außerdem hielten sich Teilnehmer, die zwölf Situationen genannt hatten, in denen sie sich *nicht* durchsetzungsfähig verhalten hatten, schließlich für ziemlich durchsetzungsstark! Wahrscheinlich gelangt man zu dem Schluss, dass man alles andere als kleinlaut ist, wenn einem nicht mühelos viele Situationen einfallen, in denen man klein beigegeben hat. So schreibt Kahneman:

> *Selbsteinschätzungen richten sich maßgeblich nach der Leichtigkeit, mit der den Probanden Beispiele einfielen. Das Erleben des flüssigen Abrufens von Beispielen war wichtiger als die Anzahl der abgerufenen Beispiele.*

Das Erleben des flüssigen Abrufens von Beispielen war wichtiger als die Anzahl der abgerufenen Beispiele.

Das ist doch der Hammer!

Weitere Versuche haben gezeigt, dass Probanden überzeugt waren, ihr Fahrrad weniger benutzt zu haben, wenn Sie sich an viele anstatt an wenige Momente erinnern sollten, in denen sie geradelt waren.

Oder: Menschen sind weniger überzeugt, die richtige Wahl getroffen zu haben, wenn sie mehr Argumente für das Treffen der Wahl auflisten sollen. Und Teilnehmer waren weniger überzeugt von einem Auto, nachdem sie möglichst viele Vorteile nennen sollten.

Ein Dozent an der UCLA in Los Angeles hat den Verfügbarkeitsfehler sehr intelligent für sich genutzt. In den USA werden die Lehrkräfte an den Unis von den Studenten bewertet. Also bat der Dozent seine Studenten, vor der Bewertung möglichst viele Verbesserungsvorschläge für seine Vorlesungen aufzuzählen. Dabei variierte er die vorgeschriebene Zahl der Vorschläge. Je mehr Vorschläge die Studenten machen sollten, desto besser bewerteten sie seinen Unterricht.

Richtig ist also: Uns an viele Erfolge oder Vorteile zu erinnern fällt uns oft schwerer als erwartet – also kann der Vorteil oder Erfolg nicht so groß gewesen sein.

Wenn Sie also möchten, dass Ihr Partner sich eine Sache *nicht* kauft, dann können Sie ihn ganz scheinheilig unterstützen und behaupten, Sie seien voll auf seiner Seite. Und dann denken Sie gemeinsam über die vielen Vorteile nach – wobei Sie das Beantworten dem Partner überlassen.

Was aber können wir tun, wenn wir merken, dass jemand uns mit dieser Methode zu manipulieren versucht?

Ganz einfach – wir spielen nicht mit.

Warum soll ein anderer irgendeine Zahl vorgeben und wir sollen uns blind daran halten? Außer in einer Prüfungssituation besteht kein Anlass, dem einfach so zu folgen.

Bei meinem Journalisten habe ich beschlossen, gleich am Anfang zu zeigen, dass ich seinen Plan durchschaut habe. Ich habe geantwortet: »Ich tue jetzt mal so, als hätte ich den unterschwellig unverfrorenen Unterton Ihrer Frage nicht bemerkt, und nenne Ihnen zwei Gründe.« Es wurde dann sogar ein sehr gutes Interview.

WIR SIND SCHLECHTE STATISTIKER

Welchen Brotaufschnitt kaufen Sie eher? Den mit der Aufschrift »90 Prozent fettfrei« oder den mit dem Etikett »enthält 10 Prozent Fett«?

(Ich wollte dieses Beispiel eigentlich mit einer Wurst anführen, das schien mir jedoch aktuell zu gefährlich, weil politisch völlig unkorrekt. Der hier geschilderte Brotaufstrich ist selbstverständlich vegan! Hätte ich aber »veganen Brotaufstrich« geschrieben, dann hätten einige Leser vielleicht auch nicht weitergelesen und gesagt: »Den kaufe ich so oder so *nicht!*« Suchen Sie sich daher für dieses Gedankenspiel bitte einen Ihnen vertrauten und für Sie vertretbaren Brotaufstrich aus.)

Ein weiteres Beispiel:

Welcher Operation stimmen Sie eher zu? Der, bei der die Überlebenswahrscheinlichkeit bei 90 Prozent liegt, oder einer, bei der eine Sterblichkeit von 10 Prozent prognostiziert wird?

Oder – ganz lebensnah – würden Sie lieber ein Kondom kaufen, das zu 95 Prozent schützt, oder eins, das eine 5-prozentige Versagensrate hat?

Natürlich sehen Sie gleich, dass in jedem Beispiel beide Alternativen gleichbedeutend sind. Sie sind nur anders dargestellt.

Macht das einen Unterschied?

Steuert dieses Detail in bestimmten Fällen unser Denken und Handeln?

Ja, das tut es. Unsere Risikobeurteilung hängt von der Darstellung ab. Und das macht uns manipulierbar. Auch diese Tatsache scheint mir bezüglich der Berichterstattung in den Jahren 2020/21 nennenswert.

Tatsächlich handelt es sich beim folgenden Thema um eine der wichtigsten Konstanten unseres Denkens und Handelns. Und damit für einen der bedeutendsten Manipulatoren überhaupt. Aber der Reihe nach und zum Aufwärmen eine Studie, mit deren Hilfe wir uns diesen Manipulator sehr genau ansehen werden: das Mr.-Jones-Experiment.

Hier wurde das psychiatrische Fachpersonal einer Klinik in zwei Gruppen aufgeteilt und dazu befragt, ob es die Entlassung von titelgebendem Mr. Jones aus der Psychiatrie als sicher erachte. Die erste Gruppe erhielt die Information, dass Patienten wie Mr. Jones »mit einer 10-prozentigen Wahrscheinlichkeit eine Gewalttat verüben«. Der zweiten Gruppe sagte man, dass »von 100 Patienten wie Mr. Jones erwartungsgemäß 10 gewalttätig werden«. In der zweiten Gruppe – also diejenigen, denen gesagt wurde »10 aus 100« – lehnten doppelt so viele eine Entlassung ab. Auch hier: Die unterschiedliche Darstellung der Wahrscheinlichkeiten hatte eine sehr starke Auswirkung auf das Verhalten des Fachpersonals.

Der Punkt ist so wesentlich, dass ich Ihnen ein weiteres Experiment anführe. Wieder zwei Gruppen von Menschen:

Eine Gruppe bekommt 1000 Euro und muss sich dann entscheiden, ob sie noch einmal 500 Euro sicher annehmen möchte oder lieber eine 50-prozentige Chance haben möchte, weitere 1000 Euro zu bekommen.

Die Teilnehmer der anderen Gruppe bekommen 2000 Euro und dürfen wählen, ob sie sicher eine Einbuße von 500 Euro haben möchten oder ob sie ein 50-prozentiges Risiko eingehen möchten, 1000 Euro zu verlieren.

Lesen Sie den Versuchsaufbau ruhig noch mal, das musste ich auch. Sie werden sehen: Am Ende sind beide Wahrscheinlichkeiten und Beträge identisch. Nur einmal geht es aufgrund einer höheren Ausgangssumme um einen Verlust und einmal wegen einer niedrigen Ausgangssumme um einen Gewinn. Dieses Detail ist klein, macht aber einen außerordentlichen Unterschied. Das Ergebnis: Die Teilnehmer steigen bei drohendem Verlust eher auf das Glücksspiel ein, bei versprochenem Gewinn scheuen sie dagegen das Risiko.

Und damit kommen wir zu einem der wichtigsten Punkte der Manipulation:

→ **Wir fürchten Verlust mehr, als dass wir den Gewinn schätzen!!!**

(Gewöhnlich spare ich mit Ausrufezeichen, hier nicht. Es ist einer DER Schlüssel unserer Beeinflussbarkeit.) Ich könnte stattdessen auch schreiben: Die Menschen wählen nicht, was sie am liebsten wollen, sondern das, was sie am wenigsten fürchten.

→ **Wenn Sie jemanden beeinflussen möchten, dann präsentieren Sie ihm am besten nicht nur, was er zu gewinnen hat, sondern betonen viel stärker, was er verliert, wenn er Ihr Angebot nicht annimmt.**

Die ganze Versicherungsbranche basiert auf dieser Prämisse. Ein guter Makler wird weniger die Vorteile seines Angebots herausstellen, sondern den Akzent eher darauf legen, was der Kunde möglicherweise verliert, wenn er die Versicherung *nicht* abschließt. Aus diesem Grund wird er – wenn er ein guter Verkäufer ist – sicher deutlich sagen, was der potenzielle Kunde bereits alles hat und wie toll das alles ist. Dann kommt der Kernsatz: »Wollen Sie wirklich das Risiko eingehen, das alles zu verlieren?« Natürlich nicht so plump, aber im Kern wird das die Aussage sein. Das zieht.

Die Psychologie nennt diese Tatsache »Verlustaversion«. Es ist immer die Angst vor Verlust, die uns nachts nicht schlafen lässt. Kein Mensch liegt nachts im Bett und denkt: »Ich habe alles, alles ist bestens – es ist so toll, dass ich gar nicht einschlafen kann.« Die Angst vor Verlust lässt uns wach liegen. Über diese Angst üben Manipulatoren Druck auf uns aus. Es ist ein großer Unterschied, ob ein Verkäufer zu uns sagt: »Wenn Sie mit uns arbeiten, machen Sie 20 Prozent mehr Gewinn«, oder ob er sagt: »Wenn Sie nicht mit uns arbeiten, entgehen Ihnen jeden Tag 20 Prozent Gewinn.«

Es muss nicht immer so offensichtlich sein. Wie so oft kann uns die Verlustaversion geschickt verschleiert präsentiert werden. Ein beliebtes Mittel ist das Setzen einer Frist. »Die Sache muss bis Mittwoch 17.00 Uhr erledigt sein.« Und wenn nicht? Überlegen Sie mal, bei wie vielen Fristen in Ihrem bisherigen Leben es sich wirklich um ein knallhartes und unverhandelbares Ultimatum gehandelt hat. Fristen, an denen unmöglich etwas geändert werden konnte und die unmöglich durch ein Gespräch zu verschieben waren.

Gewöhnlich ist eine Frist ein Ausdruck von etwas ganz anderem: Der Fristsetzer will endlich einen Fortschritt machen. Er will nicht länger auf der Stelle treten. Er will, dass etwas passiert. Wenn also ein Verhandlungspartner versucht, Sie über eine Frist zum Handeln zu bewegen, überlegen Sie einmal, was er damit wirklich zum Ausdruck bringen will. Wo steckt er fest? Was hat er zu verlieren?

Eine sehr gute Möglichkeit, die verdeckte Manipulation zu entkräften und auf die Frist zu reagieren, besteht darin, von der Sach- auf die Emotionsebene zu wechseln und die emotionale Lage des Partners anzusprechen, der das Ultimatum stellt: »Es sieht aus, als hätten Sie hier echt was zu verlieren.« Oder: »Ich habe den Eindruck, Sie stehen hier echt unter Druck.« Auch gut: »Es sieht aus, als müssten wir hier wirklich schnell Fortschritte machen.« In fast allen Fällen öffnet sich der Verhandlungspartner und sagt Ihnen, was wirklich hinter seiner Frist steckt.

Eine andere Möglichkeit besteht darin, die richtige Frage zu stellen. In den meisten Fällen eine Was- oder Wie-Frage: »Was tun wir, wenn wir die Frist nicht einhalten können?« Oder: »Wie bringen wir wieder den nötigen Schwung ins Projekt, um es auf Kurs zu führen?«

In beiden Fällen geht es darum, die wahren Beweggründe des Gesprächspartners zu ergründen. Die haben mit der Frist meist nichts zu tun. Die Frist ist in vielen Fällen ein Zeichen der nicht ausgedrückten Verlustaversion. Wenn Sie jedoch wissen, was Ihr Gegenüber zu verlieren hat – und was ihm folglich Angst macht –, können Sie die verdeckte Manipulation abwehren.

4

MANIPULATION IM MARKETING: WARUM WIR KAUFEN, WAS WIR NICHT BRAUCHEN

Entscheiden ist anstrengend. Wir denken nach, überlegen, wägen ab, prüfen Pro und Kontra. Wie schön ist es da, wenn jemand uns dabei hilft, eine Entscheidung zu treffen. Und wir entscheiden ständig. Schauen Sie sich doch mal in Ihrem Zuhause um – alles, was sich dort befindet, ist dort aufgrund einer getroffenen Entscheidung. Die Farbe an den Wänden, der Boden, die Möbel, die Bücher und der Inhalt der Regale und, und, und.

Irgendwer hat zu irgendeinem Zeitpunkt in der Vergangenheit entschieden, dass es genau so aussehen soll und nicht anders. Dabei hat derjenige sich für genau die Dinge entschieden, die sich jetzt dort befinden, und damit haben sich genau die Sachen gegen viele andere durchgesetzt, die nicht gekauft wurden. Nehmen wir doch exemplarisch dafür einmal den Inhalt Ihres Kühlschranks. Glauben Sie, Sie haben den Inhalt völlig frei gewählt?

Um es klar zu sagen: Diese Freiheit ist eine Illusion.

Beleuchten wir doch mal einen typischen Einkauf im Supermarkt und was dabei im Hintergrund so alles abläuft. Es geht schon am Eingang los und zieht sich durch das gesamte Einkaufserlebnis.

Achten Sie beim nächsten Einkauf doch einmal auf die Schiebetüren am Eingang des Supermarkts. Die gleiten gewöhnlich nur gaaanz langsam zur Seite, um den Weg frei zu machen. Das liegt nicht an einem altersschwachen Motor, die Geschwindigkeit ist absichtlich so eingestellt. So wird uns am Eingang schon suggeriert, dass wir uns Zeit nehmen sollen. Wir betreten eine Welt, in der wir es langsam angehen sollen. Wir sollen kurz innehalten.

Auch dass der Bäcker genau im Eingangsbereich seinen Stand hat, ist kein Zufall.

Nichts ist hier Zufall.

Der Geruch von frischem Brot unterstützt das Gefühl der Entschleunigung und macht gute Laune. Und gut gelaunte Kunden kommen wieder und kaufen mehr. In vielen Supermärkten wird die Abluft der Backöfen sogar extra gekühlt und wieder in den Markt geleitet.

Wenn wir jetzt den eigentlichen Markt betreten – oft durch eine Schranke, die sich ebenfalls quälend langsam nach hinten öffnet –, geht es weiter. Hier sehen ie die Manifestation des englischen Ausdrucks »Eye level is buy level« – wir kaufen gerne auf Augenhöhe. Das bedeutet, dass sich die Produkte mit den höchsten Gewinnspannen grundsätzlich auf Sichthöhe befinden. Wer sparen will, muss sich anstrengen und in die Knie gehen. Denn die günstigere »Bückware« wie Zucker, Mehl, Salz befindet sich nur knapp über dem Boden. Und wenn wir schon beim Boden sind: In den meisten Supermärkten besteht der Boden aus hochglänzenden Platten. Der Glanz schimmert wie eine Eisplatte. Diese gedankliche Verknüpfung veranlasst uns, unser Schritttempo zu verlangsamen. In manchen Märkten wird das auch durch einen unebenen Boden oder einen Teppich sichergestellt. Und selbst wenn der Planer aus Versehen einen normalen Boden hat verlegen lassen – die miesen Rollen der Einkaufswagen sorgen in jedem Fall dafür, dass wir nicht schnell vorankommen.

Auch der Abstand der Regale ist kein Zufall. Zwei Wagen sollen locker aneinander vorbeikommen. Also bitte nicht zu eng – aber auch keinesfalls zu weit, denn sonst können wir uns zu schnell durch die Reihen bewegen und kaufen weniger.

Auch die Anordnung der Produkte ist nicht zufällig. Bei vielen Produkten kennen wir den Wert nicht. Wir sind nicht alle Whiskey-Experten. Hier hilft uns das Arrangement sehr elegant, eine Entscheidung zu treffen, denn bei solchen Waren wird uns ganz beiläufig ein Preisrahmen suggeriert. Schauen Sie doch nächstes Mal beim Whiskey. Otto Normalverbraucher oder auch Max und Erika Mustermann haben wenig Ahnung, welcher Whiskey gut ist und welcher nicht. An dieser Stelle möchte ich übrigens ein großes Kompliment an Max und Erika Mustermann aussprechen: Die beiden sind schon seit Jahrzehnten ein äußerst prominentes Paar ohne jeden Skandal und ohne jemals unangenehm aufgefallen zu sein. Auf Fotos sind sie praktisch nicht gealtert. Eine Trennung von beiden wäre ein Skandal. Die beiden sind jetzt also im Supermarkt und kaufen Whiskey für ihre amerikanischen Freunde John und Jane Doe. Sie wissen wenig über Whiskey. Im Regal stehen jetzt Flaschen für 10 Euro, Flaschen für 18 Euro und dann noch für 33 Euro. Nach welcher Flasche greifen die beiden?

Nach welcher würden Sie denn greifen?

Die große Mehrheit entscheidet sich für das mittlere Preissegment. Wir wollen keinen billigen Fusel – aber die Luxusvariante muss es auch nicht unbedingt sein.

Diese Methode ist übrigens eine meiner Lieblingsmethoden der Manipulation und Einflussnahme. Sie findet in vielen anderen Lebensbereichen Anwendung. Genau genommen findet hier eine sehr starke Kombination aus zwei Prinzipien statt: das Kontrastprinzip und das Framing. Wir werden uns mit beiden eingehender beschäftigen. Das Kontrastprinzip sorgt dafür, dass 18 Euro neben 33 Euro nicht so teuer wirken, und das Framing liefert den Rahmen für die Preisgestaltung bei Whiskey: 18 Euro sind wohl normal.

Und hier hört die Einflussnahme noch lange nicht auf. Zahlreiche Studien haben nämlich gezeigt, dass der Whiskey uns auch besser schmeckt, wenn er ein wenig teurer ist. Auf gut Deutsch: Wäre in allen drei Flaschen derselbe Whiskey, stehen die Chancen sehr gut, dass uns beim Probieren der Whiskey aus der teuersten Flasche am besten schmeckt! Und den aus der günstigsten Flasche würden wir unter Umständen »wegen des Geschmacks« ablehnen. Der mittelteure schmeckt uns für den Preis okay … So sind wir Menschen.

Hier sehen wir auch schon, dass die Prinzipien aus dem Supermarkt sich auch gut auf andere Lebensbereiche übertragen lassen. Das ist das Schöne an Prinzipien: Sie sind universell.

Geschickte Verhandler nutzen zum Beispiel auch den Einfluss des Framing. Angenommen, Sie bieten eine Dienstleistung für 150 Euro an. Ihr Kunde ist ein geschickter Verhandler und sagt: »Der Preis ist leider nicht drin. Ich habe ein Budget von höchstens 100 Euro.« Der Anfänger oder ein wenig geübter Verhandlungspartner tappt jetzt ganz schnell in die Framing-Falle und sagt die verheerenden Worte: »Wollen wir uns in der Mitte treffen und sagen 125 Euro?«

Was hier wirklich passiert: Sie haben ein Produkt, das 150 Euro kostet. Ich nehme an, Sie haben sich etwas bei der Preisgestaltung gedacht.

Jetzt kommt ein potenzieller Käufer und gibt eine Untergrenze vor. Die ist jetzt der Rahmen. Es gibt keinen Grund, sich in der Mitte zu treffen! Warum muss es die Mitte sein? Hätte der andere ein Budget von 140 Euro als Obergrenze genannt, hätten Sie hier auch die »Mitte« von 145 Euro vorgeschlagen? In vielen Fällen ist das Vorgeben der Untergrenze sehr manipulativ.

Die Lösung besteht darin, dass Sie das Spiel erkennen, die Regeln betrachten und dann ändern. Sie können zum Beispiel die Ebene wechseln und statt einer Preis- eine Leistungsverhandlung führen. Das habe ich schon als Student gelernt. Ständig haben potenzielle Auftraggeber bei mir angerufen, die mich als Künstler buchen wollten, aber den Preis nicht zahlen wollten. Sie wollten eine Stunde Programm, aber bitte für weniger Geld. Dann haben sie eine Untergrenze vorgegeben und mit zusätzlichem Nutzen argumentiert. Es lief immer nach demselben Muster ab: »Ich habe leider kein Budget – aber da sitzen ganz interessante Menschen aus der Wirtschaft. Wenn Sie auf meiner Veranstaltung auftreten, dann werden Sie ganz sicher von vielen der Gäste gebucht.« Auch dieser Satz ist hochmanipulativ. Am Anfang habe ich mein Lehrgeld gezahlt und mich in die Auftritte reinquatschen lassen. Nach diesen Auftritten kam es praktisch nie zu Folgebuchungen. Nachdem ich diese Erfahrung gemacht hatte, habe ich meine Verhandlungsposition geändert. Intuitiv habe ich eine sehr gute Abwehr entwickelt, indem ich die Regeln des anderen erkannt habe und dann aus dieser Logik heraus argumentiert habe. Wenn also der Satz fiel: »Auf meiner Veranstaltung erwartet Sie ein Top-Publikum. Da kriegen Sie in jedem Fall Folgebuchungen«, bin ich sofort auf diese Argumentation eingestiegen: »Wenn Sie verwöhnte, wichtige Gäste erwarten, dann wollen Sie denen doch auch sicher ein erstklassiges Programm für ein verwöhntes Publikum bieten.«

»Natürlich«.«

»Und ein erstklassiges Top-Programm hat nun mal seinen Preis.«

Das hat oft gezogen. Aber in vielen Fällen kam jetzt weiteres Gefeilsche und die bereits oben erwähnte Untergrenze. Auch da habe ich mitgespielt und die Ebene gewechselt. Ich habe gewartet, bis der potenzielle Kunde vorgeschlagen hat, sich in der Mitte zu treffen, und dann gesagt:

»Das verstehe ich natürlich.« (Den Satz können Sie sich schon mal merken, der funktioniert praktisch immer!) Dann sagte ich weiter:

»Ich kann das gerne zu dem von Ihnen vorgeschlagenen Preis machen. In dem Fall zeige ich dann aber kein 60-minütiges, sondern ein 45-minütiges Programm.«

Gib dem Manipulator nichts, ohne dafür auch etwas zu fordern.

Ich verstehe bis heute nicht, warum erwachsene Männer mit einem 17-Jährigen um 3,50 Mark (damals waren es noch Mark) schachern wollten. Ein windiger Agent hat es damals sogar geschafft, mich für eine Gage von 300 Mark von Saarbrücken nach München zu schicken, um mir dann im Nachgang zu sagen, dass die Fahrtkosten nicht extra abgerechnet würden. Ich habe an dem Auftritt nicht nur nichts verdient, sondern sogar draufgezahlt. Später habe ich erfahren, dass der Agent für den Auftritt 800 Euro verlangt hat … Mit den oben genannten Sprüchen hat er mich ganz sauber in die Misere manövriert. Als Geschäftspartner eine Katastrophe – als Manipulator meisterhaft.

5

MANIPULATION IST SO ALT WIE DIE MENSCHHEIT: ARISTOTELES

Mein guter Bekannter Dr. Albert Kitzler ist Philosoph und Autor sehr erhellender Bücher über Weisheitsdenken. Als ich ihn fragte, wie er Philosophie definieren würde, hat er kurz nachgedacht und dann einen Satz gesagt, der auch auf seiner Website steht: Es ist »die Disziplin, die nach dem Wesen von Mensch und Welt in ihrer Ganzheit fragt«.*

Es sagt weiter, dass die Lehren von Menschen wie etwa Seneca oder auch Aristoteles heute noch genauso anwendbar sind wie zu deren Lebzeiten, ja sie sind »bis heute unübertroffen«.

> *Lebensweisheit ist unvergänglich. »Antik« bedeutet hier lediglich, dass wir die Lebensweisheit dort aufsuchen, wo sie zum ersten Mal gedacht wurde. Denn nur an ihrem Ursprung haben die Gedanken eine unnachahmliche Klarheit, Frische und Einfachheit.*

So Kitzler auf seiner Website.

Das hat mich überzeugt, zumal vor allem Seneca mich schon seit vielen Jahren begleitet und bereits so einige gute Gedanken in mir ausgelöst hat.

* Kitzlers Website www.massundmitte.de ist eine echte Inspiration für alle, die erfahren wollen, was die großen Weisheitslehrer zur Bewältigung des Lebens und einer guten Lebensführung gesagt und gedacht haben.

Also habe ich mich mal auf die Suche gemacht, was die Philosophie über Manipulation und Überzeugung zu sagen hat.

Fündig wurde ich bei Aristoteles.

Schon er unterscheidet drei Arten der Überzeugung: Logos, Pathos und Ethos. Oder auch: Überzeugen durch Logik, Emotionen und Ethik.

Gehen wir die drei doch mal gemeinsam durch.

ÜBERZEUGEN DURCH LOGIK

Die erste Art der Beeinflussung hat zum Ziel, andere durch Vernunft und Logik zu überzeugen. Die Kunst besteht hier darin, den anderen dazu zu bringen, von sich aus zu einer logischen Schlussfolgerung zu kommen – die sich im besten Fall natürlich komplett mit dem Ziel des Einflussnehmenden deckt. Wir benutzen hierzu Logik und Argumente, um unser Gegenüber dazu zu bringen, die Dinge von sich aus aus der Perspektive zu betrachten, die unseren Standpunkt und unser Ziel am besten unterstützt. Nehmen wir mal an, eine Führungskraft will dafür sorgen, dass das Team mehr arbeitet und produktiver wird. Sie könnte das zum Beispiel durch eine Reihe logischer Fragen einleiten. Die Antworten geben sich die Angesprochenen dann selbst. So sorgt die Führungskraft dafür, dass der Mitarbeiter das Gefühl hat, von selbst auf die Antwort gekommen zu sein.

- *Haben Sie schon ein Jahresziel, um Ihr Einkommen dieses Jahr zu erhöhen?*

Hier schwingen zwei unausgesprochene Thesen mit. Erstens, dass mehr Einkommen immer wünschenswert ist, und zweitens, dass ein solches Jahresziel unbedingt notwendig ist. Wenn der Gesprächspartner ein solches Ziel noch nicht hat, wird er sich wahrscheinlich schleunigst eins setzen. Noch subtiler wäre: Welches Jahresziel haben Sie sich denn gesetzt, um Ihr Einkommen zu erhöhen? Hier wird durch die Frage schon suggeriert, dass das Ziel eine Voraussetzung ist. Am besten wirken solche Fragen, wenn mehrere davon schnell nacheinander abgefeuert werden:

- *Arbeiten Sie auch so lange und fühlen sich ein wenig gestresst?*
- *Würden Sie auch gerne effektiver arbeiten und mehr erreichen, aber fühlen sich schon von der Menge an Arbeit überwältigt? Würden Sie dem zustimmen?*

Das sind typische Manipulativ-Fragen eines Verkäufers, der natürlich direkt eine Lösung anbietet. Wichtig ist hier, dass der Fragesteller eine kurze Pause zwischen seinen Fragen macht, um dem Befragten genügend Zeit zu geben, sich diese Fragen auch zu beantworten. Das Timing spielt eine große Rolle. Zu schnell abgefeuert, schaltet der Befragte irgendwann ab. Das erkennt der geübte Manipulator an der Körpersprache. Sobald der Befragte beispielsweise den Blickkontakt zu lange abbricht, muss der Fragesteller den Faden noch mal aufnehmen. Werden die Fragen allerdings mit zu langen Pausen gestellt, geht der Druck verloren. Im Idealfall hat der Befragte gedanklich jede Frage mit einem Ja beantwortet. Jetzt kommt die zweite – offensichtlich vernünftige – Stufe, nämlich die Lösung:

- *Es gibt da Strategien, um die Produktivität zu steigern. Diese Strategien werden von den erfolgreichsten Leuten auf der ganzen Welt genutzt. Erfolgreiche Menschen sagen, dass diese Strategien der Grund für ihren außerordentlichen Erfolg sind.*

Und direkt danach geht es weiter mit einer Reihe Logik-Fragen.

- *Möchten Sie wissen, welche Strategien das sind?*
- *Würden dieses Wissen und diese Geheimnisse Ihnen einen Wettbewerbsvorteil verschaffen?*

- *Wenn dieses Wissen Ihnen in nur zwei Bereichen Ihrer Arbeit zu dauerhaft mehr Einkommen verhilft, von wie viel Geld reden wir hier? Worauf würde das hinauslaufen?*
- *Wie wäre es, wenn Sie durch dieses Wissen nur noch halb so viel arbeiten müssten wie im Moment?*
- *Was würde Ihre Familie dazu sagen?*
- *Was wäre Ihnen das wert?*

Während ich das schreibe, bin ich fast schon versucht, mir selbst diese geheimen Strategien abzukaufen!

Logos funktioniert am besten im Einzelgespräch oder vor kleineren Gruppen. Sie müssen die angesprochene Person (oder die angesprochenen Personen) von einem Thema zum nächsten und in eine Reihe von Zustimmungen führen. Und wer möchte bitte nicht weniger arbeiten und dabei mehr verdienen? Wer möchte keinen Wettbewerbsvorteil und Zugang zu Geheimwissen?

Ich gebe zu, das obere Beispiel ist sehr plakativ und manipulativ.

Logos lässt sich aber auch in weniger manipulativen Situationen sehr gut einsetzen. Angenommen, ein Kind kommt zu seinen Eltern und möchte die Schule abbrechen. Hier könnte die Technik dieselbe sein und die Fragen könnten folgendermaßen aussehen:

- *Möchtest du dir wirklich wegen ein paar Monaten harter Arbeit den Weg zu Bildung versperren?*
- *Stell dir mal vor, so ein Typ wie der Noel wird mal dein Chef, nur weil er jetzt ein paar Wochen die Zähne zusammengebissen hat und du nicht – wie würde sich das anfühlen?* (Dass der Satz wirkt, weiß ich aus eigener Erfahrung. Denn mit genau diesen Worten hat meine Mutter es in meiner Jugend geschafft, mich an der Schule zu halten. Noel hieß Jochen und ich bin ihr noch heute dankbar dafür.)
- *Ich weiß, wie du dich fühlst, denn ich hatte genau dieselben Gedanken, als ich in deiner Position war. Ich habe dann ein paar tolle Tricks zum*

Lernen gelernt. Mit diesen Techniken habe ich mir den Stoff in kürzester Zeit draufgeschafft. Das ist wirklich sehr praktisches Wissen. Ich benutze das heute noch.

- *Soll ich dir zeigen, wie das geht?*
- *Wollen wir uns den Stoff mal gemeinsam anschauen und ich unterstütze dich dabei?*

Es ist dieselbe Technik. Die beiden Beispiele zeigen deutlich den Unterschied zwischen Manipulation und Überzeugung: die Absicht!

Der Unterschied zwischen Manipulation und Überzeugung liegt also in der Absicht dessen, der spricht.

Und jede Kommunikation folgt unserer Absicht. Bei der Überzeugung geht es darum, mindestens den kleinsten gemeinsamen Nenner zu finden. Das ist das Ziel. Je größer die Übereinstimmung ist, desto besser.

Wenn Sie also durch Logos überzeugen wollen, machen Sie sich vorab klar, was Ihr Ziel im Gespräch ist. Mein Freund, der großartige Trainer Dr. Ingolf Glabbatz sagte immer: »Wer gut voraussieht, hat selten das Nachsehen.« Also überlegen Sie: Was wollen Sie von und mit dem anderen? Was ist Ihre Absicht? Ihre Kommunikation folgt automatisch dieser Absicht. Und je überzeugter Sie von dieser Absicht sind, desto überzeugender werden Sie sein.

Sie können Logos natürlich auch für sich anwenden. Bevor Sie das Gespräch beginnen, überlegen Sie und fragen Sie sich selbst: »Warum sollte mein Gesprächspartner das tun *wollen?* Was hat *der andere* davon?«

Das hört sich sehr einfach an. Aber glauben Sie mir, ich habe schon sehr viele armselige Überzeugungstaktiken miterlebt. Sie haben alle genau diese Frage missachtet. Wenn der andere das Gefühl haben soll, selbst auf die Lösung gekommen zu sein, dann hilft es ungemein, wenn er dabei das Gefühl hat, durch diese Lösung einen Vorteil zu haben.

ÜBERZEUGEN DURCH EMOTIONEN

»Bildung des Geistes ohne Bildung des Herzens ist keine Bildung«, sagte Aristoteles.

Und so ist seine zweite Stufe der Überzeugung die Stufe des Pathos – hier überzeugt der Überzeugende mit der kompletten Klaviatur der Emotionen. Es werden die Gefühle des Gegenübers angesprochen und aktiviert.

Es wird zum Beispiel an Leidenschaft und Empathie appelliert. Es wird eine emotionale Unzufriedenheit verursacht, um Menschen zu einer Veränderung zu bewegen.

Pathos wird benutzt, um Aufmerksamkeit zu erregen, große Gruppen zum Handeln zu motivieren, Massenbewegungen zu starten, Produkte zu verkaufen, Revolutionen auszulösen und Wahlen zu gewinnen. Hierzu werden beide Seiten der emotionalen Palette angesprochen – die helle und die dunkle. Denn beide Seiten sind gleichermaßen verführerisch und auch überzeugend. Eine Mutter kann aus Liebe zu ihrem Kind einen speziellen Vitaminsaft kaufen oder auch aus Angst, dass das Kind ohne den Saft nicht gesund aufwächst. Das Einzige, was für den Werbenden zählt: Sie kauft ihn.

Positiv besetzte Emotionen sind in diesem Fall: Stolz, Freude, Erfüllung, Leidenschaft, Glaube, Hoffnung und natürlich Liebe.

Wobei die Liebe die meiste Kraft besitzt. Das steht schon in der Bibel. Um genauer zu sein, im Korintherbrief. Ich habe ihn als 13-Jähriger auswendig lernen müssen und zu meiner eigenen Überraschung hat er mich damals sehr bewegt und die Worte rühren mich noch heute. Da ich ihn seither nicht mehr aufgesagt habe, erinnere ich mich nicht mehr an alles. Aber wie das beim Lernen so ist: Wir behalten gewöhnlich den Anfang und den Schluss einer Sache am besten in Erinnerung. Und die Schlussworte weiß ich noch: »Nun aber bleiben Glaube, Hoffnung und Liebe. Diese drei. Aber die Liebe ist die größte unter ihnen.«

So ist es: Unter den positiven Emotionen ist die Liebe unangefochten die Königin.

Negative Emotionen sind: Angst, Unsicherheit, Zweifel, Gier, Hass, Verzweiflung, Scham, Schuld. Sie können benutzt werden, um Vorurteile zu bedienen. Das funktioniert sehr gut, um Menschen zum Handeln zu bewegen. Und wenn bei den schönen Gefühlen die Liebe an erster Stelle steht, dann ist es bei den unangenehmen Emotionen ganz klar die Angst. Der irische Schriftsteller Edmund Burke sagte schon Ende des 18. Jahrhunderts:

»Keine Emotion beraubt den Geist so vollständig von seinen Möglichkeiten zu handeln und zu denken wie die Angst.«

Das galt schon vor dem 18. Jahrhundert, das gilt heute und das wird so lange gelten, wie es Menschen gibt.

Angst und Liebe sind also die stärksten Motivatoren – aber ganz sicher nicht immer die besten. Denn die eine macht starr und die andere macht blind.

Ich bin immer wieder überrascht, wenn ich meine Seminarteilnehmer frage, zu wie viel Prozent wir ihrer Meinung nach rational und zu wie viel Prozent wir emotional entscheiden. Die meisten antworten: zu gleichen Teilen, also 50 : 50.

Damit liegen sie falsch: Wir entscheiden zu 100 Prozent emotional.

Ich weiß, das ist jetzt starker Tobak. Vor allem für diejenigen meiner Leser, die sich als äußerst rationale Menschen einschätzen. Das mag ja auch stimmen – aber sobald es um unsere Entscheidungen geht, fällen wir sie immer aufgrund unserer Gefühle.

Eigentlich ganz einfach: Wir wollen uns durch die Entscheidung besser fühlen. Für diejenigen, die das nicht glauben: Sie sind nicht allein.

Der portugiesische Neurowissenschaftler António Damásio hat sich dieselbe Frage gestellt und diesbezüglich eine Studie durchgeführt. Er wollte ganz genau wissen, wie weit Emotionen beim Entscheiden beteiligt sind. Hierzu hat er sich mit Menschen beschäftigt, deren Hirnfunktion eingeschränkt ist.

Zwei Beispiele sind für Damásios Beweisführung besonders relevant.

Zum einen der Vorarbeiter Phineas Gage. Er wurde bei einem Arbeitsunfall schwer am Kopf verletzt. Bei einer Sprengung bohrte sich eine schwere und spitze Eisenstange vom unteren Wangenknochen bis zum vorderen Schädelknochen durch Gages Kopf. Dabei verlor Gage zwar sein linkes Auge, er war jedoch trotz des schweren Unfalls die ganze Zeit bei Bewusstsein und seine Verletzung heilte innerhalb von ein paar Wochen ab. Auch seine Wahrnehmung funktionierte noch und er konnte sich bewegen, sprechen und sich alles merken wie vor dem Unfall. Körperlich zog der Unfall bis auf ein zerstörtes Auge keine weiteren Konsequenzen nach sich.

Da die zerstörte Hirnregion für die Ausbildung von Gefühlen zuständig war, passierte jedoch etwas ganz anderes. Sein Charakter änderte sich. Vor dem Unfall war Gage freundlich und verantwortungsbewusst. Nach dem Unfall war er respektlos und launisch. Und für unser Thema von besonderer Bedeutung: Er konnte plötzlich keine Entscheidungen mehr treffen.

Das war zwar 1848 – Damásio konnte Gage also unmöglich gekannt haben –, aber solche Fälle gibt es auch heute noch.

So führt Damásio als zweites Beispiel einen seiner Patienten an. Der Mann hieß Elliot und ihm wurde aufgrund einer Krebserkrankung ein Teil seines Gehirns, genauer: der präfrontale Cortex, entfernt. Er ist unter anderem für unsere Emotionen zuständig.

Auch bei Elliot kam es zu keinen eingeschränkten motorischen oder sensorischen Fähigkeiten. Aber auch er konnte plötzlich keine Entscheidungen mehr fällen. Des Weiteren war er gefühllos.

Sowohl Gage als auch Elliot konnten logisch beschreiben, was sie eigentlich tun sollten, aber selbst die einfachsten Entscheidungen waren für sie eine nicht zu meisternde Herausforderung: Was soll ich anziehen, was soll ich essen, welches Buch soll ich lesen? Sie konnten sich einfach nicht festlegen!

Der Zusammenhang zwischen mangelnden Gefühlen und der Unfähigkeit, Entscheidungen zu treffen, führt Damásio zu der Vermutung, dass die beiden miteinander in engem Zusammenhang stehen. Und seine Studien haben gezeigt:

Wir entscheiden zu 100 Prozent emotional!

(Also auch Sie, lieber Leser und liebe Leserin. Und wenn Sie jetzt sauer sind, weil Sie eigentlich rational entscheiden möchten, und sich daher entschließen, dieses Buch wegzulegen und jemandem zu schenken, den Sie nicht leiden können, dann haben Sie das aus einer Emotion heraus entschieden.) Es geht noch weiter. Nicht nur, dass wir alles emotional entscheiden – wir suchen uns *nach* unserer Entscheidung rationale Begründungen und Argumente, um unsere emotionale Entscheidung vor uns selbst als vernünftig zu rechtfertigen.

Das widerspricht ganz nebenbei *dem* Grundsatz des französischen Philosophen René Descartes, nämlich: »Ich denke, also bin ich.« Daher nennt Damásio seine Abhandlung auch *Descartes' Irrtum*. Sein Grundsatz: »Ich fühle, also bin ich.«

Dabei ist es völlig egal, ob positive oder negative Emotionen benutzt werden, um andere zum Handeln zu bringen – die Durchschlagskraft von beiden ist immens. Hitler hat bedauerlicherweise sehr erfolgreich mit Emotionen manipuliert. Genau wie Stalin und Franco.

Auf der anderen Seite haben Martin Luther King, Gandhi und Mutter Theresa ebenfalls Emotionen eingesetzt, um Menschen zu berühren. Egal, ob die Absicht also aus Liebe oder Hass erfolgt – beide funktionieren.

Ob Vorbilder also die Kraft der positiven Emotionen nutzen, um Einfluss geltend zu machen und zu bestärken, oder ob Demagogen und Diktatoren die Macht von negativen Emotionen nutzen, um Menschen zu unterjochen und einzusperren – nach Aristoteles nutzen sie alle die Kraft des Pathos. (Ganz nebenbei ist das auch ein wunderbares Beispiel für das spirituelle Gesetz der Polarität, nach dem nichts existieren kann ohne sein Gegenteil.)

Und auch wenn das ein Buch über Manipulation ist und bei diesem Wort allein schon die dunkle Seite der Psychologie mitschwingt, so möchte ich Sie doch ermuntern, beim Überzeugen die positive Seite in Ihren mentalen Werkzeugkasten zu packen und die negativen Emotionen lediglich zu kennen, um sie bei anderen zu durchschauen.

Als kleine Überzeugungshilfe meinerseits: Wenn Sie positive Emotionen aussenden und säen, dann werden Sie im Gegenzug positive Emotionen empfangen und ernten.

Wenn Sie jedoch eine Stimmung der Angst und Unberechenbarkeit verbreiten, schaffen Sie eine Umgebung von Angst und Unberechenbarkeit. (Das ist übrigens das geistige Gesetz der Resonanz.)

Sie entscheiden, welche Umgebung Sie kultivieren, indem Sie sie selbst schaffen.

Wenn wir schon dabei sind: Das war eine Beeinflussung meinerseits. Wer will schon in einer Umgebung der Unberechenbarkeit und Angst leben? Ich habe zuerst Logos angesprochen und bin dann auf die Ebene der Emotion (Pathos) gewechselt, indem ich Ihnen ein Szenario der Angst vorgegeben habe. Merken Sie, wie unterschwellig und fließend diese Methoden wirken?

Wie können Sie jetzt die Kraft der Emotionen nutzen, um andere zu beeinflussen? Der erste Schritt besteht ganz einfach darin, die richtigen Emotionen zu zeigen.

Seien Sie offen und aufrichtig. Sprechen Sie die emotionale Ebene an. Dann wird man Ihnen Empathie entgegenbringen und Sie werden eine Verbindung auf dieser Ebene aufbauen. Das können Sie zum Beispiel, indem Sie eine persönliche Geschichte erzählen. Große Redner haben das schon immer genutzt. In einer Untersuchung an der Uni Stanford hat ein Professor seine Studenten gebeten, eine einminütige Rede zu halten. 10 Prozent der Studenten haben in ihrer Rede eine persönliche Geschichte erzählt. Als die Zuhörer später gebeten wurden, den Inhalt der Reden zu beschreiben, konnten nur 5 Prozent der Zuhörer Zahlen und Statistiken nennen, aber 63 Prozent konnten sich an die Geschichten erinnern! Wir lieben und erinnern uns an Geschichten.

Eine weitere großartige Methode, um die Emotionen anderer Menschen anzusprechen, sind Metaphern, also gesprochene Bilder.

Was klingt überzeugender: »Der Stab hält« oder »Der Stab ist hart wie Stahl« – »Ich bin überzeugt« oder »Ich bin felsenfest überzeugt«?

Eine der besten Reden, die jemals gehalten wurden, ist »I have a dream« von Martin Luther King Jr. Er hielt sie 1963 in Washington vor über 200 000 Menschen, um ein Zeichen zu setzen für die Gleichstellung aller Menschen. Sie wurde nicht nur in den USA, sondern auch in Europa im Fernsehen und Radio übertragen. Im »Vorprogramm« sprachen und spielten Größen wie Bob Dylan, Marlon Brando oder auch Harry Belafonte, um nur ein paar zu nennen. Als Schlussredner betritt Martin Luther King das Podest vor der Lincoln-Gedächtnisstätte. Seine Worte werden in die Geschichte eingehen. Sie sind so stark, dass sie sich bis zum heutigen Tag in der amerikanischen Sprache wiederfinden. Noch heute können 97 Prozent der amerikanischen Schüler Auszüge der Rede King Jr. und seiner Mission zuordnen. Die Rede ist so überzeugend und mitreißend, weil sie vor starken Metaphern und Bildern nur so strotzt und dadurch die Emotionen der Zuhörer durchgehend anspricht.

ÜBERZEUGEN DURCH IHREN CHARAKTER (ETHOS)

Unser Charakter ist das stärkste Mittel der Überzeugung, sagt Aristoteles. Genauer:

> *Es ist nicht wahr, wie einige Schriftsteller in ihren Abhandlungen annehmen, dass die persönliche Güte, die der Sprecher offenbart, nichts zu seiner Überzeugungskraft beiträgt; im Gegenteil, sein Charakter kann fast als das wirksamste Mittel zur Überzeugung bezeichnet werden, das er besitzt.**

* Zitiert von https://ichi.pro/de/aristoteles-und-die-kunst-der-uberzeugung-72915323624903

Was meint Aristoteles damit?

Unter »Ethos« versteht Aristoteles unser Wertesystem. Aus dem Wort leitet sich auch das Wort »Ethik« ab, also die Lehre von moralischem Handeln.

Ethos sind Eigenschaften wie Integrität, Zuverlässigkeit, Vertrauenswürdigkeit.

Wirklich überzeugende Menschen erzählen anderen nicht, was sie tun sollen – sie leben es ihnen vor.

Das ist einer der wesentlichen Unterschiede zwischen einem Manipulator und einem überzeugenden Menschen. Dieser überzeugt weniger durch seine Worte, sondern vielmehr durch seine Handlungen. Die Resultate dieser Handlungen sind der Beweis für die Richtigkeit seiner Aussagen.

Das ist echte Überzeugungskraft fern jeder dunklen Manipulation.

Es gibt keine verborgenen Tricks.

Handlungen und Worte passen zusammen.

Ein starker Charakter ist meines Erachtens auch einer der Faktoren, der Manipulation verhindert. Denn ein Mensch, der sich mit seiner Persönlichkeit und all ihren Facetten auseinandergesetzt hat, der seine Schwächen und auch sein Potenzial kennt, der weiß um seine »blinden Flecken«. Durch Charakterbildung können wir unterscheiden zwischen dem, was wir wirklich wollen, und dem, was andere uns einflüstern, um uns zu suggerieren, was wir wollen.

Es ist immer der Mensch, der manipuliert wird. Jede Manipulation ist ausgerichtet auf Denken, Handeln und Wirken. Genau diese drei haben auch erheblichen Einfluss auf unsere Charakterbildung.

Ich habe mich entschieden, dieses Buch zu schreiben, weil ich Sie in die Lage versetzen möchte, zu erkennen und selbst zu unterscheiden, ab wann jemand versucht, Sie zu manipulieren.

Hierzu zeige ich Ihnen die Grundlagen sowie Varianten und verschiedene Formen der Manipulation und Einflussnahme auf. Mit dieser Kenntnis sind Sie dann in der Lage, diese Formen abzuschwächen und weniger beeinflusst zu werden.

Einflussnahme gibt es, seit Menschen bestehen. Und es wird sie immer geben, sobald Menschen miteinander in Kontakt treten. Wir beeinflussen uns, unser Zusammenleben bestimmt, wie wir handeln, und unsere Handlungen formen unseren Charakter. Genau wie unser Charakter unsere Handlungen bestimmt. Es ist keine Einbahnstraße.

Was ist nun unser stärkstes Argument der Einflussnahme?

Ich denke, es sind wir selbst. Wenn ich andere überzeugen möchte, ist das stärkste Mittel der Einflussnahme meine eigene Überzeugung.

Nicht der Manipulator überzeugt am besten, nein, der Überzeugte überzeugt am besten.

Wir alle wissen, dass es nicht richtig ist, eine andere Person zu bitten, etwas zu tun, was wir selbst nicht tun würden. Genauso falsch fühlt es sich doch an, jemand anderen von etwas überzeugen zu wollen, wovon wir selbst nicht überzeugt sind, oder?

Angenommen, Sie sind Verkäufer und wollen anderen ein Produkt verkaufen. Würden Sie das Produkt selbst kaufen?

Sollten Sie sich nicht genau diese Frage als Erstes stellen?

Und nicht die Frage nach Tricks und Maschen, um anderen ein Produkt anzudrehen, das Sie selbst sich nie kaufen würden.

Der große Komiker Steve Martin sagt in einem seiner Kurse über Comedy, dass er immer wieder überrascht ist, wenn angehende Stand-up-Comedians zu ihm kommen, um von ihm zu lernen, wie man viele Auftritte bekommt oder ein Buch vermarktet. Das sei die falsche Frage für einen Anfänger, so Martin sinngemäß. Er sagt: Sollte die erste Frage nicht lauten: »How can I be good?« – »Wie kann ich gut sein in dem, was ich tue?«

Ich schreibe diese Worte in meinem Atelier. Über der Tür steht ein Spruch, den ich vor etlichen Jahren ebenfalls von Steve Martin gehört habe: »Be so good they can't ignore you.« »Sei einfach so gut, dass keiner dich übersehen kann.«

Das ist stärker als jeder Trick. Echte Fähigkeiten und echte Fertigkeiten sprechen für sich. Wahre Meister sprechen nicht über das, was sie alles können und im Angebot haben, sie leben es anderen vor. Das bildet den Charakter und stärkt ihn.

Wenn Sie von etwas überhaupt nicht überzeugt sind, dann lassen Sie es!

Sie werden nie gut darin sein und auch nie überzeugend.

Selbst wenn Ihre Worte optimal gewählt sind – Ihr Gegenüber wird fühlen, dass etwas nicht stimmt.

Denn es sind nicht Ihre Worte, die überzeugen, sondern alles Weitere, das mitschwingt.

Wir verbinden uns auf so vielen Ebenen, dass Worte allein zur Überzeugung nicht reichen. Das erste Mittel der Wahl sind keine »Überzeugungsstrategien« oder »Verkaufstaktiken«, sondern das erste Mittel der Überzeugung ist immer Authentizität.

Ein starker Charakter.

Er ist das Gegenteil von Manipulation, die ja immer mit Täuschung zu tun hat.

Natürlich können wir Pathos und Logos zum Überzeugen anderer nutzen. Genau wie viele andere Methoden in diesem Buch. Ob es sich dabei um Manipulation handelt oder um Überzeugungskraft, hängt nicht von der Methode ab, sondern von unserer Intention. Es sind dann aber Methoden und eben keine Tricks!

Mein guter Freund, der Sprechercoach und Speaker Michael Rossié, drückt das in einem seiner Videos auf LinkedIn so aus: »In meinen Augen wenden Königin und König keine Tricks an. Werden Sie auch auf den sozialen Medien manchmal angeschrieben ›Ich bin an interessanten Menschen interessiert … Sie als Geschäftsführer …‹? Die waren alle im selben Seminar und da hat ihnen irgendein Trainer erzählt, wie sie den Kontakt aufbauen sollen. Mich nervt so was, das sind alles Tricks. Große Speaker benutzen keine Tricks.« (Damit meint er natürlich Manipulationen und ganz klar NICHT so was Wundervolles wie unser Münzverschwinden.)

Es stimmt: Menschen mit Charakter nutzen keine Tricks.

6

KOPF – ICH GEWINNE. ZAHL – DU VERLIERST: VERBALE MANIPULATION

Worte!

Sie unterscheiden uns, den Menschen, von allen anderen Lebewesen, mit denen wir diesen Planeten teilen. Worte können uns zum Weinen bringen oder zum Lachen. Sie können uns wütend machen oder glücklich. Allein durch Worte können sämtliche Emotionen in uns ausgelöst werden.

Jeder gute Drehbuchautor weiß, wie er durch Worte die Gefühlswelt der Zuschauer anspricht. Große Führungspersönlichkeiten und Denker haben durch ihre Worte dafür gesorgt, dass Menschen in einer bestimmten Weise fühlen und dann folglich handeln – oder eine Handlung verweigern.

Widmen wir uns hier also der Kontrolle über den richtigen Gebrauch von Wörtern. Im Kapitel 10 werden wir das noch weiter vertiefen. Hier widmen wir uns vorwiegend dem Zusammenspiel der richtigen Wörter und dem Auslösen der gedanklichen Konzentration, der Aufmerksamkeit, dem Fokus durch diese Wörter.

Beginnen wir mit einem persönlichen Beispiel.

Es war ungefähr zu Beginn des neuen Jahrtausends, als ich mich entschloss, die Themen Aufmerksamkeit und Suggestion in meine Programme zu integrieren. Bis dahin hatte ich mich bereits 14 Jahre intensiv mit der Zauberkunst beschäftigt, einige Bühnenwettbewerbe gewonnen und war – wie man so schön sagt – gut im Geschäft. Zeitgleich hatte ich mich aber auch in die Themen Mentaltraining, Gedankenkraft, Körpersprache und die Wirkung der Sprache eingearbeitet und mein Wissen in diesen Bereichen vertieft. Einer der Gründe, an der Uni Übersetzen und Dolmetschen zu studieren (eigentlich heißt der Studiengang Angewandte Sprach- und Übersetzungswissenschaften) war, dass ich genau wissen wollte, wie Sprache funktioniert und welche Wirkung Worte auf unser Denken und Verhalten haben. Ich hätte keinen besseren Studiengang dafür wählen können. Es war jetzt an der Zeit, diese Themenbereiche miteinander zu kombinieren. Heute würde ich diese Phase als den Beginn meiner jetzigen Tätigkeit als Gedankenleser und Experte für Gedankenkraft definieren.

VORSTELLUNG STICHT WILLEN – WIE SUGGESTIONEN UNSERE WIRKLICHKEIT FORMEN

Ich saß also in meiner Wohnung und überlegte, wie ich all das, was ich bislang über Sprache und Verhalten gelernt hatte, in meine Shows aufnehmen könnte. Im Geschäft meines zukünftigen Schwiegervaters (er war und ist einer der führenden Anbieter für Zauberrequisiten und Literatur für Zauberkunst) stieß ich auf ein kleines Büchlein über das Thema Hypnose und Suggestion. Das schien mir zu diesem Zeitpunkt genau das Richtige zu sein. Interessanterweise stand dieses schmale Buch schon seit Jahren in seinem Studio, aber ich hatte es bislang einfach nicht wahrgenommen. Es war ein Buch speziell über Hypnose für Zauberkünstler, in dem der Autor Hypnose und Suggestion mit einigen Zaubereffekten kombinierte, um deren Wirkung zu verstärken.

Ein Kapitel widmete sich einem Themenbereich, den ich bislang nicht kannte, der sogenannten Pseudo-Hypnose. Das waren Phänomene, die für den Zuschauer wirkten wie Hypnose, in Wirklichkeit aber nur wenig (und in manchen Fällen überhaupt nichts) mit Hypnose zu tun hatten.

Diese Effekte, so der Autor, seien perfekt, um sich in das Thema einzuarbeiten.

Diese Idee fand ich sehr reizvoll: Mein Publikum würde denken, ich hätte es hypnotisiert, obwohl in Wirklichkeit ein Trick im Spiel war.

Der Autor schlug weiter vor, dass man als Anfänger ruhig eine solche Nummer zeigen solle, um das Publikum von der Wirkung der Worte und Erfahrung des Vorführenden zu überzeugen und den Zuschauern dann – sobald sie überzeugt seien – *echte* Hypnosephänomene zu zeigen. Ich gebe Ihnen ein Beispiel eines Tricks für den Selbstversuch:

Legen Sie doch bitte einmal Ihre rechte Hand mit der Handfläche flach auf den Tisch. Jetzt krümmen Sie bitte nur Ihren Mittelfinger und knicken ihn unter die Handfläche. Die anderen Finger bleiben gestreckt, nur der Mittelfinger ist zwischen Handfläche und Tisch geknickt. Versuchen Sie jetzt mal, Ihren Ringfinger zu heben …

Der Gedanke hinter der Idee, das Publikum zunächst mit einem Trick von der Kraft der gesprochenen Suggestionen zu überzeugen, um dann mit wirklichen Suggestionen weiterzumachen, ist völlig richtig, denn sobald wir davon überzeugt sind, dass jemand uns etwas suggerieren kann, wirken seine Worte tatsächlich viel stärker. Wir haben ihn als Autorität und Experten erkannt und folgen ihm daher williger.

In unserem Beispiel würde ich also mein Gegenüber bitten, die Hand mit eingeknicktem Mittelfinger auf den Tisch zu legen, um dann zu suggerieren, dass es ihm von nun an unmöglich sei, den Ringfinger zu heben. Sobald diese Suggestion sich als richtig erwiesen hat (was ja eine bombensichere Sache ist), würde ich mit echten Suggestionen weitermachen.

Ich habe das erst mal weiterverfolgt, ohne wirklich Ahnung von der Kraft einer echten Suggestion und vor allem deren blitzartiger Wirkung zu haben. Das sollte sich als äußerst gefährlich herausstellen und ich würde niemandem raten, mir das nachzumachen.

Ein paar Tage später nämlich, bei einem Auftritt vor ungefähr 50 Personen, habe ich dann drei Damen aus dem Publikum zu mir nach vorne gebeten. Sie sollten sich nebeneinanderstellen und die Augen schließen. Ich hatte vor, eine Pseudo-Hypnose-Nummer zu zeigen, die ich aber so echt wie möglich aussehen lassen wollte.

Das wäre, wie Sie gleich lesen werden, beinahe sehr übel ausgegangen.

Nachdem die drei Frauen die Augen geschlossen hatten, sagte ich sinngemäß: »Erlauben Sie sich jetzt, ganz tief zu entspannen. Spüren Sie, wie Sie mit jedem Wort von mir immer tiefer in einen angenehmen Zustand der Entspannung sinken können. Und je tiefer Sie entspannen, desto wohler fühlen Sie sich, und je wohler Sie sich fühlen, desto tiefer können Sie entspannen. Hören Sie genau auf meine Worte.«

Die Frauen entspannten sich merklich.

Dann weiter: »Ich zähle jetzt von drei rückwärts und bei jeder Zahl, die Sie hören, sinken Sie tiefer und tiefer in diesen angenehmen Zustand der Entspannung.

Drei – Ihre Gedanken kommen und gehen, Sie halten keinen speziellen Gedanken fest, sie können sich erlauben, immer tiefer zu entspannen.

Zwei – immer tiefere Entspannung. Mit jeder Zahl, die Sie hören, können Sie tiefer und tiefer entspannen. Bei eins ist jeder Muskel in Ihrem Körper ganz entspannt. Ganz tiefe Entspannung durchfließt Ihren ganzen Körper vom Kopf bis in die Fußspitzen.

Eins.«

Ich hatte die Zahl noch nicht ganz ausgesprochen, da knickte die mittlere der drei Frauen sofort ein und sank schlagartig in sich zusammen. Es war, als wäre sie mit einem Schlag völlig kraftlos. Glücklicherweise stand ich direkt neben ihr und konnte sie sofort auffangen.

Sie hatte meine Suggestion, *jeden* Muskel tief zu entspannen, so stark verbildlicht, dass sie nach meiner Suggestion nicht mehr stehen konnte.

Gott sei Dank ist ihr nichts passiert.

Ich habe dem Publikum gesagt, dass wir hier einen eindeutigen Beweis für die ungeheure Kraft der Suggestion erlebt hätten, dankte den Damen und machte im Programm weiter. Bis heute weiß keiner der Zuschauer, dass ich das so nie geplant hatte.

Ich habe das Büchlein danach weggelegt und Kurse bei erfahrenen Hypnotiseuren besucht, um die Wirkung einer Suggestion von Grund auf zu lernen. Diese Entscheidung hat sich als goldrichtig erwiesen.

Suggestionen haben – in den Händen und Mündern eines Meisters – eine unglaubliche Wirkung und sind eines der mächtigsten Mittel der Beeinflussung.

Später habe ich eine Geschichte gelesen, die bei Weitem nicht so glimpflich ausgegangen ist und die zeigt, welchen unfassbaren Einfluss eine Suggestion auf einen Menschen haben kann. Unter Umständen mit tödlichen Folgen. Beim Aufnahmeritual einer schlagenden Verbindung wurde einem jungen Mann eine Augenbinde angelegt. Danach wurde ihm mitgeteilt, dass er gleich enthauptet würde. Er wurde gezwungen, sich hinzuknien und seinen Kopf auf einen Holzblock zu legen. Dann hat man ihm erzählt, dass er gleich mit einer scharfen Axt enthauptet würde. In Wirklichkeit schlug man ihm mit einem nassen Handtuch auf den Hals. In dem Moment, in dem das Handtuch seinen Hals berührte, starb der Mann an Herzversagen. Sein Unterbewusstsein hat die Idee, es sei eine Axt, als echt akzeptiert und auf den Schlag mit dem Handtuch folgte die körperliche Reaktion auf diese Idee: der Tod. Es lohnt sich also, dass wir uns kurz mit der Wirkweise einer Suggestion beschäftigen.

Nach dem amerikanischen Hypnotiseur Ormond McGill, der mit seiner *New Encyclopedia of Stage Hypnotism* eines der grundlegenden Bücher über Bühnenhypnose geschrieben hat, ist eine Suggestion die unbewusste Ausführung einer Idee. Vereinfacht kann man sagen, dass eine Idee, also ein Gedanke oder auch eine Vorstellung, in unser Unterbewusstsein gelangt und dort ausgeführt wird.

Die Suggestion lenkt also die Aufmerksamkeit unseres Unterbewusstseins. Und dort passiert jede Menge. Unser Unterbewusstsein ist unter anderem unser Speicher für alle Erinnerungen, von der frühesten Kindheit bis zum gestrigen Frühstück. Diese Erinnerungen sind dabei überhaupt nichts Passives, sondern sie wirken sich sofort aus, sobald sie aktiviert werden. Wenn Sie sich zum Beispiel an ein schönes Erlebnis zurückerinnern, dann wird es Ihnen augenblicklich gut gehen, weil Ihr Unterbewusstsein dafür sorgt, dass eine ähnliche körperliche Reaktion erfolgt wie in dem Moment, als Sie den erinnerten Moment wirklich erlebt haben.

Außerdem steuert unser Unterbewusstsein sämtliche Körperfunktionen. Herzschlag, Verdauung, die Funktion unserer Organe – all das funktioniert ja von selbst, ohne dass wir auch nur eine Sekunde darüber nachdenken müssen. Es ist immer da, aber wir schenken ihm nur selten Aufmerksamkeit. In diesem Sinne ist unser Unterbewusstsein ein wenig wie unsere Unterwäsche: Jetzt, da Sie daran denken, spüren Sie vielleicht den Gummizug Ihrer Unterhose. Wenn Sie aber nicht daran denken, dann ist das Gefühl zwar da – aber Sie schenken ihm keine Aufmerksamkeit. Natürlich vorausgesetzt, Sie tragen beim Lesen dieser Zeilen Unterwäsche.

Unser Bewusstsein und unser Unterbewusstsein sind in ständigem Austausch miteinander. Wenn wir also bewusst an etwas denken, dann führt unser Unterbewusstsein diesen Gedanken sofort aus.

Aus diesem Grund fühlen wir uns auch sofort besser, sobald wir an etwas Schönes denken. Bei einem unangenehmen Gedanken fühlen wir uns auch sofort schlechter – bis hin zu körperlichen Beschwerden.

Unser Unterbewusstsein filtert nichts, es nimmt jeden Gedanken vom Bewusstsein als einen Befehl an, den es sofort ausführt. Wenn Sie zum Beispiel jetzt an einen Moment denken, in dem Sie einmal heftig kritisiert wurden, werden Sie sich augenblicklich entsprechend fühlen. Unsere Energie folgt unserer Aufmerksamkeit. Aus diesem Grund sind unsere Glaubenssätze auch so wichtig.

Denn das, was wir fest glauben, wird von unserem Unterbewusstsein ausgeführt.

Das ist die Grundannahme der Hypnose, und das ist ein extrem mächtiges Werkzeug.

Stellen Sie sich einmal vor, dass Sie heftig gähnen müssen, während Sie diese Zeilen lesen. Mit jedem Wort, das Sie lesen, wird der Drang zu gähnen immer größer und größer. Gähnen Sie ruhig, während Sie diese Worte lesen. Sie haben das Bedürfnis zu gähnen …

Auch schön: Denken Sie mal intensiv an einen Juckreiz auf der Kopfhaut.

So wird aus einem Gedanken Realität, denn die körperlichen Reaktionen oder auch unser Verhalten, das auf die entsprechenden Gedanken folgt, sind ja echt. Und alles startet mit einem Gedanken oder Glaubenssatz. Für unser Leben lässt sich feststellen, dass gewöhnlich aus dem Glauben an eine Sache zunächst eine Idee wird. Aus dieser Idee wird eine Meinung. Aus der Meinung wird eine Annahme, aus der Annahme eine Erwartung, aus der Erwartung eine Regel und aus der Regel eine Tatsache. (Lesen Sie das ruhig noch mal, es ist wirklich wichtig.)

Also:

1. Gedanke (Glaube)
2. Idee
3. Meinung
4. Annahme
5. Erwartung
6. Regel
7. Tatsache

Nehmen wir zum Beispiel an, Sie haben Angst vor einer Prüfung. Aus diesem Glauben (»Ich muss davor Angst haben, denn alle anderen haben auch Angst davor«) wird eine Meinung (»Ich finde, vor Prüfungen sollte man sich fürchten«). Aus dieser Meinung wird eine Annahme

(»Morgen ist die Prüfung; ich nehme an, das wird sehr schwierig für mich«). Aus dieser Annahme wird eine Erwartung (»Das wird der Horror! Ganz bestimmt!«). Jetzt gehen Sie mit diesen Gedanken und der entsprechenden Erwartung in die Prüfung und sie fühlen sich schrecklich. Selbst wenn Sie bestehen, war es extrem stressig und unangenehm.

Jetzt wird im Kopf eine Regel daraus: »Prüfungen sind unangenehm.«

Unser Unterbewusstsein nimmt all diese Gedanken als Befehle und so wird aus dem ursprünglichen Glauben eine Tatsache: »Alle Prüfungen sind das Grauen. Das ist eine Tatsache.«

Das alles hat mit einer Idee in unserem Kopf angefangen!

Diese Idee beruht vielleicht auf einer ersten unangenehmen Erfahrung. Sie sind womöglich als junger Mensch mal ganz neutral in eine Prüfung gegangen, und die lief nicht gut. Jetzt haben Sie plötzlich einen neuen Gedanken bezüglich der Situation: »Was, wenn das immer so ist?« Und aus dieser Idee folgt eine Meinung (»Ich finde Prüfungen sehr unangenehm«). Und die Entwicklung geht weiter. Wie wir das ändern können, werden wir im dritten Teil des Buches sehr genau behandeln. Hier genügt es uns zunächst festzuhalten, dass unsere Gedanken über unser Unterbewusstsein zu Tatsachen werden können.

Was aber, wenn diese Gedanken überhaupt nicht von uns selbst kommen, sondern von jemand anderem?

Dann akzeptieren wir Tatsachen – die ihren Ursprung nicht in uns haben, sondern ganz woanders – und handeln sogar entsprechend.

Und es geht noch weiter: Unser Wille spielt nach diesem Ablauf vom Gedanken zur Tatsache praktisch keine Rolle mehr. Um beim Beispiel der Prüfungsangst zu bleiben: Keiner *will* Prüfungsangst haben. Es ist lediglich die *Vorstellung* einer misslungenen Prüfung, die uns Angst macht. Diese Unterscheidung ist leider nicht weitreichend bekannt.

Sobald der Wille und unsere Vorstellung miteinander in Konflikt stehen, wird die Vorstellung immer gewinnen!

Unser armer Student beim Aufnahmeritual in die schlagende Verbindung *wollte* ganz sicher nicht sterben. Es war die *Vorstellung* einer Axt, die zu unerträglicher Todesangst und schließlich zu seinem Tod geführt hat.

→ **Die Vorstellung ist wichtiger als der Wille.**
→ **Immer.**

Daher ist der Satz »Du musst nur wollen« in vielen Fällen nicht der richtige Rat. Viel eher müsste es heißen: »Du musst dir vorstellen können, dass das geht.« Eine Suggestion, die ich oft einsetze, um das zu verdeutlichen, besteht darin, dass ich einen Zuschauer dazu bringe, seinen Namen zu vergessen. Nachdem die Suggestion eingesetzt hat, frage ich ihn, ob er sich denn überhaupt an seinen Namen erinnern will. Das wird praktisch immer bejaht. Trotzdem kann er sich nicht erinnern. Warum? Weil meine Suggestion ihn davon überzeugt, dass er es nicht mehr kann. Der Glaube, dass alles eintritt, wie ich es ihm sage, ist stärker, weil die Vorstellungskraft dem Willen überlegen ist.

Jede Suggestion – also jede suggestive Idee, egal, ob sie von uns kommt oder von jemand anderem – wird von unserem Unterbewusstsein akzeptiert und so ein Teil unseres Lebens. Die einzige Voraussetzung besteht darin, dass die Suggestion unser Bewusstsein passiert. Dort liegt unsere Vorstellungskraft. Das Unterbewusstsein führt diese Vorstellung lediglich aus. Sobald die entsprechende Idee vom Unterbewusstsein akzeptiert wurde, folgt die Ausführung. Die Idee wird für uns zur Realität.

Damit das passiert, kommt ein weiterer Faktor ins Spiel: unsere Emotionen. Die haben unglaubliche Macht. Denn je emotionaler eine Idee ist, desto stärker ist die Tendenz unseres Unterbewusstseins, sie zu akzeptieren. Deshalb haben Ideen und Gedanken, die unseren Interessen am nächsten liegen, auch die höchste Suggestivkraft.

Ideen und Gedanken, die in Zusammenhang stehen mit unserer Gesundheit, unseren Träumen, Lebenszielen und Reichtum und allem, was uns am Herzen liegt, haben Kraft. Und je stärker diese Ideen emotional aufgeladen sind, desto stärker ist ihre Kraft und desto schneller werden sie von unserem Unterbewusstsein akzeptiert.

Deshalb gehen wir auch gerne Menschen auf den Leim, die uns im Internet tolle Sachen versprechen oder die uns einflüstern, dass wir sehr leiden werden, wenn wir ihr Angebot nicht annehmen. Dazu an späterer Stelle noch mehr.

Entscheidend für die Akzeptanz oder Rückweisung einer Suggestion ist weiter, welche gedankliche Verknüpfung wir mit ihr herstellen. Eine Idee, die mit unseren bereits vorhandenen Werten, Einstellungen und Glaubenssätzen im Einklang steht, wird also viel eher akzeptiert als ein Gedanke, den wir innerlich ablehnen. Ein guter Manipulator wird folglich genau darauf schauen, dass er seine Vorschläge so präsentiert, dass sie zunächst mit unseren Werten übereinstimmen. Auf diesem Weg stellt er sicher, dass seine suggestiven Worte und die dahinterstehenden Ideen nicht von anderen Suggestionen, die bereits in unserem Unterbewusstsein wirken, neutralisiert und damit nicht ausgeführt werden.

WIE SUGGESTIONEN IHRE KRAFT ENTFALTEN

Wie wir jetzt wissen, haben Suggestionen eine ungeheure beeinflussende Wirkung. Denken wir nur an meine Zuschauerin oder den armen Studenten. Jede Suggestion wird Teil unserer Realität, sobald wir sie akzeptiert haben. Damit werden diese Suggestionen zu Programmen in unseren Gedanken. Sie sind Teil unserer mentalen Software.

Damit ist unser Leben immer nur so gut wie unsere Gedanken.

Hierbei gibt es mehrere Möglichkeiten, eine Suggestion so zu verpacken, dass sie ihre ungeheure Kraft entfalten kann: Timing, Wiederholung und Präsentation.

Schauen wir uns die drei doch mal nacheinander an:

Timing

Wie in vielen anderen Lebensbereichen auch ist der richtige Zeitpunkt das Fundament einer gelungenen Suggestion. Erzählen Sie niemandem, dass etwas passieren wird, bevor es passiert. Das hört sich zunächst kontraproduktiv an. Aber schauen Sie sich einmal folgenden Unterschied an:

1. Du kannst deine Finger nicht mehr bewegen!
2. Lassen Sie Ihr Gegenüber die Hand wie oben beschrieben mit eingeknicktem Mittelfinger auf den Tisch legen. Jetzt sagen Sie: *Spüre die Handfläche auf dem Tisch und spüre, wie deine Fingerspitzen auf dem Tisch aufliegen. Spüre, wie das Gewicht deiner Hand und deiner Finger auf dem Tisch ruht. Erlaube dir dabei, in einen angenehmen Zustand der Entspannung zu kommen. Und jetzt stell dir einmal vor, du könntest deine Finger nicht mehr hochheben. Stell dir mal vor, wie das wäre. Deine Finger wären ganz schwer und ganz steif. So steif und fest wie Stahl. Stell dir einmal vor, die Finger sind so steif und schwer, dass du sie nicht mehr heben kannst. Es ist unmöglich, sie zu heben. Es geht nicht. Du kannst deine Finger nicht mehr heben. Je mehr du versuchst, deine Finger zu heben, desto fester werden sie. Du kannst deine Finger nicht heben. Versuche einmal, mit diesem Gedanken deinen Ringfinger anzuheben.*

Merken Sie den Unterschied?

Im zweiten Fall nutzen Sie alles, was bereits eingetreten ist, als Türöffner für Ihre Suggestion. Nachdem Ihr Mitwirkender den Ringfinger nicht heben kann – was ja in jedem Fall klappt –, weiten Sie Ihre Suggestion auf die anderen Finger aus:

Und dieses Gefühl breitet sich jetzt immer weiter aus – auch deine anderen Finger sind jetzt ganz steif und starr. Du kannst sie nicht mehr heben …

Das ist gutes Timing. Sie nehmen auf, was schon passiert ist, und verknüpfen Ihre Suggestion mit bereits eingetretenen Faktoren. Sehr gut ist es auch, diese Eigenschaften zu erwähnen und zu bestätigen. Falls bei diesem Versuch bei Ihrem Gegenüber zum Beispiel die Hände zu zittern beginnen, dann nehmen Sie das ebenfalls auf und machen es zum Teil Ihrer Suggestion:

Du siehst, deine Hände zittern schon ein wenig – das ist vollkommen normal. Je mehr die Hände zittern, desto schwerer werden deine Finger und deine Hand.

Wiederholung

Da ist sie schon wieder, die Wiederholung …

Auch hier: Die Wiederholung ist die treibende Kraft der Suggestion. Sie verstärkt ihre Wirkung. Lesen Sie noch mal den obigen Text und schauen Sie mal, wie oft die Suggestion wiederholt wird. Die Wiederholung ist sehr wichtig. Die Wiederholung ist sehr wichtig. Die Wiederholung … ich schweife ab.

Bei meinen ersten Versuchen habe ich den Fehler gemacht, die Suggestionen nicht oft genug zu wiederholen. Dadurch habe ich die Wirkung der Suggestionen so geschwächt, dass sie in vielen Fällen nicht gegriffen haben. Außerdem wurde ich dadurch zu schnell. Warum, denken Sie, wird eine Werbung so oft gezeigt? Und wie oft wiederholen Politiker ihre Argumente?

Präsentation

Wird die Suggestion nicht richtig präsentiert, wirkt sie nicht. Die richtige Betonung, Lautstärke und das Umfeld spielen eine wesentliche

Rolle. Ein zentraler Teil der Präsentation ist übrigens auch der Wechsel von »Stell dir vor« zu »Es ist jetzt so«.

Ist Ihnen das im obigen Text aufgefallen? Zunächst soll sich der Proband nur vorstellen, die Finger würden steif, fest und schwer. Nach einigen Wiederholungen behaupte ich dann einfach, es wäre bereits eingetreten. Das ist ein klassisches Muster der Manipulation: Es wird nach guter Vorbereitung einfach eine Behauptung aufgestellt, die dann vom Gegenüber als Suggestion akzeptiert und unterbewusst ausgeführt wird.

Also auch hier: Behauptungen aufstellen und stets wiederholen ist einer der Hauptbestandteile der Trickkiste des Manipulators. Im Falle einer gelungenen Suggestion noch ergänzt durch eine gekonnte Präsentation.

7

AUFMERKSAMKEIT BÜNDELN WIE EINEN LASER: DIE MANIPULIERENDE KRAFT DER KONZENTRATION

Meines Erachtens ist die Konzentration neben unserer Vorstellungskraft das wichtigste Werkzeug unseres Geistes.

Im Bereich der Hypnose und Suggestion – und auch in vielen Bereichen der Manipulation – spielt es eine sehr große Rolle, dass unsere Aufmerksamkeit und unsere Vorstellungskraft so stark auf einen Punkt konzentriert werden, dass ein messerscharf gebündelter Fokus entsteht. Um uns herum gibt es in jedem Moment unzählig viele Reize, die sich auf unsere Sinne auswirken. Die Reize, auf die wir uns konzentrieren, haben Kraft. Und je stärker die Konzentration, desto stärker die Kraft, die von diesen Reizen ausgeht. Vielleicht waren Sie bis zu diesem Moment so stark in dieses Buch vertieft, dass Sie alles andere um sich herum komplett ausgeblendet haben, bis ich Sie mit diesen Worten wieder daran erinnert habe: die Temperatur um Sie herum, die Farben, die Geräusche, das Gefühl des Stoffs Ihrer Kleidung auf Ihrer Haut. Sobald Sie Ihre Aufmerksamkeit darauf richten, wird es spürbar, davor wahrscheinlich nicht.

Achten Sie doch einmal, während Sie diese Zeilen lesen, auf Ihre Atmung und erlauben Sie sich, regelmäßig und ruhig zu atmen und angenehm zu entspannen. Mit jedem Wort, das Sie lesen, können Sie tiefer und tiefer entspannen. Und jetzt konzentrieren Sie sich einmal nur auf Ihre linke Hand. Und während Sie jetzt tief einatmen, erlauben Sie sich, diese Konzentration auf Ihre linke Hand auszuweiten und zu vertiefen. Spüren Sie einmal, wie sich Ihre linke Hand jetzt anfühlt. Fühlen Sie die Temperatur und die Fläche, auf der Ihre Hand aufliegt. Spüren Sie einfach jede Empfindung in der linken Hand.

Atmen Sie weiterhin ruhig und entspannt und achten auf Ihre linke Hand.

Achten Sie weiter auf Ihre linke Hand und jede Empfindung, die Sie dort spüren. Achten Sie einmal auf den Pulsschlag, den Sie in Ihrer linken Hand spüren. Und während Sie den Puls fühlen, bemerken Sie, wie gleichmäßig und rhythmisch er schlägt. Richten Sie Ihre Konzentration jetzt auf Ihre Fingerspitzen. Spüren Sie den Puls jetzt in Ihren Fingerspitzen.

Als Nächstes konzentrieren Sie sich bitte stark auf die Fingerkuppe Ihres Zeigefingers. Fühlen Sie den Puls jetzt ganz deutlich in der Kuppe Ihres Zeigefingers. Erlauben Sie sich, das genau zu fühlen.

Sehr schön. Als Nächstes stellen Sie sich vor, wie der Puls zum Mittelfinger wandert. Und während Sie sich das vorstellen, können Sie all Ihre Aufmerksamkeit auf den Mittelfinger richten und fühlen, wie der Puls dort schlägt.

Jetzt wandert dieses Gefühl für einige Pulsschläge zum Ringfinger. Spüren Sie das Gefühl dort so stark, wie Sie wollen. Und jetzt wandert das Gefühl zum kleinen Finger. Lassen Sie es dort so lange, wie Sie möchten, und kommen zurück in den Moment.

Haben Sie bemerkt, wie stark sich Ihre Konzentration auf Ihr Empfinden auswirkt? Das ist übrigens eine sehr gute Übung, um in stressigen Situationen zur Ruhe zu kommen. Je stärker die Konzentration auf einen

Bereich ist, desto stärker ist die Auswirkung dieses Bereichs auf unser Empfinden.

Das gilt nicht nur für unseren Körper, sondern auch für unsere Umwelt. Je stärker wir uns auf Unangenehmes und mögliches Scheitern konzentrieren, desto stärker wird dieser Fokus sich auf unsere Vorstellungskraft auswirken.

Dieser Fokus kann von innen kommen, also aus unseren Gedanken und unserem Geist, oder aber auch von außen.

Ständig wiederholt von außen ist die Kontrolle der Aufmerksamkeit ein wichtiges Instrument der Einflussnahme auf unsere Gedanken und unser Verhalten.

Was denken Sie, warum Influencer auf Instagram täglich mehrere Storys posten? Ein wichtiger Faktor dabei ist die Wiederholung: Je öfter der User auf den Namen klickt und die Story im entsprechenden Account aufruft, desto stärker wird der Einfluss des Influencers. Die Wiederholung verstärkt den Fokus und damit die Einflussnahme. Instagram macht da keinen Hehl draus, es steckt ja sogar im Namen: Influencer.

Wir halten also fest, dass in der Konzentration eine unglaubliche Kraft steckt. Ganz nebenbei: Es wäre eine echte Verschwendung, wenn wir diese Kraft nicht für uns nutzen würden, um uns selbst positiv zu beeinflussen. Und um uns selbst zu beherrschen und um auf uns selbst einzuwirken, ist die Steuerung der Aufmerksamkeit eine höchst bedeutsame Fähigkeit. Wenn wir es nämlich nicht von innen machen, dann machen es andere für uns von außen!

Vertiefen wir also in diesem Kapitel unsere Konzentration ein wenig weiter.

Es ist ein altes spirituelles Gesetz, dass unsere Energie, und auch die Energie unserer Mitmenschen, dorthin fließt, wohin wir unsere Aufmerksamkeit richten. Je mehr Menschen ihre Energie und Aufmerksamkeit in eine Richtung lenken, desto stärker kommen in der Richtung der Konzentration Dinge ins Rollen.

Wenn ein Mädchen in Schweden nicht zur Schule geht, um auf die drohende Klimakatastrophe (auch ein sehr geschickt gewähltes Wort übrigens, aber dazu später mehr) hinzuweisen, dann interessiert das kaum einen Menschen.

Wenn aber ganz viele Jugendliche ihre Konzentration in dieselbe Richtung lenken, dann entsteht eine Bewegung.

Das geht schon ganz profan mit der Konzentration auf denselben Tag und dieselbe Uhrzeit los. Wenn einfach jeder Schüler irgendwann mal nicht in die Schule ginge, wann es ihm passt, dann wäre das nichts Besonderes. Das haben schon Generationen von Schülern vorher so gemacht.

Wenn aber weltweit Schüler am selben Tag um dieselbe Uhrzeit das machen und diesen Protest mit einer Aussage verknüpfen, dann bekommt der dahinterliegende Gedanke Kraft.

Sobald Sie darauf achten, dass Sie Ihren Fokus über einen längeren Zeitraum auf eine Sache konzentrieren, werden Sie merken, dass sich etwas in diesem Bereich ändert. Sie entdecken zum Beispiel plötzlich Artikel oder Websites zu diesem Thema, hören etwas darüber im Radio oder treffen Menschen, die sich für dasselbe Thema interessieren. Es kann auch sein, dass Sie plötzlich Post zu diesem Thema bekommen oder Sie jemand in dieser Angelegenheit anruft. Wie treffend die Ergebnisse sind, hängt davon ab, wie hoch die Aufmerksamkeit emotional aufgeladen ist.

Wir haben ja bereits den Grundsatz »Suggestion braucht Emotion« kennengelernt.

Das gilt auch für unsere Konzentration.

Ein schönes Beispiel sind die Hausaufgaben meines Sohnes. Hier fällt es ihm meistens sehr schwer, sich zu konzentrieren. Das liegt an der mangelnden unterstützenden Emotion. Sobald er nämlich bei YouTube oder Twitch etwas entdeckt, das ihn interessiert, kann er sich stundenlang darauf konzentrieren und dafür begeistern. Sobald Angst, Unsicherheit, Zweifel oder Stress ins Spiel kommen, wird die Konzentration blockiert und gebremst.

Nehmen wir an, Sie konzentrieren sich auf 100 000 Euro. Das ist der Gegenstand Ihrer Konzentration, aber in Verbindung mit Zweifel oder Angst. Dann entdecken Sie wahrscheinlich keine Möglichkeiten, an 100 000 Euro zu kommen, sondern Sie bekommen statt des Geldes Berichte über andere, die diese Summe verdient oder gewonnen haben. Man nennt das auch die »nächste mögliche Entsprechung«. Die bringt uns nur meistens nicht das, was wir ursprünglich im Sinn hatten.

Sie fragen sich jetzt vielleicht, was das mit Manipulation zu tun haben soll. Nun, eine ganze Menge.

Denn wenn wir nicht selbst genau wissen, wie wir Herr (oder auch Frau und natürlich auch Diverse) über unseren Fokus sind, dann wird jemand anders das für uns übernehmen und über unsere Konzentration mit unseren Emotionen spielen, um über uns *seine* Ziele zu erreichen.

Angst, Unsicherheit, Zweifel und Stress eignen sich nämlich hervorragend als Türöffner für die meisten Formen der Manipulation.

Um uns gegen diese Einflussnahme zu wehren und nicht manipulierbar zu sein, ist daher die Kontrolle unserer Aufmerksamkeit ein sehr wichtiges Hilfsmittel. Denn: Wer innerliche Stärke hat, ist nur schwer manipulierbar.

Es lohnt sich also gerade in dieser Hinsicht, sich mit dem Thema gründlich zu befassen. Dass wir dadurch, praktisch nebenbei, Methoden kennenlernen, mit denen wir leichter unsere Ziele erreichen und mentale Stärke und Klarheit erlangen, ist doch wunderbar.

Die Grundlage für unsere Konzentration ist die Frage »Was willst du?«.

Das ist immer auch die erste Frage, die ich einem Klienten in einer Coaching-Konsultation stelle.

Die Idee, diese Frage zu stellen, ist nicht von mir, ich habe sie von Jesus geklaut. Im Konfirmandenunterricht haben wir im Lukas-Evangelium die Geschichte gelesen, in der ein Blinder zu Jesus gebracht wird. Anstatt diesen Mann ungefragt einfach so durch ein Wunder zu heilen (wer mag das schon?), hat Jesus ihm folgende Frage gestellt: »Was möchtest du von mir?«

Als weiser Mann wusste Jesus, dass das Offensichtliche nicht immer mit der eigenen Weltsicht übereinstimmen muss. Er hat seine Annahmen nicht auf sein Gegenüber übertragen. Wenn wir gerade dabei sind: Das ist das Gegenteil von Manipulation.

Die Antwort des Mannes lautete übrigens: »Ich möchte wieder sehen können.«

Zurück zu unserer Frage. Sobald Sie wissen, was Sie wollen, können Sie Ihre Konzentration ausrichten.

Erst dann.

Nur wenn Sie diese scheinbar so einfache Frage klar und deutlich für sich selbst geklärt haben, können Sie Ihre Aufmerksamkeit entsprechend ausrichten.

Das hört sich so einleuchtend an. Ich habe aber schon sehr viele Menschen getroffen, die mir hauptsächlich erzählen, was sie *nicht* wollen. Darin sind sie Experten. Die Idee, sich stärker auf das auszurichten, was sie wollen, kommt diesen Menschen geradezu revolutionär vor.

Genau diese Idee macht aber den Unterschied. Unklare Ziele sorgen für zerstreute Gedanken und einen unruhigen Geist. Und der kann sich nicht konzentrieren. Wir brauchen Fokus, um zur Ruhe zu kommen.

Glücklicherweise habe ich hier eine tolle Übung für Sie. Ich habe sie von Serge King auf Hawaii gelernt und nutze sie selbst sehr gerne.

Die Übung hat zum Ziel, dass Sie sich von nun an auf alles konzentrieren, was Sie möchten. Das machen wir in vier Schritten.

1. Stellen Sie sich vor, die Luft um Sie herum sei voller Energie. Stellen Sie sich vor, Sie atmen mit jedem Atemzug diese Energie ein und sie verteilt sich in Ihrem Körper. Mit jedem Atemzug gelangt mehr Energie in Ihren Körper und Sie werden kräftiger.
2. Als Zweites nutzen Sie die Kraft der Worte. Sagen Sie sich laut oder auch in Gedanken Sätze wie »Ich spüre, wie ich angenehm

in diesem Stuhl sitze. Ich spüre den Puls in meinen Fingern und fühle, wie meine Füße den Boden berühren«.

3. Jetzt nutzen Sie Ihre Vorstellungskraft. Ich schlage Ihnen hier zwei Alternativen vor. Nehmen Sie die, die Ihnen am besten gefällt. Denken Sie ganz konkret an etwas, was Sie in Ihrem Leben wollen. Eine Sache, eine Situation, eine Fertigkeit, was immer Sie möchten. Nutzen Sie alle Ihre Sinne und stellen sich das so gut wie möglich vor. Hören, sehen, schmecken, riechen und fühlen Sie das, was Sie sich vorstellen, so gut es Ihnen möglich ist. Sagen Sie dann – am besten laut: »Das will ich! Danke.«
   Dann kommen Sie zurück in den aktuellen Augenblick, entspannen sich tiefer und lassen den Gedanken los.
   Alternativ können Sie sich auch ein Symbol für das ausdenken, was Sie wollen. Wenn Sie Karriere machen wollen, dann können Sie sich eine Leiter vorstellen. Oder wenn Sie eine liebevolle Beziehung möchten, dann können Sie sich zwei Hunde vorstellen, die liebevoll miteinander toben. Wenn Sie Ihre Gesundheit festigen wollen, dann stellen Sie sich einen Baum vor, wie er gesund und fest verwurzelt in der Natur steht, oder auch ein starkes und gesunder Tier. Ihr Unterbewusstsein liebt Bilder und wird diese Bilder als den richtigen Befehl wahrnehmen und ausführen. Sagen Sie dann zu sich: »Du weißt schon, was das bedeuten soll. Genau das will ich! Danke.«
4. Wenn Sie sich das intensiv vorgestellt haben, dann erhöhen Sie das damit verbundene, angenehme Gefühl, das in Ihnen aufkommen wird. Genießen Sie die Vorstellung. Dann atmen Sie tief ein, öffnen gegebenenfalls die Augen und beenden die Übung, indem Sie zum Beispiel fest in die Hände klatschen oder mit den Händen Ihr Herz berühren.

Jetzt ist Ihr Fokus auf das Ziel ausgerichtet. Wichtig ist im Bereich der Konzentration, dass wir hierbei nicht verkrampfen, sondern locker bleiben.

In der Hypnose sprechen wir daher auch vom Bereich der »entspannten Aufmerksamkeit«.

Üben Sie also keinen Druck auf sich selbst aus.

Drängen Sie sich nicht, sondern erlauben Sie sich, das Ziel entspannt und aufmerksam zu verfolgen. Denn jedes Drängen sorgt für Anspannung im Körper, und diese Anspannung sorgt zwangsläufig für Stress. Genau den wollen wir ja vermeiden, denn er verwässert langfristig unseren Fokus und öffnet die Tür zur Manipulation durch andere.

Es sind übrigens nicht wir, die dafür sorgen, dass gewisse Dinge um uns herum geschehen. Darauf haben wir gewöhnlich keinen Einfluss. Das Einzige, was wir wirklich unter Kontrolle haben, sind unsere Aufmerksamkeit und Konzentration. Noch nicht einmal unsere Vorstellungskraft können wir maßgeblich kontrollieren. Versuchen Sie doch einmal, nicht an einen blauen Elefanten zu denken. Stellen Sie sich also bitte keinen blauen Elefanten vor. Sehen Sie?

Aus diesem Grund habe ich am Anfang dieses Kapitels auch gesagt, dass die Konzentration noch über unserer Vorstellungskraft steht.

Apropos Vorstellungskraft: Je angespannter wir sind, desto weniger Kontrolle haben wir über unsere Vorstellungskraft. Aus diesem Grund funktioniert alles, was dafür sorgt, dass wir uns stressen und anspannen, zum Beispiel Zeitdruck, auch so gut als Mittel der Beeinflussung. Das werden wir auf Seite 204 bis 205 und Seite 232 noch näher behandeln.

Eine sehr gute Möglichkeit, mehr Kontrolle über unsere Vorstellungskraft zu erlangen, besteht darin, körperlich zu entspannen und den Körper entspannt zu halten.

Bei dieser Form der Selbst-Suggestion und der damit verbundenen Konzentration auf ein Ziel oder einen Wunsch unterliegen wir schnell der Illusion, dass das Bild oder wir selbst etwas bewirken würden.

Das ist nicht der Fall.

Die Konzentration hilft lediglich, unsere Erwartung zu stärken. Und diese Erwartung lässt uns Möglichkeiten um uns herum entdecken, die wir andernfalls wahrscheinlich einfach übersehen würden.

Es ist wie in unserer Übung mit dem springenden Puls in den Fingerspitzen. Er ist die ganze Zeit da, aber wir spüren ihn nur, wenn wir unsere Konzentration auf ihn richten.

Aus diesem Grund muss uns auch das Universum – oder welche Energie Sie auch am liebsten anrufen, wenn Sie nicht mehr weiterwissen – nichts schenken. Nehmen wir das Lied von Janis Joplin »Oh Lord, won't you buy me a Mercedes Benz«. Am Titel merken wir schon, dass es sich um ein älteres Lied handeln muss. Heute würde sie den lieben Gott wahrscheinlich eher um einen Tesla bitten. Ist politisch korrekter.

Zurück zum Thema: Wie wir alle wissen, bekommen wir gewöhnlich nichts einfach so geschenkt. Außerdem gibt es doch schon ganz viele Mercedes Benz. Es braucht also keine höhere Kraft mehr, die uns einen schenkt. Es braucht vielmehr die Überzeugung, dass wir uns einen leisten können.

Da ist sie wieder, die Überzeugung.

Der bedeutende Naturwissenschaftler August Kekulé sagte einmal: »Unsere Überzeugungen sind unsere Grenzen.« Genau in ihnen liegt die Kraft und damit auch die Stärke für Manipulation oder Autosuggestion. Je nachdem, von welcher Seite die Überzeugung kommt, aus uns selbst oder von außen eingeflüstert und eingepflanzt. Denn unsere Umwelt reagiert nicht auf unsere Wünsche, sondern auf unsere Überzeugungen. Und auf die damit verbundene Konzentration unserer Aufmerksamkeit. Das ist vermutlich auch der Grund, warum Janis Joplin nie einen Mercedes Benz hatte.

Sie fuhr einen 356er Porsche.

Die Arme.

8

WIR BEKOMMEN, WAS WIR ERWARTEN: DIE MACHT DER SELBSTERFÜLLENDEN PROPHEZEIUNG

Wie wir inzwischen wissen, besteht eine äußerst effektive Maßnahme der Manipulation in der einfachen Aufstellung einer Behauptung. Einen der spannendsten Aspekte dieser Methode beinhaltet die sogenannte »selbsterfüllende Prophezeiung«.

Paul Watzlawick, der Kärntner »Godfather of Communication«, definiert sie in seinem Beitrag »Selbsterfüllende Prophezeiungen« folgendermaßen:

> *Eine sich selbst erfüllende Prophezeiung ist eine Annahme oder Voraussage, die rein aus der Tatsache heraus, dass sie gemacht wurde, das angenommene, erwartete oder vorhergesagte Ereignis zur Wirklichkeit werden lässt und so ihre eigene »Richtigkeit« bestätigt.*

Ein schönes Beispiel hierfür liefert Watzlawick im selben Beitrag. Im März 1979 haben die Zeitungen in Kalifornien groß angelegt über eine drohende bevorstehende Benzinverknappung berichtet. Daraufhin stürmten die kalifornischen Autofahrer die Tankstellen, um noch schnell zu tanken und auch Kanister mit Benzin zu füllen. Man wollte ja gut auf die Knappheit vorbereitet sein. Zu besagtem Zeitpunkt waren 75 Prozent der zwölf Millionen Tankstellen leer getankt. Der plötzliche Ansturm auf die Tankstellen saugte praktisch sämtlichen Kraftstoff aus den Reserven der Tankstellen.

Das erst sorgte für besagte Knappheit.

Als die Wogen sich glätteten, stellte sich heraus, dass das Benzin nie knapp gewesen war. Das Bemerkenswerte an der selbsterfüllenden Prophezeiung ist, dass unser klassisches Ursache-Wirkung-Denken hier versagt. Es wird umgedreht. Hätten die Medien nämlich das Ereignis nicht vorausgesagt – in unseren Worten: die Behauptung aufgestellt –, dann wäre die Knappheit nicht eingetreten. Allein die Behauptung sorgt dafür, dass ein zukünftiges (noch nicht eingetretenes) Ereignis einen Effekt in der Gegenwart hat, in der das vorhergesagte Ereignis eintritt.

Das hat in diesem Fall mit Angst zu tun.

Angst braucht als Emotion immer die Zukunft, sonst kann sie nicht wirken. In vielen Fällen sorgt die Angst vor einem bestimmten Ereignis dafür, dass wir versuchen, das Ereignis zu vermeiden. (Eine Auswirkung von Angst ist grundsätzlich, dass wir das bevorstehende, uns ängstigende Ereignis vermeiden wollen.) Die Strategien zur Vermeidung sorgen dann erst dafür, dass das Ereignis eintritt.

Die selbsterfüllende Prophezeiung in Verbindung mit Angst ist daher ein sehr bewährtes und heftiges Mittel der Manipulation. Sie ist praktisch eine Suggestion, die in vielen Fällen ohne häufige Wiederholung wirkt.

Die Mechanismen sind dieselben: richtiges Timing, Wiederholung (die es in vielen Fällen gar nicht braucht) und Präsentation.

Wie auch bei der Suggestion ist die selbsterfüllende Prophezeiung in dem Moment, in dem sie aufgestellt wird, noch gar nicht eingetreten.

Sie ist zum Zeitpunkt der Behauptung noch nicht wahr – sie erschafft sich selbst.

Das öffnet natürlich gerade in zwischenmenschlichen Konflikten einer Verschlimmerung Tür und Tor.

Ein weiteres treffendes Beispiel von Watzlawick: Angenommen, ein Paar streitet und die Frau sagt zum Mann: »Du nimmst ja nie am Familienleben teil.« Darauf sagt der Mann: »Ja, weil du immer nur an mir rumnörgelst.«

Jetzt geht der Teufelskreis los: Der Mann zieht sich zurück, weil die Frau angeblich nörgelt. Aus der Perspektive der Frau ist das aber eine völlig falsche Begründung. Nicht ihr Nörgeln ist der Anfang des Kreislaufs, nein, sie beschwert sich, *weil* er sich immer zurückzieht.

Beide schreiben ihrem Verhalten einen anderen Grund zu.

Sie sagt, er zieht sich immer zurück, und deshalb beschwert sie sich.

Er sagt, sie beschwert sich immer, und deshalb zieht er sich zurück.

Beide haben ihre eigene Realität der Ereignisse geschaffen. Und damit eine selbsterfüllende Prophezeiung. Denn die Reaktion auf das Verhalten des anderen wird als genau das betrachtet: als Reaktion. Genau dieses Verhalten löst wiederum das Verhalten des jeweiligen Partners aus und die Katze beißt sich in den Schwanz. Da die selbsterfüllende Prophezeiung eine besondere Form der Suggestion ist, gilt auch hier: Sie funktioniert nur unter der Voraussetzung, dass wir die Prophezeiung glauben! Auch hier ist der Glaube die grundlegende Basis für das Eintreten. In dem Moment, in dem die wesentliche Überzeugung an das Eintreten fehlt, erfüllt sie sich nicht.

Der amerikanische Physiologe Walter Cannon erzählt in seinem Referat »Voodoo Death« von zahlreichen Todesfällen nach Verfluchungen, Verwünschungen und Verzauberungen. Zum Beispiel zielt ein Medizinmann im australischen Busch mit einem magischen Knochen auf einen Mann. Der ist jetzt so sehr davon überzeugt, dass er dem Tode geweiht ist, dass er sich aufs Sterben vorbereitet. Völlig lethargisch und halb tot wird er nur dadurch gerettet, dass der Medizinmann ihn vom Fluch erlöst.

Eine der hinterhältigsten manipulativen Anwendungen der selbsterfüllenden Prophezeiungen besteht darin, einem Mitmenschen »ganz im Vertrauen« etwas zu erzählen, was in Wirklichkeit noch gar nicht stimmt – aber der Vorstellungskraft des Opfers entspricht und dadurch eintritt.

Nehmen wir mal an, ein Mitschüler sagt zu einem weniger beliebten Mitschüler (gerne auch Mitschüler*in und natürlich auch Diverse!): »Du, ist dir eigentlich schon mal aufgefallen, dass die anderen hinter deinem Rücken über dich lästern?«

Das ist einfach nur eine Behauptung.

Wenn sie aber vom Opfer geglaubt wird, und nur dann(!), wird sie eine unglaubliche Kraft entfalten.

Denn was wird passieren? Das Opfer wird misstrauisch und sich auch entsprechend verhalten. Dieses neue misstrauische Verhalten wird von den anderen Mitschülern selbstverständlich wahrgenommen. Damit wird es irgendwann zum Gesprächsthema unter den Mitschülern. »Sag mal, ist dir eigentlich auch schon aufgefallen, dass der (die) Soundso sich in letzter Zeit so seltsam verhält? Voll komisch ...«

Und schon hat sich die Vorhersage erfüllt.

Bingo.

Was aber können wir in solchen Momenten tun?

Nun, eine Möglichkeit besteht darin, solche Wischiwaschi-Aussagen nicht einfach zu schlucken, sondern *konkret* nachzufragen.

Das ist generell eine sehr gute Abwehr gegen Manipulationsversuche. Anstatt also den »gut gemeinten« Hinweis einfach zu glauben (und ihm damit überhaupt erst Kraft zu geben), ist es viel sinnvoller, nach konkreten Beispielen zu fragen.

Jede Suggestion braucht Emotion. Die nehmen wir ihr aber, wenn wir auf die Sachebene wechseln und einfach fragen: »Echt, wer hat denn was gesagt? Und wann war das? Und was genau hat der denn gesagt?«

Jetzt kommt der Manipulator wahrscheinlich ins Schwitzen. Und selbst wenn die Aussage wirklich stimmt, dann haben wir als »Opfer« jetzt genügend Informationen, um die entsprechenden Personen selbstbewusst anzusprechen und die Sache zu klären.

Und Selbstbewusstsein passt überhaupt nicht zu Opfern der Manipulation. Ich wage hier mal eine schöne selbsterfüllende Prophezeiung in meiner Eigenschaft als Gedankenleser: Mit diesem Wissen werden Sie, lieber Leser und liebe Leserin – und selbstverständlich auch alle lieben Diversen –, nie wieder Opfer einer selbsterfüllenden Prophezeiung!

9

MEHR BRINGT WENIGER: DER VERWÄSSERUNGSEFFEKT

Stellen Sie sich vor, Sie suchen noch nach einem schönen Porzellangeschirr für Ihr nächstes Abendessen mit Freunden. Es soll ruhig etwas Hochwertiges sein. Sie sehen im Internet, dass ein Geschäft in Ihrer Nähe ein sehr exklusives 24-teiliges Tafel-Set im Angebot hat: acht große Teller, acht Suppenteller und acht Dessertteller, alles in bestem Zustand. Überlegen Sie mal kurz: Wie viel würden Sie für ein solches Set zahlen? Wo wäre die Obergrenze?

Und jetzt stellen Sie sich bitte einmal vor, Sie wüssten nichts von dem oben genannten Angebot und gehen in dasselbe Geschäft. Dort wird ein 40-teiliges Tafel-Set zum Sonderpreis angeboten. Dieses Mal: acht große Teller, acht Suppenteller und acht Dessertteller. Alles in bestem Zustand. Dazu gibt es noch acht Tassen, von denen bei zwei der Henkel abgebrochen ist, sowie acht Untertassen, von denen sieben einen Sprung haben. Wie viel wären Sie bereit, für diese Garnitur zu zahlen?

Das ist der Versuchsaufbau eines klugen Experiments, das Christopher Hsee an der Universität Chicago durchgeführt hat. Ich habe die Frage auch schon meinem Publikum in Vorträgen gestellt. Die Antwort ist verblüffend: Für das 24-teilige Service würden die Befragten bis zu 450 Euro zahlen, wogegen sie für das 40-teilige Set nur bis zu 220 Euro ausgeben würden.

Auch hier sehen wir: Die Entscheidung ist nicht rational.

Denn im 40-teiligen Set sind sämtliche 24 Teller des 24-teiligen Sets mit enthalten. Die sechs Tassen und eine passende Untertasse gibt es on top – sie sind im 24-Teile-Angebot nicht mit dabei. Es ist völlig verrückt: Für 40 Teile sind wir nicht bereit, so viel Geld auszugeben wie für 24 – wir würden für das 24-teilige Set sogar weitaus mehr ausgeben!

Das ist der »Dilution-Effekt« oder auch »Verwässerungseffekt«. Einige nennen ihn auch »Verdünnungseffekt«, was mich persönlich jedoch eher an Durchfall denken lässt. Die gesprungenen Tassen und Teller verwässern den Gesamtwert der Porzellan-Serie.

Diese psychologische Marotte von uns spielt auch in der Manipulation eine sehr große Rolle. Nicht nur bei Argumenten, der Effekt spielt auch eine große Rolle dabei, wie wir andere Menschen in ihrer Persönlichkeit einschätzen.

Niro Sivanathan, Professor an der London Business School, bringt in seinem TED-Talk folgendes Beispiel: Stellen Sie sich vor, ich stelle Ihnen zwei Männer vor. Tim studiert an einer Universität und intensiviert den Stoff nach den Vorlesungen zu Hause durchschnittlich 31 Stunden die Woche.

Tom studiert, wie Tim auch, ebenfalls und vertieft den Stoff nach den Vorlesungen auch 31 Stunden. Tom hat einen Bruder und eine Schwester, besucht regelmäßig seine Großeltern. Er geht zu Blind Dates und spielt alle zwei Monate Billard.

Wenn andere gebeten werden, Tim und Tom bezüglich ihrer Leistungen an der Uni einzuschätzen, schneidet Tim sehr viel besser ab als Tom.

Fair ist das nicht, beide gehen zu den Vorlesungen und studieren zu Hause 31 Stunden die Woche.

Sivanathan erklärt hierzu, dass wir Informationen automatisch in zwei Kategorien einordnen: diagnostisch und nicht diagnostisch.

Diagnostische Informationen sind wichtig für unsere Einschätzung.

Nicht diagnostische Informationen spielen keine Rolle für unsere Bewertung. Wenn beide Kategorien sich vermischen, kommt es zum Verwässerungseffekt. Dass Tom Geschwister hat und ab und zu Billard spielt, verwässert (oder verdünnt) die diagnostische Information. Ganz praktisch heißt das, dass seine Studientätigkeit außerhalb der Uni von 31 Stunden als weniger wichtig wahrgenommen wird. Diese Tatsache wird von den zusätzlichen Informationen verdünnt.

Es sieht so aus, als würden wir aus den uns vorliegenden Informationen einen Durchschnitt bilden. Im Tim-und-Tom-Beispiel nehmen wir die vorliegenden Informationen wahr, um sie dann zu vermischen. Wenn wir also schwache oder völlig irrelevante Argumente hören, dann sortieren wir nicht, sondern wir vermischen die Argumente. Damit reduzieren wir die Überzeugungskraft der starken Argumente und damit das Gewicht unserer gesamten Argumentation.

Hierzu gibt es einen sehr aufschlussreichen Versuch in der Werbung. Eine Werbung für ein Schlafmittel in den USA endete sinngemäß mit den Worten: »Nebenwirkungen können sein: Herzinfarkt, Schlaganfall ... und, und, und ... sowie ein Jucken der Fußsohlen.« (In den USA müssen die Nebenwirkungen in der Werbung genannt werden. In Deutschland reicht der Satz: »Zu Risiken und Nebenwirkungen lesen Sie die Packungsbeilage und fragen Sie Ihren Arzt oder Apotheker.«)

Mit unserem Wissen über den Verwässerungseffekt im Hinterkopf – was, glauben Sie, machen die »juckenden Fußsohlen« mit dem Schlaganfall und dem Herzinfarkt in der Aufzählung? Sie verwässern die Informationen! Würde die Anzeige enden mit: »Mit diesem Mittel können Sie durchschlafen. Mögliche Nebenwirkungen sind Schlaganfall oder Herzinfarkt«, würden Sie es bedenkenlos einnehmen?

Oder würden Sie denken: Schlafen ist schön – Aufwachen aber auch?

Hierzu hat Niro Sivanathan an der London Business School mehrere Studien durchgeführt. In einer davon wurde den Teilnehmern eine Zeitungsannonce gezeigt.

Eine Hälfte der Teilnehmer las eine Annonce, in der die letzte Zeile die Nebenwirkungen des beworbenen Medikaments folgendermaßen aufzählte: »Mögliche Nebenwirkungen sind: Trockenheit im Mund- und Rachenbereich, Kopfschmerzen, unkontrollierte Zuckungen und Aufmerksamkeitsstörungen.« Hier wurden sowohl die Hauptnebenwirkungen als auch die geringfügigen Nebenwirkungen erwähnt. (Auch hier: wunderbar manipulative Wortwahl).

Die andere Hälfte bekam dieselbe Annonce präsentiert. Bis auf ein kleines Detail: Die letzte Zeile führte nur die Hauptnebenwirkungen an: »Mögliche Nebenwirkungen sind unkontrollierte Zuckungen und Aufmerksamkeitsstörungen.«

Beide Gruppen wurden dann gebeten, das Medikament zu bewerten.

Die Gruppe, die die kompletten Nebenwirkungen gezeigt bekam, hat das Medikament als weitaus weniger schwerwiegend eingestuft als diejenige, die zuvor nur die Hauptnebenwirkungen gelesen hatte.

Die Gruppe mit den kompletten Nebenwirkungen zeigte auch eine größere Bereitschaft, das Medikament zu nehmen.

Eine Folgestudie ergab zudem, dass diejenigen, die die volle Ladung an Nebenwirkungen zu lesen bekommen, sogar bereit sind, mehr für das Medikament zu zahlen. Wenn wir sämtliche Nebenwirkungen lesen, verwässern die vielen Informationen unser Risikobewusstsein. Völlig irre.

Wie können wir diese Erkenntnisse für unseren Alltag nutzen?

Wenn Sie zum Beispiel nächstes Mal in einer Präsentation oder in einem Gespräch eine Reihe von Argumenten aufführen, dann konzentrieren Sie sich auf die starken Argumente. Hier schlägt die Qualität der Argumente die Quantität. Je mehr Argumente Sie nennen, desto mehr schwächen Sie deren allgemeine Wirkung. Halten Sie sich an die starken Argumente, denn viele Argumente stützen sich nicht zwangsläufig, sie verwässern wahrscheinlich.

Wenn Sie als Verkäufer eine Reihe von Produkten anbieten: Reduzieren Sie die Auswahl auf die besten Produkte.

Wenn Sie eine Reihe von Vorschlägen machen, bieten Sie weniger Alternativen. Am besten Sie schlagen drei Optionen vor: A, B und C.

Bei zu großer Auswahl verwässern wir das Angebot. Ich selbst bin schon bei einem Starbucks-Besuch überfordert und trinke entweder immer dasselbe oder den »Coffee of the day«. Auch hier gilt: Ein Restaurant mit einer kleinen Auswahl auf der Speisekarte wirkt hochwertiger als ein Restaurant, in dem es alles gibt.

Ich liebe Home and Garden TV. Dort laufen viele Sendungen, in denen Menschen neue Häuser oder Wohnungen suchen und ein Makler ihnen eine Auswahl nach ihren Vorgaben vorstellt. Vorzugsweise Blockhütten in Alaska, Baumhäuser in Nebraska oder Strandhäuser in Cape Cod. Anderen Menschen zuzuschauen, wie sie sich entscheiden, macht einen Riesenspaß. Nur selbst entscheiden strengt an. Das ist ähnlich wie mit Arbeit: Anderen beim Arbeiten zuschauen ist sehr viel entspannender, als selbst zu arbeiten. Bei Home and Garden TV bekomme ich beides in einer Sendung: Ich schaue dem Makler bei seiner Arbeit zu und sehe, wie die Käufer sich entscheiden. Wunderbar.

Außerdem kann ich dabei so schön träumen und mir vorstellen, wie es wohl wäre, eine Blockhütte in einem Waldstück bei Fairbanks zu kaufen oder ein Strandhaus auf Oahu. Sie merken schon – das ist genau meins.

Bemerkenswert finde ich, dass auch hier der Großteil der Angebote aus drei Alternativen besteht. Das ist sicher weniger der Sendedauer geschuldet als vielmehr dem ungeschriebenen Gesetz der drei Optionen. Mehr Auswahl führt eben nicht zu einem Gefühl von mehr Freiheit, sondern zum Verwässerungseffekt. Anstatt das Käuferpaar mit zu vielen Möglichkeiten zu stressen, sagen die Makler: »Ich habe für Sie das komplette Angebot gesichtet und mir jede Option für Sie angeschaut. Nachdem ich Ihre Wünsche und Vorstellungen kenne, habe ich aus der unüberschaubar großen Auswahl die besten drei Häuser und Grundstücke ausgewählt.« Die guten Makler benutzen jetzt eine weitere sehr praktische Methode der Einflussnahme: das Kontrastprinzip. Wenn der Makler klug ist, zeigt er die schwächste Alternative zuerst. Das ist meistens das teuerste Haus mit ein paar Nachteilen. In diesem Haus dürfen die potenziellen Käufer viel Zeit verbringen und sich alles genau ansehen. Das Haus soll nicht nur einen rationalen, sondern auch einen emotionalen Eindruck hinterlassen. Sie sollen sich darüber klar werden, was sie für diesen (hohen) Preis bekommen. So weit zu Haus A.

Als zweites kommt die beste Option. Haus B. Hier vereinen sich der attraktivste Preis und das dazu passende schöne Haus. Im Vergleich zum ersten Haus wirkt dieses Haus viel günstiger und gefühlt bekommt das Paar viel mehr für sein Geld. Ohne den Vergleich zum ersten Haus wäre die Wirkung eine ganz andere. Das Verhältnis zwischen den beiden Häusern erleichtert die Wahl erheblich. Ohne diesen Vergleich würde das Paar wahrscheinlich viel eher sehen, was an dem zweiten Angebot nicht so überzeugend ist.

Dann führt der Makler das Paar zu Haus C.

Nicht so teuer wie das erste Haus, aber bei Weitem nicht so attraktiv wie Haus B. Dieses dritte Haus hat eigentlich nur noch die Aufgabe, den Entschluss für das zweite Haus zu bestätigen.

Das ist Verkaufen der Meisterklasse. Bei den Maklern, die so vorgehen, entscheiden sich die meisten Paare für das zweite Haus. Die Präsentation ist perfekt: keine Verwässerung und das richtige Einbeziehen von Logos und Pathos. Die Logik sagt: »Hier kriegen wir am meisten für unser Geld«, und das Gefühl sagt: »Hier fühlen wir uns am wohlsten.« (»Und unsere Gäste auch«, denn bei Home and Garden TV spielen die zukünftigen Gäste der Paare eine nicht zu unterschätzende Rolle!) Es ist das optimale Zusammenspiel der Prinzipien »weniger Optionen« und »Kontrast«.

10

EIN TOR ZU UNSEREM UNTERBEWUSSTSEIN: WORTE, DIE WIRKEN

In einer Studie der Utrecht-Universität in den Niederlanden ließ man Probanden jeweils einen Text lesen. Bei der Hälfte der Probanden fiel im Text das Wort »Schildkröte«, bei der anderen Hälfte fiel das Wort »Gepard«.

Danach bat man die Teilnehmer, das Schritttempo eines abgebildeten Mannes einzuschätzen. Diejenigen, die den Text mit der Schildkröte gelesen hatten, schätzten das Tempo deutlich langsamer ein als diejenigen, die den Text mit dem Gepard gelesen hatten. In beiden Texten kamen übrigens die Wörter »schnell« und »langsam« nicht vor.

In Kapitel 6 haben wir uns mit dem Zusammenwirken der Wörter und der damit verbundenen Konzentration und Aufmerksamkeit beschäftigt. Das möchte ich hier vertiefen, indem ich Ihnen zeige, wie ein einzelnes Wort unter Umständen getarnt und verborgen Erinnerungen und Gedanken in uns aktiviert, die im Text gar nicht angesprochen werden. So kann über die passenden Worte unser Handeln unauffällig gesteuert werden, ohne dass wir es auch nur ahnen.

Ein wenig Basiswissen:

Sobald wir ein Wort hören oder lesen, verbinden wir mit diesem Wort ein Etikett. In der Sprachwissenschaft nennt man dieses Etikett auch »Konnotation«. Diese Konnotation bezeichnet das, was bei dem Wort noch mitschwingt. Wie zum Beispiel Geschwindigkeit bei einem Geparden oder Langsamkeit bei einer Schildkröte. Schön und gut, können Sie sich jetzt denken, das ist doch vollkommen klar.

Ja, das stimmt. Was uns allen aber überhaupt nicht klar ist: Diese Konnotationen haben eine nahezu magische Wirkung, denn sie sorgen dafür, dass wir Wörter mit unseren Erinnerungen und in vielen Fällen auch mit unseren Gefühlen verbinden. Das geht so weit, dass Wörter in uns biochemische Reaktionen auslösen.

Nehmen wir zur Veranschaulichung eine Übung aus meinem Erstlingswerk *Ich weiß, was du denkst*.

Stellen Sie sich vor, Sie haben vor sich eine Zitrone, die Sie in zwei Hälften geschnitten haben. Und jetzt stellen Sie sich einmal vor, Sie nehmen eine dieser beiden Zitronenhälften und führen sie zu Ihrem Mund.

Stellen Sie sich vor, Sie beißen in diese saure, saftige Zitrone. Stellen Sie sich das genau vor: Sie beißen in eine saure, saftige Zitrone. Spüren Sie, wie das saure Fruchtfleisch sich in Ihrem Mund anfühlt und wie der saure Geschmack sich in Ihrem Mund ausbreitet. Sie beißen in eine saure, saftige Zitrone …

Ich denke mal, Sie haben beim Gedanken an den Biss in eine Zitrone eine körperliche Reaktion gespürt. Wahrscheinlich ist Ihnen bei dem bloßen Gedanken an den Biss in eine Zitrone das Wasser im Mund zusammengelaufen.

Das ist die Macht der Konnotation.

Wörter sind Symbole. Es ist nicht das Wort selbst, das die Reaktion in uns auslöst, sondern es ist die gedankliche Assoziation, die wir mit dem Wort haben.

Mit dem Wort »Zitrone« zum Beispiel verbinden wir eben nicht nur »Frucht«, sondern unter anderem auch »gelb« und natürlich »sauer«. Die Assoziation mit »sauer« ist bei den meisten von uns so stark, dass wir automatisch mehr Speichel produzieren, wenn wir intensiv an eine Zitrone denken. (Ist Ihnen in der Suggestion übrigens das Mittel der Wiederholung aufgefallen?)

Sauer macht eben nicht nur lustig, sondern auch Speichel.

Das Faszinierende dabei: Diese Reaktion ist echt. Sie ist eben nicht eingebildet. Vielmehr sorgt die Einbildung für eine echte, ja sogar messbare körperliche Reaktion

Ein einzelnes Wort oder auch ein Satz haben also die Kraft, einen entsprechenden Gedanken auszulösen, der sich dann auf unsere Handlungen auswirkt. Wenn das mal keine Macht hat.

Wenn wir also Wörter oder Sätze hören oder lesen, dann aktivieren wir in unseren Gedanken einen ganz eigenen Deutungsrahmen hierfür.* In der Kognitionswissenschaft wird dieser Rahmen auch als »Frame« bezeichnet.

Der Frame nimmt dem Wort oder Satz die Neutralität, weil die aufgenommene Information sofort mit einer Wertung versehen wird.

Die Psychologen Paul Thibodeau und Lera Boroditsky von der Stanford University wollten 2011 wissen, ob das Tauschen eines einzigen Worts das Verhalten eines Menschen beeinflussen kann.

Die Zeit hätten sie sich sparen können, wenn sie einfach mich gefragt hätten. Dennoch: Es kam eine tolle Studie dabei heraus, die ich Ihnen nicht vorenthalten will. In ihrer Untersuchung legten Thibodeau

* Achtung, Angeberwissen! Die wissenschaftliche Erklärung lautet: Bei Sätzen und Wörtern wird in unserem Gehirn nicht nur der präfrontale Kortex aktiviert, der für die Verarbeitung komplexer Bedeutungen zuständig ist, sondern auch der motorische Kortex. Dieser wiederum ist für unsere Bewegungen und Reflexe verantwortlich. Ein hochkomplexer und äußerst faszinierender Ablauf in unseren Gedanken und in unserem Körper. Daher die körperliche Reaktion auf Wörter und Sätze. Können Sie beim nächsten Meeting ja mal so nebenbei fallen lassen. Warum wir Menschen so reagieren, ist durch diese Erklärung jedoch nicht beantwortet.

und Boroditsky ihren Testpersonen einen Text vor, der mit folgenden Worten begann:

»Das Verbrechen ist eine Bestie, die die Stadt Addison heimsucht.«

Es folgte eine Darstellung der Kriminalität in der Stadt Addison. Danach fragten die beiden ihre Testpersonen, welche Maßnahmen wohl nötig wären, um die Kriminalität zu senken, und welcher Teil des Artikels die Testpersonen am meisten beeinflusst habe. Bei dieser Wortwahl haben 71 Prozent der Befragten angegeben, die Kriminellen müssen gejagt, hart bestraft und ins Gefängnis gesteckt werden.

Dann haben die beiden ein einziges Wort getauscht: Statt einer Bestie war das Verbrechen nun ein *Virus*, das die Stadt Addison heimsucht.

Der Tausch der Wörter hat dafür gesorgt, dass jetzt nur noch 54 Prozent der Teilnehmer eine strengere Maßregelung der Verbrechen wollten.

46 Prozent dagegen schlugen eine ganz andere Strategie vor, nämlich, dass man lieber die Gründe für die Kriminalität untersuchen, die Armut bekämpfen und das Bildungssystem verbessern solle.

Dieser Vorschlag wurde nur von 29 Prozent der Befragten aus der »Bestien«-Gruppe gemacht.

Diese Prozentzahlen lesen sich so leicht weg. In der Realität sind das gewaltige Unterschiede, die die Geschicke der Stadt Addison und in größerem Maßstab auch der ganzen Welt erheblich steuern, wie wir am Ende dieses Abschnitts noch sehen werden.

Der Unterschied liegt in einem einzigen Wort!

Ein Wort allein hat die Macht, maßgeblich zu beeinflussen, welche Lösung Menschen für ein erhebliches Problem der Gesellschaft bevorzugen.

Danach wurden die Probanden befragt, welche Details im Text ihres Erachtens den Ausschlag für ihre Entscheidungen gegeben hätten. Fast alle nannten die im Text erwähnte Statistik.

Die war in beiden Texten gleich.

Die Teilnehmer waren sich der wahren Manipulation nicht bewusst. Genau wie die Studenten, die vorab angeben mussten, ob sie People of Color waren, und beim Aufnahmetest schlechter abschnitten, hatten die Teilnehmer keine Ahnung, an welcher Stelle ihre Entscheidung wirklich gesteuert wurde.

Aber womit füllen wir unsere Frames?
Woher kommt der gedankliche Inhalt?

Wir bestücken sie mit unserer Erfahrung.

Hier kommt also Wissen aus der Vergangenheit ins Spiel. Und vor allem unsere damit verbundenen Emotionen. Diese Emotionen können von Mensch zu Mensch stark variieren. Aus diesem Grund reagieren verschiedene Menschen unter Umständen auch so unterschiedlich auf ein und dieselbe Aussage. In einem Hypnose-Seminar habe ich zum Beispiel einmal miterlebt, wie einer der Teilnehmer einer Gruppe suggeriert hat, jeder würde in eine Erdbeere beißen. Die meisten Teilnehmer reagierten entspannt und lächelten bei diesem Gedanken. Einer hat jedoch sofort (!) mit Hautausschlag und Juckreiz reagiert. Er war allergisch auf Erdbeeren.

Über die Konnotation und die damit verbundene Erfahrung ist es anderen also möglich, über Sprache Bilder und Emotionen in unserem Kopf zu aktivieren – und damit unsere Handlungen zu beeinflussen –, ohne die entsprechenden Wörter überhaupt zu benutzen.

Genau wie in dem Geparden-Schildkröten-Beispiel, in dem die Wörter »langsam« und »schnell« ja auch nie gefallen sind.

Es reicht schon aus, über das Konzept, die entsprechende Konnotation, den entsprechenden Frame in uns zu aktivieren.

Ein weiteres Beispiel der Sprachwissenschaftlerin Elisabeth Wehling illustriert diesen Zusammenhang sehr anschaulich. Ich habe es aus ihrem Buch *Politisches Framing*. (Übrigens ein äußerst empfehlenswertes Buch, wenn Sie mehr über den Gebrauch von Sprache zur Meinungsbildung und Manipulation lesen möchten.) Wehling war nur kurze Zeit im Zentrum der Medien, als bekannt wurde, dass sie der ARD ein Beratungspapier zusammengestellt hatte, in dem sie Tipps bezüglich des Wording der ARD gab. Daraufhin wurde der Vorwurf laut, sie habe den Sender dabei beraten, wie er mit Sprache manipulieren könne. Offensichtlich spüren viele Menschen intuitiv, welche Macht hinter dem Wissen über den richtigen Gebrauch der Wörter steckt.

In ihrem Buch schildert Wehling einen Versuch, in dem eine Gruppe von Teilnehmern folgenden Text las:

»John wollte das Vogelhaus reparieren. Er *schlug* auf den Nagel, als sein Vater hinzukam.«

Eine zweite Gruppe las: »John wollte das Vogelhaus reparieren. Er *suchte* den Nagel, als sein Vater hinzukam.«

Kurze Zeit später wurden die Teilnehmer gefragt, ob sie das Wort »Hammer« im Text gelesen hätten. Über die Hälfte der Teilnehmer, die den Text mit »schlug auf den Nagel« gelesen hatten, gaben an, auch das Wort »Hammer« gelesen zu haben. In der anderen Gruppe war es nur ein Fünftel der Teilnehmer. Das Wort »schlug« aktiviert in uns einen Frame, den wir über unsere Erfahrung über die Welt geformt haben. In diesem Frame liegt auch das Wort »Hammer«.

In Verbindung mit dem Wort »schlagen« wird offensichtlich eher der Frame mit dem Inhalt »Hammer« aktiviert als bei »suchen«, selbst wenn im selben Satz das Wort »Nagel« vorkommt.

Dieses Experiment zeigt ebenso wie unser Zitronenexperiment und die Addison-Kriminalitäts-Studie, wie unser Gehirn in Verbindung mit Wörtern ganz automatisch entsprechende Ideen aktiviert.*

---

* Im Abschnitt über Heuristiken haben wir das Beispiel von John gelesen, der einmal ein Päckchen Kokain und einmal ein Geschenk für seine Eltern auf dem Tisch hat liegen lassen. Um das jeweils zu verstecken, fuhr er zu schnell und verursachte einen Unfall. Ob es sich um denselben John handelt, ist mir nicht bekannt. Der Mechanismus in beiden Fällen ähnelt sich stark. Mit dem Geschenk für die Eltern öffnen wir nämlich einen ganz anderen Frame als über das Wort »Kokain«. Es findet sofort eine Bewertung statt, die mit dem eigentlichen Ereignis nicht in Zusammenhang steht.

Wörter stehen eben nie für sich allein, sondern wir setzen sie über unsere Erfahrung automatisch in Verbindung mit unserem Wissen über die Welt.

Das beeinflusst unsere Erinnerung so weit, dass wir schon kurze Zeit später denken, die mit den einzelnen Wörtern verbundenen Assoziationen und Erinnerungen nicht nur gedacht zu haben, sondern sie sogar gehört oder gesehen zu haben. Das zeigt übrigens auch, dass unsere Erinnerungen mit den tatsächlichen Geschehnissen, an die wir uns erinnern, nicht übereinstimmen müssen. Letztlich sind unsere Erinnerungen nur ganz subjektive Ideen, wie das erinnerte Erlebnis wohl war. Aber das ist ein anderes Thema.

Es ist also möglich, uns über Worte zu Gedanken und auch Handlungen zu bewegen, ohne dass wir uns dessen überhaupt bewusst sind.

Framing steht in engem Zusammenhang mit dem Priming und erweitert in diesem Rahmen unsere Schwachpunkte in Bezug auf Manipulation um einen weiteren Faktor.

Erinnern Sie sich noch an die Wurst mit 10 Prozent Fett? Oder das Kondom, das zu 95 Prozent schützt oder eine 5-prozentige Versagensrate hat?

Derselbe Mechanismus gilt auch für den Gebrauch von Sprache. Es ist doch ein Unterschied, ob ich einen »Mindestlohn« fordere oder eine »Lohnuntergrenze«. Auch wenn ich damit dasselbe meine. Ein Sachverhalt wird in dem Fall aus einer anderen Perspektive betrachtet – was andere Frames in uns aktiviert, aus denen wir uns bedienen.

Ein weiterer sehr spannender Punkt in Wehlings Buch (unter vielen anderen) ist das »Hebbian Learning«. Der Name leitet sich von seinem Erfinder ab, Donald Hebb. Der war Psychologe und wusste: Wenn unser Gehirn Ideen verarbeitet, »feuern« Gruppen von Neuronen. Wenn jetzt viele verschiedene Gruppen von Neuronen gleichzeitig feuern, werden die synaptischen Verbindungen zwischen den einzelnen Gruppen gestärkt.

Wenn wir also mehrere Dinge gleichzeitig auf mehreren Sinnesebenen wahrnehmen (Bilder, Gerüche, Emotionen, Geräusche, Gerüche), dann verknüpfen sich in dem Moment Neuronen miteinander.

Und je häufiger wir dieselben Dinge gleichzeitig wahrnehmen, desto stärker wird dieser Schaltkreis im Gehirn.

Und desto leichter wird er aktivierbar.

Da ist er schon wieder, der Grundsatz der Wiederholung.

Das bedeutet, dass Sprache und Wörter unser Gehirn und damit unser Denken verändern können. Es ist wie ein mentaler Pawlow'scher Reflex.

Damit bestimmt Sprache, wie wir die Welt wahrnehmen und wie wir über sie denken.

Das geht so weit, dass unsere Muttersprache uns in unserer Wahrnehmung beeinflusst. So nehmen wir etwa Gegenstände im Spiegel der Sprache wahr. Studie gefällig?

Man hat deutsche und spanische Probanden jeweils gebeten, die Eigenschaften von »Brücken« und »Schlüsseln« zu beschreiben.

Die Deutschen beschrieben Brücken als »wunderschön«, »elegant« und »grazil«, die Spanier als »groß«, »gefährlich« und »stark«.

Die Deutschen beschrieben Schlüssel als »hart«, »schwer« und »schroff«, die Spanier als »komplex«, »klein« und »niedlich«.

Diese Unterschiede sind nicht kulturell bedingt, sondern sie wurzeln in der jeweiligen Sprache:

»*Die* Brücke« ist weiblich – »*el* puente« männlich.
»*Der* Schlüssel« ist männlich – »*la* llave« weiblich.

Es ist also nicht die Kultur, die hier den Ausschlag gibt, sondern die sprachliche Erfahrung. Die Probanden haben über ihre Sprache und deren wiederholten Gebrauch eine Konnotation, einen Frame, gelernt, die das Symbol »Brücke« oder »Schlüssel« mit weiblichen oder männlichen

Charakterzügen verbindet. Komplett vorbei an unserem Bewusstsein und völlig unbewusst.

Auch wenn ich mich wiederhole: Auch hier ist der Schlüssel die Wiederholung. Das kann ich nicht oft genug wiederholen: Die Wiederholung ist eines der wichtigsten Werkzeuge zur Meinungsbildung und Beeinflussung.

Jede Wiederholung intensiviert und vertieft die entsprechende Vernetzung im Gehirn und damit die Erfahrung.

Hier noch ein paar Begriffe, die uns gebetsmühlenartig in den Medien über den Weg laufen: Was ist für Sie bedrohlicher, ein »Flüchtlings*strom*« oder eine »Flüchtlings*flut*«? Wem die »Flut« noch nicht reicht: Es gab in den Medien auch den »Flüchtlings*tsunami*«.

Vor was haben Sie mehr Angst, vor dem »Klimawandel«, der »Klimakrise« oder der »Klimakatastrophe«?

Merken Sie was? Über die Sprache wird bestimmt, in welche Richtung die Debatte sich entwickelt.

Als ich Ihnen die Addison-Studie vorgestellt habe, sagte ich, dass die Entscheidungen, die über Worte gesteuert werden, die Macht haben, sich auf das Schicksal der Welt auszuwirken. Das Instrument wurde auch schon eingesetzt. Aus zahlreichen Beispielen greife ich exemplarisch mal eins heraus.

Ich habe es von dem amerikanischen Linguisten George Lakoff. Er ist überzeugt, dass die Wahl der Worte sogar die Macht hat, über Leben und Tod zu entscheiden, und sagt: »Metaphern können töten.« Er bezog sich bei dieser Aussage auf den Ausdruck »Krieg gegen den Terror«. Ein Begriff, den die Bush-Administration nach dem 11. September geprägt hat.

Eine von vielen Maßnahmen, um den bevorstehenden Krieg einzuleiten, bestand in einer sehr genau gewählten Formulierung: Zunächst wurden die Toten der Anschläge als »Opfer« bezeichnet. Einige Stunden später bereits als »Verluste«.

Dieses Detail ist sehr wichtig (wie übrigens alle Details – es sind praktisch immer die Details, die den Ausschlag geben).

Lakoff bezeichnete diesen Wechsel dann auch als einen »Sprachmoment von höchster politischer Relevanz«. Denn die Anschläge wurden jetzt in einen anderen Rahmen gesetzt. Sie waren nun kein Attentat mehr (ein Attentat erzeugt Opfer), sondern eine Kriegshandlung (ein Krieg erzeugt Verluste).

Dieser Wechsel der Begriffe und der damit verbundene andere Deutungsrahmen mündeten in der Metapher »Krieg gegen den Terror«.

Die echten Kriege im Irak und in Afghanistan ließen nicht lange auf sich warten und kosteten Zehntausende Menschen das Leben.*

Wenn Sie an weiteren Beispielen aus dem Bereich der Medien und vor allem der Politik interessiert sind, dann kann ich Ihnen das Buch von Frau Wehling nachdrücklich empfehlen. Es liefert weitere Augen öffnende Beispiele, die den Rahmen dieses Buchs erheblich sprengen würden.

JE SCHNELLER MAN SPRICHT, DESTO SCHÄDLICHER IST KOFFEIN

In einer Studie versuchten Psychologen, Probanden davon zu überzeugen, dass Koffein schädlich sei. Dabei überzeugten sie einmal mit einer Geschwindigkeit von 105 gesprochenen Wörtern pro Minute und einmal mit einem Tempo von 195 Wörtern pro Minute.

* Wer einen kleinen Einblick hinter die Kulissen solcher Manipulationen erhalten möchte, dem sei der Film *Vice* mit Christian Bale als Dick Cheney empfohlen. Als Produzenten waren unter anderem Brad Pitt und Will Ferrell mit dabei. Echt stark!

Die Teilnehmer, denen die Gründe schneller präsentiert wurden, waren eher überzeugt. Und schneller.

Das wurde weiter untersucht. Es stellte sich heraus, dass es allerdings nicht ganz so einfach ist.

Es wurde vielmehr deutlich, dass Menschen, die vorher eher skeptisch waren, sich durch schnelles Sprechen eher überzeugen ließen.

Diejenigen, die der Sache bereits aufgeschlossen gegenüberstanden, ließen sich durch die schnelle Sprache weniger stark weiter überzeugen.

Die Erklärung der Psychologen: Wenn wir die Argumente schnell präsentiert bekommen, können wir sie nicht im positiven Sinn bestätigen und sind abgeschreckt von der Geschwindigkeit. (Wir sind ja eh schon der Meinung, wir würden das gerne entsprechend einordnen, können es aber nicht. Es geht uns zu schnell.)

Wenn wir aber die Argumente eh nicht mögen und sie werden schnell auf uns abgefeuert, dann trauen wir uns nicht zu, sie genau zu durchdenken, und achten weniger auf den Inhalt.

Fazit: Wenn Sie schnell sprechen, können Sie andere ein Stück weit stärker überzeugen – aber nur, wenn diese anders denken.

WIE SIE DIE MAGIE DER WORTE FÜR SICH NUTZEN KÖNNEN

Wir haben uns bislang beim Gebrauch der Sprache damit befasst, wie sie unsere Wahrnehmung und Gefühle von außen beeinflusst. Es wäre reine Verschwendung, dieses mächtige Mittel nicht auch im Hinblick darauf zu durchleuchten, wie wir es für uns nutzen können. Jede Form der Autosuggestion ist auch auf den richtigen Gebrauch von Wörtern angewiesen. Wenn Worte das Potenzial haben, uns emotional zu beeinflussen und zu stärken, dann sollten wir hier vielleicht ein wenig weiter eintauchen.

Wörter sind (neben Bildern und Gefühlen) eine Möglichkeit der inneren Kommunikation, wir sagen ja auch nicht ohne Grund »Selbstgespräch«.

Jedes Wort, das wir denken, hat – wie wir gesehen haben – das Potenzial, eine Emotion und auch eine Handlung in uns auszulösen. Hierbei kann die Verwendung emotional aufgeladener Wörter die Verfassung anderer und auch unsere eigene Verfassung verwandeln. Das ist echte Zauberei. Dort spielte der richtige Gebrauch von Wörtern übrigens immer schon eine bedeutende Rolle. Der uralte Zauberspruch »Abrakadabra« bedeutet nämlich nichts anderes als »Ich erschaffe, während ich spreche«. Die jüngsten Erkenntnisse der Kognitionsforscher bestätigen lediglich, was Magier schon vor Tausenden von Jahren wussten und auch angewendet haben. Das heißt, wenn Sie ihren eigenen Wortschatz ändern – sich selbst gegenüber und auch gegenüber anderen, dann hat diese Änderung die Kraft, Ihr Denken, Ihre Emotionen und damit Ihr Leben zu ändern.

Unsere Worte drücken unsere Empfindungen aus. Und durch das Sprechen wird die Empfindung verstärkt.

Wenn Sie wütend sind, sagen Sie dann zu sich selbst »Ich bin wütend« oder »Ich gehe die Wand hoch«?

Wenn Sie das Gefühl noch verstärken wollen, dann machen Sie das ruhig.

Falls Sie sich aber beruhigen wollen, dann tauschen Sie doch einfach mal das Wort »wütend« gegen »ein wenig gereizt«.

Wenn etwas nicht so läuft, wie Sie sich das vorstellen, ist die Lage dann »hoffnungslos« oder haben Sie vielleicht ein »Riesenproblem«?

Dann versuchen Sie es doch mal mit »Das ist jetzt ein wenig problematisch«. Wie wir gesehen haben, aktivieren die Begriffe, die wir mit einer Situation verknüpfen, unsere Erfahrungen. Und dementsprechend reagieren wir. Übrigens aufgrund einer Erfahrung, die inzwischen vielleicht völlig veraltet ist, weil die Welt sich möglicherweise ganz anders entwickelt hat.

WIR HABEN WAS ZU VERLIEREN

Eine wichtige Fähigkeit jedes guten Mentalisten besteht darin, für jede passende Nummer die optimalen Zuschauer auf die Bühne zu holen. Da die Angst, vor einer Gruppe zu stehen, eine der größten Ängste der meisten Menschen ist, habe ich früh beschlossen, mich mit diesem Thema intensiv auseinanderzusetzen. Dementsprechend zieht sich dieses Motiv durch fast alle meine Bücher. Es hat für mich nie die Faszination verloren und ich entdecke immer wieder neue Methoden.

Inzwischen – nach über 30 Jahren Erfahrung – habe ich Folgendes festgestellt: Menschen kommen dann gerne zu mir auf die Bühne, wenn sie spüren, dass ich sie mag und dass von mir keinerlei Bedrohung ausgeht. Sobald mein Publikum spürt, dass ich es liebe und jeden Zuschauer auf der Bühne als Partner betrachte, mit Respekt und Liebe behandle, gibt es keine Ablehnung mehr.

Das liest sich leicht. Es ist auch ganz einfach. Aber die Umsetzung braucht in vielen Fällen einen langen Weg und viel Erfahrung.

Das gilt für viele Aspekte meiner Kunst. In der Theorie sind sie klar und einleuchtend. In der Praxis erweisen sie sich jedoch als äußerst komplex und anspruchsvoll. Das wahre Geheimnis der Beeinflussung besteht in diesem Fall paradoxerweise eben darin, *nicht* zu beeinflussen. Diese Facette haben wir bei Aristoteles ja schon kennengelernt.

Hier also einer meiner früheren Lieblingstricks, um Zuschauer auf die Bühne zu manövrieren:

Das mittelgroße Theater ist mit 800 Personen voll besetzt. Der Mentalist schnappt sich eine Gurke und einen Staubsaugerbeutel und geht mit beiden Gegenständen ins Publikum. Nachdem er ein paar Runden gedreht und mit einer Handvoll Zuschauern geplaudert hat, drückt er ungefragt einer Frau die Gurke und einem Mann den Staubsaugerbeutel in die Hand. »Passen Sie bitte gut darauf auf. Die spielen später noch eine Rolle.«

Jetzt kehrt er zurück auf die Bühne und kündigt an, dass als Nächstes eine Nummer folgt, bei der er auf die Assistenz des Publikums angewiesen ist. »Genauer: Ich benötige für dieses Glanzstück die Hilfe von zwei besonders klugen Zuschauern. Am besten von einem Mann und einer Frau. Am allerbesten von jemandem, der gerade eine Gurke oder einen Staubsaugerbeutel in der Hand hält …«

Sie ahnen es sicher schon: Dieser äußerst verführerische und suggestive Mentalist war – natürlich – ich. Der Trick ist nicht von mir. Inzwischen ist er ein Klassiker unter Zauberkünstlern. Den Urheber kenne ich leider nicht. Wie dem auch sei – abgesehen von der Leichtigkeit und auch dem Unsinn, ist die oben beschriebene Szene ein sehr gutes Beispiel gelungener Beeinflussung.

Wie oft, glauben Sie, ist nach der Vorbereitung ein Zuschauer mit Gurke oder Staubsaugerbeutel sitzen geblieben?

Ich sage es Ihnen: Kein einziges Mal.

Neben Gruppendruck (wer will schon vor dem ganzen Publikum als Spielverderber dastehen?) kommt eine weitere schlagkräftige und uns inzwischen vertraute Technik hinzu – die Verlustaversion. Sie wissen ja: Wir fürchten Verlust mehr, als wir Gewinn schätzen.

Die betreffenden Zuschauer wissen nicht, was sie auf der Bühne erwartet.

Sie können sich aber denken, dass es wohl nicht so schlimm ist wie das Gefühl, vor versammelter Mannschaft das Gesicht zu verlieren.

Natürlich wollen die meisten nicht auf die Bühne, aber das fürchten sie vermutlich weniger als die Schmach, sich nicht getraut zu haben.

Die Manipulation ist nahezu perfekt: Ich habe den Zuschauern nicht gesagt, was sie auf der Bühne Tolles erwartet, sondern ich habe dafür gesorgt, dass sie sich vorstellen, was passiert, wenn sie *nicht* zu mir kommen.

Wenn wir gerade dabei sind: Als meine Kinder noch klein waren, haben wir Urlaub auf einer Insel gemacht. Direkt gegenüber unserer Wohnung war eine ca. 10 Meter hohe Klippe, von der täglich irgendwelche coolen und hippen Typen gesprungen sind. An einem Tag haben wir uns mit einer Gruppe anderer Urlauber ein Schnellboot gemietet, um aufs Meer zu preschen und die Küste zu erkunden. Wir haben uns gefühlt wie in *Mission Impossible* – ich denke jedoch, es war in Wirklichkeit eher wie *Käpt'n Sharky*. Schließlich hatten alle Beteiligten Kinder mit an Bord. Zurück zum Punkt: Das Boot war sehr schnell und dementsprechend waren wir nach einer guten Stunde bei der Rückfahrt alle voller Adrenalin. Als wir beim Einlaufen an der Bootsanlegestelle besagte Klippe passierten, sagte ich unüberlegt: »Da springe ich jetzt runter!«

Ich weiß bis heute nicht, woher diese Worte kamen. Sie platzten einfach so aus mir heraus. Ein anderer Vater schaute mich begeistert an. Ich nehme an, ich habe seine Gedanken ausgesprochen. Wie dem auch sei, er sagte in sauberstem Sächsisch: »Da bin ich mit dabei.« Mein Sohn war damals fünf Jahre alt. Er war natürlich völlig aus dem Häuschen. Meine Frau schaute unbewegt, dachte sich ihren Teil und schwieg. Sie weiß, dass ich eigentlich Höhenangst habe. Egal: Gesagt ist gesagt. Also sind wir alle (meine Familie und einige andere Väter mit ihren Kindern) auf diese Klippe spaziert. Der Weg war einfach und von der Küste aus gut zu erreichen. Während des Aufstiegs wurden wir von lauter halb so alten, coolen Surfertypen mit Surferbody überholt. An der Felsenkante angekommen, verfluchte ich mich für meinen vorlaut geäußerten Plan. Offensichtlich hatte mein Körper während des kurzen Aufstiegs das Adrenalin der Bootsfahrt komplett abgebaut. Und so eine Klippe sieht von oben betrachtet ja auch viel höher aus als aus der Bootsperspektive. Dass ich an der Klippe überlegte, war ja an sich schon erniedrigend genug. Als aber ein langhaariger 16-Jähriger – braun gebrannt, mit Waschbrettbauch – mich mitfühlend anschaute und sagte: »Wenn *Sie* jetzt noch länger zögern, wird's peinlich«, nur um danach lässig abzuspringen und auf dem Weg ins Meer auch noch einen Salto zu machen, wurde es wirklich eng. Der Vater aus der Lausitz sagte nur knapp: »Na, hilft ja alles nix«, nahm drei Schritte Anlauf und sprang.

»Wenn Sie jetzt noch länger zögern …« – Wie bitte???

Ich bin sofort nachgesprungen.

Auch hier: Ich dachte nicht mehr darüber nach, was ich Tolles fühle, wenn ich gesprungen bin, und dass ich dabei eine mentale Grenze überschreite und dass meine Überzeugungen meine Grenzen sind oder irgendeinen anderen Kalenderspruch. Mein Gedanke war, dass ich in den Augen meines kleinen Sohns als Schwätzer und Maulheld dastehe, wenn ich *nicht* springe.

So funktioniert unser Denken: Der Verlust wiegt tendenziell schwerer als der Gewinn.

Genau dieses Gefühl nutzen geschickte Manipulatoren, um unsere Entscheidungen zu lenken.

In den meisten Fällen über Gratisproben oder spontane Belohnungen.

Gratisproben oder der Hundewelpe

Beginnen wir mit den Gratisproben. Stellen Sie sich eine Familie mit zwei Kindern vor, fünf und sieben Jahre alt. Sie überlegt, sich einen Hund zuzulegen. Stellen Sie sich vor, Sie wären der Verkäufer des Hundes.

Wie könnten Sie die Familie fast schon zwingen, Ihnen den Hund abzukaufen? Ganz einfach. Indem Sie sagen: »Nehmen Sie den Hund doch einfach mal für eine Woche mit. Wenn Sie ihn bis dahin nicht ins Herz geschlossen haben, können Sie ihn zurückbringen.«

Wie hoch wird die Umtauschrate wohl sein?

Ich denke doch, recht niedrig.

Sobald die Familie den Hund zu Hause hat, wird er ihnen ans Herz wachsen. Als Erstes werden sie ihm einen Namen geben. Er ist also nicht mehr »nur« ein Hund, sondern er hat eine eigene Identität. Er wird neugierig die neue Umgebung erschnüffeln, schwanzwedelnd mit den Kindern spielen und für Spaß und gute Laune sorgen. Wenn er ein kluger Hund ist, ist er auch ganz schnell stubenrein. Die Familie sorgt für ihn, zeigt ihm seinen Platz zum Schlafen, füttert ihn, geht mit ihm Gassi.

Sobald wir für jemanden sorgen, entwickeln wir eine Bindung.

Beim Abholen war der Hund nur irgendein Hund – jetzt hat er einen Namen und damit eine Identität und ist ein Teil der Familie.

Die möchte dieses Mitglied nicht verlieren.

In der Fachwelt heißt diese Methode »Puppy Dog Close« – Geschäftsabschluss durch Hundewelpen.

Die Gratisprobe war keine Gratisprobe. Sie war eine Beeinflussung allerersterer Güte, denn: Was wir einmal haben, wollen wir behalten.

Das funktioniert freilich nicht nur bei Hundewelpen. Generell sind Proben eine vielseitig einsetzbare Methode der Einflussnahme. Stellen Sie sich vor, Sie träumen von einem schönen Auto, sind jedoch noch nicht wirklich entschlossen, es zu kaufen. Der Verkäufer sieht Ihre Unentschlossenheit und leiht Ihnen den Wagen übers Wochenende. Die Chancen, dass Sie ihn nicht wieder zurückgeben möchten, stehen hoch. Denn: Gefühlt besitzen Sie das Auto schon – die Rückgabe ist jetzt ein Verlust.

Dieser Sachverhalt wird auch Endowment-Effekt genannt.

Endowment heißt auf Deutsch »Ausstattung«, lässt sich aber auch frei mit »Besitztum« übersetzen. (Wir kleben als Übersetzer nicht an Wörtern, sondern wollen immer die Bedeutung und Idee hinter dem Wort in die andere Sprache transportieren. Aus diesem Grund sagen wir auf Deutsch »Besitztumseffekt« – Klugscheißermodus wieder ausgeschaltet.)

Hierbei handelt es sich um die oben beschriebene Tatsache, dass wir uns schnell an Dinge binden und sie nur ungern wieder hergeben, wenn wir sie erst mal haben. Sobald wir etwas besitzen, schätzen wir es wertvoller ein. Der Effekt wurde von dem Professor für Verhaltensökonomik und Nobelpreisträger Richard Thaler erforscht. Thaler hat dem Sachverhalt auch den Namen Endowment-Effekt gegeben. Thalers Buch *Misbehaving. Was uns die Verhaltensökonomik über unsere Entscheidungen verrät* ist eine absolute Empfehlung. Der Buchautor Malcolm Gladwell sagte über Thaler: »Wenn ich mir einen Intellektuellen aussuchen dürfte, mit dem ich im Fahrstuhl stecken bleiben möchte, wäre es Richard Thaler.«

Das mag ja sein. Ich würde Thaler lieber zu einem schönen Glas Whiskey treffen. Und am besten Gladwell gleich mit dazu.

Lassen wir Thaler selbst zu Wort kommen: »Ich nannte dieses Phänomen ›Endowment-Effekt‹ (Besitztumseffekt), weil im Fachjargon der Ökonomen das, was einer Person gehört, Teil ihres Besitztums ist, und ich war auf einen Befund gestoßen, der darauf hindeutete, dass Menschen Dinge, die sie bereits besitzen, als wertvoller einschätzen als Dinge, die sie besitzen könnten, die also verfügbar sind, ihnen aber noch nicht gehören.«

Der Effekt wird unterstützt durch unsere angeborene Risikoaversion. Die Freude, etwas Neues zu bekommen, erscheint uns weniger groß als das Risiko, etwas zu verlieren, was wir schon haben. Daher ist die Verkaufsmethode: »Jetzt kaufen, später bezahlen« auch so manipulativ. Erstens greift der Endowment-Effekt und zweitens kommt unsere Risikoaversion ins Spiel: Wir wollen uns vom Erworbenen nicht mehr trennen und scheuen gleichzeitig das Risiko, es zu verlieren.

Wenn wir gerade bei der Risikoaversion sind: Sie ist ein sehr elegantes Mittel der Manipulation. Nehmen wir an, Sie wollen sich online einen Computer bestellen. Zwei Händler bieten je eine Möglichkeit: Einmal bietet ein Händler das Basisgerät an, zu dem Sie Sonderausstattungen buchen können (mehr Speicher, größerer Bildschirm, größeres Softwarepaket …).

Das Angebot des anderen Händlers besteht aus der Maximalversion. Hier haben Sie als Kunde die Möglichkeit, die Ausstattung zu reduzieren, also einen kleineren Bildschirm zu wählen, das Gerät mit weniger Speicher zu kaufen oder ein kleineres Softwarepaket zu bestellen. Untersuchungen haben gezeigt, dass Kunden nur sehr ungern auf Eigenschaften eines Geräts verzichten, das sie ja fast schon besitzen. Der zweite Händler macht also mehr Umsatz!

Der Psychologe Robert Cialdini beschreibt in seinem Klassiker *Die Psychologie des Überzeugens*, wie eine Firma für Haushalts- und Pflegeprodukte (die Amway Corporation) den Endowment-Effekt und die Risikoaversion sehr geschickt nutzte, um sich von einer Garagenfirma zu einem Big Player mit 1,5 Milliarden Dollar Jahresumsatz zu entwickeln.

Alles, was sie tat, war, die potenziellen Kunden in die Endowment-Falle tappen zu lassen. Ganz unschuldig unter dem Vorwand, lediglich informieren zu wollen.

Und das ging so: Amway belieferte Haushalte mit einer Gratisprobe, einem so genannten BUG. Der bestand aus ausgewählten Produkten der Firma: Shampoo, Möbelpolitur, Fensterreiniger und, und, und. Dieses Sortiment wurde von Vertretern der Firma an Haushalte geliefert. Das Verkaufshandbuch legte fest, dass die Produkte bis zu 72 Stunden im jeweiligen Haushalt bleiben sollen, ohne dass hierfür Verpflichtungen oder Kosten entstehen.

Der potenzielle Kunde sollte die Produkte einfach ausprobieren.

Inzwischen wissen Sie, liebe Leserin und lieber Leser, dass bei diesem Angebot ganz unterschwellig sehr wohl eine Verpflichtung suggeriert wird. Sie wird nur nicht laut ausgesprochen. Diese Verpflichtungen sind die gefährlichsten ... Sobald der Kunde die Ware probiert hat, ist die Falle zugeschnappt. Für Amway hat es sich ausgezahlt. Der BUG war nach eigenen Angaben »die fantastischste Geschäftsidee, die wir je hatten«.

Wobei ich jetzt nicht ausnahmslos jedem, der Ihnen was zum Probieren anbietet, unterstellen will, Sie manipulieren zu wollen.

Die Grenzen zwischen Überzeugen und Manipulieren sind fließend.

In vielen Fällen dient eine Probe auch dazu, den potenziellen Käufer davon zu überzeugen, dass ein Produkt hält, was es verspricht, und dass das Produkt genau das ist, was der Käufer sucht.

Dennoch kann auch hier mehr oder weniger geschickt eine Suggestion zwischen den Zeilen stehen. Schon Vance Packart schreibt in seinem Buch *Die verbotenen Verführer* – immerhin aus dem Jahr 1957 – von einem Supermarktpromoter, der in ein paar Stunden sagenhafte 450 Kilogramm Käse verkaufte. Er hat einfach den Kunden gebeten, sich als Gratisprobe selbst so viel Käse abzuschneiden, wie er will. Danach haben fast alle gekauft. Neben der Raffinesse des Promoters bewundere ich seine Fähigkeit, 450 Kilogramm Käse mit sich zu führen.

Vom Käse zur Kunst, denn auch ich habe schon mit der Gratisprobe gearbeitet.

Ich erinnere mich noch gut an das erste Treffen mit einem der gefragtesten Künstlervermittler Deutschlands. Ich war Anfang 20 und das Treffen kam überhaupt nur zustande, weil ein befreundeter Zauberkünstler mich empfohlen hatte. Wir trafen uns in einem Münchner Café. Der Agent war skeptisch und äußerte das auch. Ich habe entschieden, dem Agenten nicht zu erzählen, was ich kann, sondern es ihm sofort zu zeigen. Ich bin einfach zu einem der voll besetzten Tische, habe vorgegeben, ich sei vom Café engagiert, und den Gästen einen Trick gezeigt. Der Agent hat mich vom Fleck weg eingesetzt, und ein schönes Trinkgeld hatte ich mir noch dazuverdient. Ich war in dem Moment nicht nur ein Zauberer, ich dachte auch wie einer.

Sie erinnern sich, Punkt 4: Vorbereitet sein!

Ich wusste nicht, ob es bei dem ersten Treffen zu einer Vorführung kommen würde, aber ich war gewappnet und habe den entsprechenden Trick vorführbereit in der Tasche gehabt. Ich sagte es schon an früherer Stelle: Wer gut voraussieht, hat selten das Nachsehen.*

Wenn Sie überzeugen möchten, dann reden Sie nicht zu viel um den heißen Brei, sondern zeigen Sie, was Sie tun. Beim Schreiben sagt man zu diesem Grundsatz: »Show – don't tell. Erzähl es mir nicht – zeig es mir.«

Was Sie bedenken sollten, bevor Sie eine Probe rausgeben:

1. Beginnen Sie mit der grundlegenden Frage: »Prozess oder Resultat? Was will ich dem anderen zeigen?«
   Einige Menschen wollen lieber vom Prozess erfahren, andere vom Ergebnis. Praktisch: Einige wollen wissen, wie ein Auto gebaut

* Diesen Satz habe ich von meinem ersten Mentor Dr. Ingolf Glabbatz gelernt. Er war ein herausragender Trainer, Mentor und Mensch. Leider ist er viel zu früh verstorben. Der Satz selbst stammt vom Businesstrainer Andreas Bornhäuser.

wird, andere wollen wissen, wie es sich fährt. Wenn Sie unsicher sind, dann zeigen Sie beides. Also erst eine Werksführung und dann eine Probefahrt.

2. Erstellen Sie eine passende Probe.
Bei jedem Besuch in der Parfümerie bekommen Sie am Ende eine Kostprobe anderer Düfte und Cremes. Einige meiner Lieblingsdüfte habe ich über solche Proben kennengelernt. Bei mir hat es also schon mal gut geklappt.
Welche Probe können Sie anbieten?
Wenn Sie Coachings anbieten, geben Sie eine Probe-Session. Als Anstreicher und Maler: Streichen Sie nicht das ganze Haus, aber einen kleinen Raum. Im Internet sind inzwischen kaum Kurse zu erwerben, für die es keine kurzen Gratis-Minikurse als Kostprobe gibt, wodurch ich mich zu der unglaublich geistreichen Wortschöpfung »kostenlose Kostproben« habe hinreißen lassen. Ein weiteres Beispiel aus meiner Arbeit: Eine meiner Lieblingsnummern aus meinem Abendprogramm hätte es fast nicht ins Programm geschafft. Der damalige Regisseur konnte sich nicht vorstellen, dass sie funktioniert. Daraufhin habe ich die Nummer an einem Abend live vor Publikum gezeigt, als er auch anwesend war. Die Nummer wurde eine feste Säule meiner Tournee.

Das Gute liegt so nah

Ein weiterer viel genutzter Grundsatz der Beeinflussung, den ein geschickter Manipulator jederzeit zu seinem Vorteil nutzen wird, ist die spontane Belohnung.

Betonung auf »spontan«!

Der Manipulator weiß genau, dass wir eher zu einer Handlung hingerissen werden, wenn die entsprechende »Belohnung« in unserer Reichweite ist. Oder glauben Sie, Adam hätte in den Apfel gebissen, wenn er dafür erst noch 8 Kilometer hätte laufen müssen?

Zeit für einen – ganz kurzen – Blick ins Hirn: Im limbischen System sitzt unser Zentrum für spontane Belohnung. Hier entstehen auch Emotionen und Triebverhalten. Wenn wir jetzt etwas als Belohnung empfinden, wird dieses System aktiv und sorgt dafür, dass wir uns gut fühlen.

Das heißt, wenn etwas in schneller Reichweite ist, machen wir es eher. Deshalb sind Kostproben im Internet auch so verführerisch. Zuerst bekommen wir einen kostenlosen Onlinekurs. Wenn wir danach mehr wissen wollen, müssen wir einfach nur auf den entsprechenden Button klicken und bekommen die Belohnung in Form des weiterführenden Kurses. »Du bist nur einen Klick entfernt …« Das ist Verführung!

Der geschickte Manipulator wird seinem Gegenüber seine bevorzugte Wahl daher immer so leicht wie möglich machen. Er wird alles so arrangieren, dass es für sein Opfer ganz einfach ist, etwas Bestimmtes zu bekommen oder zu tun, was er will.

Umgekehrt wird er es seinem Gegenüber, wenn er es manipulieren möchte, grundsätzlich so schwer wie möglich machen, etwas Bestimmtes zu bekommen oder zu tun, von dem er *nicht* will, dass er oder sie es tut oder bekommt.

Haben Sie schon mal probiert, einen Social-Media-Account zu löschen? Im Vergleich dazu war die Mondlandung eine Fingerübung. Instagram und Co. wollen einfach nicht, dass wir hier etwas löschen oder einen Account sogar ganz stilllegen. Umgekehrt ist es ein Kinderspiel, einen Account einzurichten.

Oder: Haben Sie mal versucht, eine App zu kündigen?

Merken Sie was?

Es geht aber auch offline. Kürzlich wollten meine Frau und ich eine gemeinsame Bekannte spontan zum Essen einladen. Die Bekannte war zu Besuch bei ihren Eltern. Offensichtlich wollte die Mutter den Abend lieber mit ihrer Tochter verbringen als allein mit ihrem Ehemann. Als ich sie anrief, habe ich schon gemerkt, wie die ältere Dame rumdruckste, bevor sie den Hörer weitergereicht hat. Während des Telefonats hat sie ständig im Hintergrund agiert. Man musste kein Hellseher sein, um zu merken: Das mit dem Abendessen der Tochter passte ihr einfach nicht. Als unsere Bekannte dennoch zusagte und wir eine Uhrzeit vereinbaren wollten, sagte sie plötzlich: »Oh, ich sehe gerade, während wir gesprochen haben, hat meine Mutter schon das Fleisch für heute Abend aufgetaut. Lass uns ein andermal essen gehen.« Das, liebe Leserin, lieber Leser, ist ganz geschickte Manipulation seitens der Mutter. Durch das aufgetaute Fleisch hat sie es der Tochter viel schwerer gemacht, mit uns essen zu gehen. Bei den Eltern zu bleiben, war viel einfacher.

In diesem Zusammenhang möchte ich erneut kurz den Verhaltensökonomen Richard Thaler ins Spiel bringen. Er prägte in diesem Zusammenhang den Begriff der »Nudges«. Das sind unbemerkte »Denkanstöße« oder auch »Anstubser«, die von Regierungen oder großen Organisationen benutzt werden, um uns unbemerkt zu einer Handlung zu bewegen. Also zu manipulieren. Der zugrunde liegende Gedanke bei den Nudges ist ein »libertärer Paternalismus«: Die Entscheidungen der Menschen werden beeinflusst, ohne dabei deren Freiwilligkeit anzutasten. Mit anderen Worten: Es wird versucht, die Menschen zu besseren Menschen zu machen, ohne sie unter Druck zu setzen. Stattdessen wird es ihnen durch »Anstubser« (Nudges) leichter gemacht, das gewünschte Verhalten an den Tag zu legen, und ein wenig schwieriger, sich in ungewünschter Art und Weise zu verhalten. Im australischen New South Wales gibt es inzwischen eine behördlich eingerichtete »Nudge Unit«, die die Australier zu besseren Bürgern machen soll. Eine der Maßnahmen der Unit besteht darin, Bußgeldbescheide an Autofahrer mit dem Hinweis zu verschicken, dass 90 Prozent der Verkehrssünder ihre Strafe pünktlich zahlen. Seitdem zahlen auch die restlichen Falschparker und Schnellfahrer schneller. Es kommt das Prinzip der sozialen Bewährtheit zum Tragen, das wir später im Kapitel 12 näher beleuchten. Der Nudge besteht hier darin, dass wir eher zu einer Handlung bereit sind, wenn sie von der Mehrheit ausgeführt wird.

Je mehr Menschen etwas tun, desto richtiger muss es wohl sein. Ein recht subtiler, aber dennoch wirksamer Anstubser.

Ein weiterer Nudge, den wir alle kennen, ist der Piepton, der inzwischen in jedem Auto zu hören ist, wenn wir uns nicht anschnallen. Überhaupt nicht subtil, sondern einfach nur unglaublich laut und nervig. Dennoch »nur« ein Anstubser, denn das Piepsen zwingt uns ja nicht, den Gurt anzulegen. Es fällt uns nur sehr viel leichter, ohne das Gepiepse Auto zu fahren. Ein weiteres Beispiel für Nudges aus dem Straßenverkehr sind die lachenden oder traurigen Gesichter bei den Geschwindigkeitsmessern. Ich weiß ja nicht, wie es Ihnen geht, aber ich fühle mich viel besser, wenn das grüne Gesicht mich anlacht.

Thaler selbst gibt in seinem Buch *Nudge* viele weitere Beispiele. Unter anderem zum Thema Organspenden. Es gibt weltweit zu wenig Organspender. (Haben Sie eigentlich einen Organspendeausweis? Falls nicht, wird es meines Erachtens höchste Zeit!) In den meisten Ländern müssen sich die willigen Organspender einen Spenderausweis besorgen und einer Spende ausdrücklich zustimmen.

In Österreich dagegen ist der Bürger automatisch Organspender, wenn er sich nicht ausdrücklich gegen eine Spende entscheidet. Natürlich ist die Zahl der Spender dort viel höher. Auch hier: Das gewünschte Verhalten wird erleichtert und das unerwünschte erschwert.

Falls Ihnen meine Staubsauger- und Gurkenstory noch nicht den Rest gegeben hat, ein weiteres Szenario aus meiner Bühnenerfahrung: Früher (und zu meiner Verteidigung möchte ich sagen, dass »früher« mindestens 25 Jahre her ist!) habe ich folgenden Trick benutzt, um einen ersten Zuschauer auf die Bühne zu manipulieren: Ich ging ins Publikum und habe eine Zuschauerin angesprochen, die mir auf Anhieb sympathisch war. Ich habe sie angelächelt, genickt und freundlich nach ihrem Namen gefragt – »Martina«.

Dann habe ich Martina entgegenkommend die Hand gegeben und sie dabei gebeten, doch bitte einmal ganz kurz aufzustehen. Die Hand habe ich dabei ganz locker gehalten und nicht losgelassen. Dadurch habe ich ihr beim Aufstehen eine Stütze gegeben und geholfen. Sobald Martina jetzt stand, habe ich sie gebeten, stehen zu bleiben. (»Nur ganz kurz!«) Jetzt habe ich sie angelächelt und bin zurück auf die Bühne gegangen. Dort habe ich mich in die Mitte gestellt und gesagt: »Als Nächstes brauche ich einen Mitwirkenden«, habe in die Menge geschaut, und sobald ich mit meinem Blick bei Martina angekommen war, habe ich freundlich gesagt: »Ach, Martina, wo du schon mal stehst – komm doch bitte zu mir auf die Bühne. Einen Applaus für Martina.«

Was für ein Arsch ich damals war!

Einen Applaus für Martina …

Der Beifall war natürlich vergiftet, denn es handelte sich hier ja nicht um ein Zeichen der Anerkennung einer besonderen Leistung, sondern um ein Druckmittel, das ich eingeleitet habe. Was ist in einem solchen Moment für Martina einfacher: sich wieder setzen und sich mir so zu widersetzen (ich liebe dieses Wortspiel!) oder mir auf die Bühne zu folgen?

Unter dem Gruppendruck stehen meine Chancen natürlich sehr viel besser, wenn Martina nicht erst aufstehen muss, sondern bereits steht. An dieser Stelle möchte ich bei allen Martinas um Entschuldigung bitten. Ich war jung und brauchte die Zuschauer.

Für Sie, liebe Leserin und lieber Leser, heißt das: Sobald Sie bemerken, dass jemand Ihnen eine Sache gaaaanz leicht macht, sollten Sie kurz nachdenken, ob derjenige vielleicht einen Vorteil davon hat.

Alles in greifbarer Nähe ist verführerisch.

Wenn ich einen Zuschauer als Gedankenleser derart beeinflussen möchte, dass er einen bestimmten von fünf Gegenständen wählt, dann lege ich bei Rechtshändern den entsprechenden Gegenstand an die zweite Stelle von rechts, sodass er einfach nur die rechte Hand ausstrecken muss, um den gewünschten Gegenstand zu greifen. Bei Linkshändern ist es der zweite Gegenstand von links. Der mittlere Gegenstand wird nur sehr selten genommen, weil die meisten Menschen denken, der ist zu offensichtlich, und die äußeren Positionen werden auch nur in Ausnahmefällen ausgesucht.

Die Wahl ist zwar frei – aber die Chancen stehen sehr gut für mich.

Auf der Bühne sorge ich zusätzlich dafür, dass der entsprechende Gegenstand ein wenig stärker beleuchtet ist als die anderen.

Im Gegensatz zur »Martina-Holzhammer-Methode« liebe ich solche Techniken. Sie sind subtil und ich freue mich jedes Mal diebisch, wenn sie funktionieren. Falls nicht, greift die Maxime »vorbereitet sein«, und ich wechsle die Methode. Das ist aber nur sehr selten notwendig, wir greifen einfach am ehesten zu dem, was in bequemer Reichweite ist.

Die Lern- und Motivationsforscherin Dr. Michaela Brohm-Badry sagt dazu: »Was wir langfristig wollen, wird im Frontallappen abgehandelt, die spontane Belohnung erfolgt aber dagegen im limbischen System, im ältesten Hirnteil. Kaltes und heißes System nennen wir das … Wer also sich selbst oder seine Mitmenschen dazu bewegen will, disziplinierter zu leben – sei es zu sparen, abzunehmen oder zu lernen –, muss das heiße System abkühlen und das kalte anheizen.«

Das Wichtigste gehört demnach in die Nähe, das Unerwünschte außer Sicht. »Sie räumen zum Beispiel im Kühlschrank den Mist nach hinten und die Computerspiele auf den Dachboden. Bücher müssen dagegen greifbar sein, beim Klavier steht der Deckel offen und die Noten stehen bereit, aufgeklebte farbige Fußabdrücke führen die Kinder Richtung Schreibtisch.«

Oder – noch viel besser – Sie kaufen erst gar keinen Mist für den Kühlschrank. Ist noch einfacher. Eine gute Faustregel beim Einkauf lautet: einfach keine Lebensmittel in den Wagen legen, für die Werbung gemacht werden muss. Hier ist in vielen Fällen das, was oben reingeht, schlimmer als das, was unten wieder rauskommt.

Und noch was: Wenn ich das Zitat so lese – *aufgeklebte Fußabdrücke führen die Kinder Richtung Schreibtisch* –, vielleicht war ich im Vergleich dazu mit meinen Martinas doch nicht so schlimm, wie ich ursprünglich dachte …

11

NICHTS IM LEBEN IST UMSONST: GEWINNE, GEFALLEN, ANGEBOTE

Der frühere Mentalist und jetzige »Mentor's Mentor« Joel Bauer hat jahrelang davon gelebt, auf Messen Menschenmassen an die Messestände zu ziehen, die ihn dafür gebucht und auch gut bezahlt haben. Von ihm habe ich den Begriff »People Magnet« gehört. Und das war er auch zu seinen aktiven Messezeiten. Dazu kämpfte er auch mal mit harten Bandagen. Von ihm kenne ich folgende Geschichte:

Ein Unternehmen buchte Joel auf einer Messe. Am Nachbarstand sammelten sich über 1000 Leute, an seinem stand niemand.

Warum?

Ganz einfach: Der Nachbarstand verloste unter den Messeteilnehmern einen Hummer. Ich spreche hier freilich nicht von der »meeresbewohnenden Gattung der Zehnfußkrebse (Decapoda) aus der Familie der Hummerartigen (Nephropidae)« (Danke, Wikipedia), sondern von der Automarke.

Zum besseren Verständnis sei hier angemerkt, dass die Geschichte zu einer Zeit spielt, in der man als Unternehmen solche Preise noch gefahrlos verlosen konnte. Heute wäre die Aussicht, ein 30 Liter saufendes

Auto zu gewinnen, für die meisten Menschen wohl eher ein Grund, besagten Messestand *nicht* zu besuchen. Damals war das anders.

Zurück zur Story. Bauer stand auf der Bühne seines Messestandes, das Publikum jedoch eins weiter. Keiner wollte seine Chance auf den Gewinn verpassen und alle wollten die Verlosung miterleben.

Der People Magnet wäre aber nicht der, der er ist, wenn er nicht einen teuflischen Plan geschmiedet hätte. Sie kennen ja die Maxime: vorbereitet sein. Geduldig wartete er also, bis der Gewinner des Hummers bekannt gegeben wurde.

Dann kam sein Plan.

Sobald der Gewinner ausgerufen war, fächerte er 50 (!) 100-Dollar-Scheine zwischen seinen Händen auf, hielt sie hoch und rief in sein voll aufgedrehtes Mikrofon:

»Liebe Messebesucher! Einen Applaus für den Gewinner! Für alle, die *nicht* gewonnen haben, habe ich hier 5000 Dollar zu verschenken. Stellen Sie sich einfach hierher. Selbst wenn Sie nicht meine 5000 mitnehmen, hier gibt es reichlich hochwertige Geschenke für Sie.«

Innerhalb eines Augenblicks stürmte die Menge vom Nachbarstand zum Auftraggeber Bauers. Über 1000 Leute. Er hat der Konkurrenz das Publikum gestohlen.

Das ist Beeinflussung reinsten Wassers.

Natürlich lässt sich über die Fairness dieses Tricks trefflich diskutieren. Das aber ist das Wesen der Manipulation. Sie ist bereits durch sich selbst fragwürdig.

Dass Bauer mit diesem Kunstgriff Menschen an seinen Stand zieht, ist klar. Genau das war seine Aufgabe, und darin war er einer der Besten.

Aber was ist die Psychologie dahinter?

Was sind die Schlüsselworte und Handlungen?

Geld? – Vielleicht.

Aber was für Geld?

Geld für *nichts!*

Der Begriff, der unausgesprochen nachklingt, ist *umsonst.*

Umsonst im Sinne von: Du musst nichts dafür tun. Du musst dich nicht anstrengen.

Du kriegst es einfach so.

Erinnern Sie sich an das Beispiel der Gratisproben? Hier haben wir gelernt, dass unser Belohnungssystem anspringt, wenn wir etwas bekommen. Es fühlt sich gut an. Und je näher sich etwas in unserer Reichweite befindet, desto schneller schlagen wir zu, weil es dann ja so einfach ist, sich gut zu fühlen.

In dem Fall: Geld in unserer Reichweite, ohne etwas dafür tun zu müssen.

Das mutet plump an, ist in unserem Beispiel aber Verführungskunst der hohen Schule.

Hätte Bauer ins Mikro geschrien: »Ich habe hier 5000 Dollar! Sie müssen dafür nur eine Woche lang täglich unseren Stand besuchen und sich umfassend beraten lassen«, es wären sehr viel weniger Leute gekommen, wenn überhaupt. Das ist ein Trick.

Ein anderer Trick ist: Wenn Sie so manipulieren wollen, muss Ihr Köder neben der leichten Verfügbarkeit zwei weitere Bedingungen erfüllen. Er muss einen Wert haben und er muss umsonst sein.

Widmen wir uns zunächst dem Wert. Bei einem 100-Dollar-Schein ist der augenfällig. 100 Dollar eben. Auch bei einem Werbegeschenk können wir meistens recht gut den Wert einschätzen. Ein bedrucktes Feuerzeug oder ein Schlüsselanhänger bringen uns allerdings gewöhnlich nicht dazu, einen Rolls-Royce zu kaufen, schon klar. Richtig spannend wird es auch erst, wenn neben dem materiellen Wert zusätzlich ein ideeller Wert geschaffen wird.

Dieser ideelle Wert kann den tatsächlichen Wert des Köders weit in den Schatten stellen. Schon die alten Chinesen wussten: »Das Sichtbare macht die Form eines Werkes aus – das Unsichtbare seinen Wert.«

Ich kann mich noch gut an einen meiner ersten Messeauftritte als Gedankenleser erinnern. Das war Ende der 90er-Jahre auf der Lebensmittelmesse ANUGA in Köln. Ich hatte meinem Kunden – einem Getränkehersteller – vorgeschlagen, ein Metallpuzzle mit dem Firmenlogo der Kunden bedrucken zu lassen und an die Kunden zu verteilen. Sie kennen sicher diese Metallpuzzle. Sie sehen aus wie zwei Achten, die ineinander verschlungen sind und die man ohne den richtigen Trick nicht voneinander lösen kann. Die Achten wurden von Hostessen mit dem Hinweis verteilt, dass die Lösung des Puzzles während meines Auftritts gezeigt wird. So stellten wir sicher, dass am Anfang meiner Auftritte schon eine Gruppe von Zuschauern vor der Bühne stand. Und wenn schon eine Gruppe von Leuten vor der Bühne steht, ist es nur eine Frage der Zeit, bis sich weitere Zuschauer dazugesellen. Die Menge wird immer größer.

Ich fand diese Idee damals klasse, der Kunde auch. Dieses Puzzle war der Köder. Der Materialwert eines solchen Geduldspiels liegt bei einigen Cent. Um den ging es uns aber auch nicht. Wir hatten beschlossen, den Geschenken einen »unsichtbaren Wert« zu geben. Der – und das ist wichtig – muss dem anderen jedoch unbedingt bekannt sein.

Also wurde das Standpersonal angehalten, das Denkspiel mit folgenden Worten zu verschenken: »Versuchen Sie ruhig einmal, die Metallteile voneinander zu lösen. Sobald Sie den Trick kennen, geht es ganz leicht. Während des Auftritts wird die Lösung bekannt gegeben. Dieses Puzzle können Sie dann mit Ihren Freunden und Geschäftskunden teilen. Es zaubert ein Lächeln auf die Gesichter Ihrer Zuschauer und man wird sich an Sie erinnern. Bleiben Sie einfach bis zur Show.«

Die letzten beiden Sätze waren der Schlüssel. Das war der Wert: Freude teilen und in Erinnerung bleiben.

An dieser Stelle möchte ich erwähnen, dass es Ende der 90er-Jahre noch kein YouTube gab. Die Standbesucher konnten also nicht einfach so die Lösung suchen. Ob Sie es glauben oder nicht, nach einigen Stunden sind Leute extra an den Stand gekommen, um ein solches Geduldspiel zu bekommen. Die Nummer hatte sich ganz schnell rumgesprochen. Es kamen Leute an den Stand, die sonst wahrscheinlich vorbeigelaufen wären. Und das wegen eines Geduldspiels für ein paar Cent.

Das ist die Kraft des richtigen Köders.

Gut, das ist inzwischen über 20 Jahre her. Ich denke aber, Sie verstehen, worauf ich hinauswill.

REZIPROZITÄT

Neben der Neugier hat eine andere Methode dafür gesorgt, dass die Beschenkten am Stand geblieben sind: der Grundsatz der Reziprozität. Er besagt, dass wir uns für Gefälligkeiten wie Geschenke oder Einladungen zu revanchieren haben. Es ist ein mentales Gesetz. Wenn wir ein Geschenk ohne irgendeine Gegenleistung annehmen, fühlen wir uns wie Schnorrer. Aus diesem Grund ist der Grundsatz der Reziprozität eine starke Methode der Manipulation und Einflussnahme.

Ich habe hiervon zum ersten Mal in dem Buch *Die Psychologie des Überzeugens* von Robert Cialdini gehört, *dem* Klassiker bei diesem Thema. Cialdini ist Professor für Psychologie und hat einen Lehrstuhl an der Arizona State University. Außerdem ist er Gründer des Unternehmens Influence at Work. Richard Thaler (Sie wissen schon, der mit den Nudges und dem Endowment-Effekt) schreibt über Cialdini: »Viele haben Danny Kahneman den bedeutendsten lebenden Psychologen genannt und ich würde dem kaum widersprechen, aber ich glaube, man kann durchaus sagen, dass Cialdini der Psychologe mit der größten Breitenwirkung ist.«

Cialdini hat sechs Prinzipien der Beeinflussung herausgearbeitet:

- Reziprozität
- Commitment und Konsistenz
- Soziale Bewährtheit
- Sympathie
- Autorität
- Knappheit

Widmen wir uns hier der Reziprozität und wie sie – ich zitiere Cialdini – »als Waffe eingesetzt werden kann«. Er beschreibt in diesem Zusammenhang einen Versuch des Psychologen Dennis Regan aus dem Jahr 1971. Unter dem Vorwand, an einer Untersuchung zum Thema »Kunstverständnis« teilzunehmen, wurden Versuchspersonen eingeladen, um gemeinsam mit einem anderen Teilnehmer in Zweier-Teams die Qualität von Bildern zu beurteilen. In Wirklichkeit war nur eine Person wirklich beteiligt. Sie ahnen es schon: Die zweite Versuchsperson namens Joe war in Wirklichkeit ein Mitarbeiter Regans. Joe hat jetzt den Teilnehmern einen einfachen Gefallen getan. Er verließ kurz den Raum und kehrte mit zwei Flaschen Cola zurück. Eine für sich und eine für den Teilnehmer. Er sagte: »Ich habe den Versuchsleiter gefragt, ob ich mir eine Cola holen kann, und er hatte nichts dagegen, da habe ich Ihnen auch gleich eine mitgebracht.« Das hat er nicht bei allen Teilnehmern gemacht, bei einigen ist Joe ohne Cola zurück in den Saal gegangen. Später, nachdem Joe und der Teilnehmer die Bilder analysiert hatten, hat Joe seine jeweiligen Partner um einen Gefallen gebeten. Er sagte, er verkaufe Lose, der Hauptgewinn sei ein Auto. Wenn er mehr Lose als die anderen Losverkäufer verkaufen würde, bekäme er eine Prämie von 50 Dollar. Ein Los kostet 25 Cent und »jedes Los ist eine Hilfe«.

Das Ergebnis: Die Teilnehmer der Untersuchung, denen Joe einen (ungebetenen) Gefallen getan hatte, kauften doppelt so viele Lose. Der Auslöser für dieses Verhalten war das Gefühl, Joe nach der Cola etwas schuldig zu sein.

Das ist die Macht der Reziprozität. Sie beschränkt sich nicht nur auf Personen. Auch große Organisationen handeln so. So hat zum Beispiel 1985 das äthiopische Rote Kreuz nach einem Erdbeben in Mexiko einen Betrag von 5000 Dollar an Mexiko gespendet. Damals war Äthiopien eines der hilfsbedürftigsten Länder der Welt. Dennoch diese Spende.

Warum?

Aufgrund der Reziprozität. Im Jahr 1935 hatte nämlich Mexiko Geld an Äthiopien gespendet.

Zwei Tatsachen sind bei dieser Regel besonders wichtig.

Erstens: Wie wir am Beispiel mit Äthiopien und Mexiko sehen, hält das Gefühl der Verpflichtung für lange Zeit an.

Und zweitens – was noch bedeutender ist – greift die Reziprozitätsregel sogar dann, wenn der andere uns nicht sympathisch ist.

Für diejenigen, die Joe einen Gefallen schuldeten, war es völlig gleichgültig, ob sie ihn mochten oder nicht. Das Gefühl der Verpflichtung war stärker als das Gefühl der Sympathie oder Antipathie. Joe hatte ihnen einen Gefallen getan, und den wollten die Teilnehmer so nicht ohne Gegenleistung stehen lassen. Diejenigen, die später sagten, dass sie Joe nicht mochten, kauften genauso viele Lose wie diejenigen, die aussagten, dass sie ihn nett fanden.

Das Prinzip ist so schlagkräftig, dass Cialdini es als »Power-Regel« bezeichnet. Sie bewirkt in vielen Fällen, dass einem Wunsch entsprochen wird, der ohne vorausgegangenen Gefallen sicher abgewiesen worden wäre.

Das bedeutet, dass Manipulatoren ihre Chancen, dass wir tun, was sie wollen, immens steigern können, wenn sie uns einen kleinen (und meistens ungebetenen) Gefallen tun, bevor sie ihren wahren Wunsch äußern!

Die Methode ist auch deshalb so manipulativ, weil sie lediglich unserem Joe die Kontrolle in die Hand gibt.

Nur er entscheidet, wem er welchen Gefallen tut und welche Gegenleistung er dafür fordert.

Natürlich können wir das Angebot auch ablehnen. Das Hinterhältige an der Sache ist nur, dass uns genau das so unglaublich schwerfällt, weil wir uns beim Zurückweisen einer solchen Gefälligkeit gewöhnlich nicht wohlfühlen. Cialdini bezeichnet diesen kulturellen Druck als »Verpflichtung zur Annahme«. Genau diese Verpflichtung macht uns die Ablehnung so schwer, denn wir wollen ja nicht verweigernd und ablehnend rüberkommen. Aus diesem Grund schränkt die Power-Regel unseren Handlungsspielraum stark ein und gibt dem anderen die Macht.

Die Regel gilt überall, wo Menschen miteinander verhandeln. Also auch in der Politik. Da hier viele Entscheidungen von großer Tragweite getroffen werden, die sich auf sehr viele Menschen auswirken, ist ihre Anwendung speziell in diesem Bereich besonders bedrohlich.

Unsere Volksvertreter unterstreichen immer wieder, dass sie sich in ihren Entscheidungen nicht von der Industrie beeinflussen lassen, sondern stets das Wohl des Volkes im Sinn haben. »Verzeihen Sie, wenn ich als Vertreter der Wissenschaft darüber lache«, so Cialdini. Und weiter:

Nüchterne und gewissenhafte Wissenschaftler wissen es besser. Ein Grund dafür ist, dass diese »cleveren, reifen, gewieften Männer und Frauen, die an der Spitze ihres (wissenschaftlichen) Fachs stehen«, die Erfahrung machen mussten, dass sie selbst so anfällig für derartige Einflüsse sind wie alle anderen auch.

Cialdini führt eines von vermutlich unzähligen Beispielen an, in dem eine Studie durch Zuwendungen an die Wissenschaftler in ihrer Aussage erheblich beeinflusst wurde. Es ging um Medikamente, die bei Herzerkrankungen eingesetzt werden, so genannte Kalziumkanalblocker.

Eine Studie hat gezeigt, dass 100 Prozent (!) der Wissenschaftler, die Ergebnisse zum Vorteil der Kalziumkanalblocker veröffentlicht hatten, vorab gewisse Zuwendungen von der Pharmaindustrie erhalten hatten (Reisen, Spenden für die Forschung, Posten). Diejenigen Forscher, die sich kritisch äußerten, waren zuvor nicht so großzügig bedacht worden. Von ihnen hatten nur 37 Prozent derartige Zuwendungen erhalten.

Ich denke, wenn Wissenschaftler, die zu kritischem Denken ausgebildet wurden und zweifellos intelligent und scharfsinnig sind, auf die Power-Regel reinfallen – also das Gefühl haben, sich für einen erhaltenen Gefallen revanchieren zu müssen –, werden unsere Politiker davon nicht frei sein.

Auch hierzu habe ich eine schöne Untersuchung entdeckt: Diejenigen Kongressabgeordneten, die im Wahlkampf 2003 am meisten Geld von Lobbyisten erhalten hatten, stimmten anschließend mit siebenfach höherer Wahrscheinlichkeit zugunsten der Gruppen, die sie zuvor so freundlich »beschenkt« hatten. Das führte dazu, dass genau diese Gruppen 83 Prozent der für sie wichtigen Abstimmungen für sich entscheiden konnten.

Natürlich gelten diese Regeln nur in den USA!

Hier in Deutschland sind wir da natürlich viel weiter – so etwas wäre hier selbstverständlich undenkbar, oder?

Cialdini schreibt dazu: »Gewählte und ernannte Funktionäre betrachten sich oft als immun gegenüber Regeln, die für uns Normalsterbliche gelten – Parkverbote und dergleichen. Ihnen dies abzunehmen ist, wenn es um die Reziprozitätsregel geht, nicht nur dumm, es ist gefährlich.«

DOPPELZÜNGIGE WIEDERAUFNAHME

Das ist eine schöne Variation der Reziprozitäts-Power-Regel. Sie wird auch »Neuverhandeln nach Zurückweisung« oder auch »Tür-ins-Gesicht-Taktik« genannt. Und die geht so: Stellen Sie sich vor, ein Mann möchte eine Frau zu einem Drink einladen.*

Ob die Frau der Bitte nachkommt, weiß er nicht.

Anstatt sie jetzt mit der Bitte direkt anzusprechen, wendet er folgenden Trick an. Er fragt sie, ob sie mit ihm einmal zu Abend essen würde. Nachdem Sie erwartungsgemäß Nein gesagt hat, fragt er, ob sie denn wenigstens etwas mit ihm an der Bar trinken würde.

Das Getränk an der Bar war sein ursprüngliches Ziel. (Angenommen, Sie sagt Ja zum Abendessen, ist das natürlich noch schöner.)

* Selbstverständlich kann auch eine Frau planen, einen Mann zu einem Drink einzuladen. Oder ein Mann einen Mann und eine Frau eine Frau. Und natürlich auch eine intersexuelle Person (divers) einen Mann und eine intersexuelle Person (divers) eine Frau und eine intersexuelle Person (divers) eine andere intersexuelle Person (divers). Und eine Frau eine intersexuelle Person und ein Mann eine intersexuelle Person.

Durch die vorangegangene »große« Bitte hat er seine Chancen auf Erfolg deutlich erhöht.

Ich gebe Ihnen noch ein Beispiel: Mein Sohn fragte mich kürzlich, ob er bis 3.00 Uhr auf einer Party bleiben dürfe. Er ist 16. Also habe ich erwartungsgemäß verneint. Als er dann fragte, ob er denn bis 0.00 Uhr bleiben dürfe, habe ich dem zugestimmt. (Wohl wissend, welchen Trick er angewendet hat – aber so viel Talent muss meines Erachtens belohnt werden.)

Der Trick ist so einfach wie praktisch: Der Manipulator bittet sein Gegenüber um einen Gefallen, der wahrscheinlich nicht erfüllt wird. (Das Abendessen oder die Party bis 3.00 Uhr.)

Nachdem die Bitte zurückgewiesen wurde, macht er einen kleineren Vorschlag – denjenigen, den er von Anfang an im Sinn hatte.

Diese zweite Bitte wird als Zugeständnis des Manipulators betrachtet.

Jetzt greift die Power-Regel.

Wenn der andere nämlich ein Zugeständnis macht, dann fühlen wir uns verpflichtet, das zu erwidern. Und zwar mit einem Zugeständnis unsererseits: der Erfüllung des zweiten Vorschlags.

Neben der Konzession, also der Erfüllung der zweiten Bitte nach der Zurückweisung der ersten, greift bei dieser Methode noch ein weiterer Grundsatz.

Die doppelzüngige Wiederaufnahme ist nämlich eine Kombination aus Reziprozität und Kontrastprinzip. Genauer: Neben der ersten Bitte sieht die zweite nicht so groß aus. Der Kontrast ist gut erkennbar. Neben dem Abendessen ist der Drink an der Bar vergleichsweise harmlos. Neben 3.00 Uhr erscheint 0.00 Uhr fast schon früh zum Heimkehren.

Dieselbe Methode wendet ein guter Verkäufer an, wenn er Ihnen erst ein sauteures Produkt zeigt und dann ein im Vergleich viel günstigeres. Das hört sich so einfach an, als könne es unmöglich funktionieren.

Tatsächlich funktioniert es erstaunlich gut.

Für ein Beispiel im Internet musste ich noch nicht mal eine Minute suchen. Während ich diese Zeilen schreibe, habe ich in einem anderen

Fenster auf meinem Monitor einmal die Website eines in Deutschland viel beachteten Online-Vertriebstrainers geöffnet. Sofort springt mich folgendes Angebot an: »Vertriebsoffensive Digital – statt 199 Euro *nur* 49 Euro«. Und direkt daneben der Button mit »Ja, ich will das Ticket für *nur* 49 Euro«.

Ich bin dann mal auf eine Website eines anderen Speakers. Dort sehe ich dann, dass ein Kurs statt 195 Euro *nur* 95 Euro kostet.

Da stehen viele »nur«, finde ich.

Ich sitze insofern mit einer Backe im Glashaus, als ich selbst Onlinekurse und -produkte anbiete. Ich habe auch Eröffnungsangebote gemacht und die Kurse in Aktionen günstiger angeboten.

Aber das Kontrastprinzip so plump anzuwenden war mir stets zu offensichtlich. Es fehlt die Eleganz. Es ist augenscheinliche Manipulation.

Jeder weiß doch, dass der hohe Preis willkürlich gewählt ist.

Ich kann mich noch an lebhafte Diskussionen mit meinen Social-Media-Mitarbeitern erinnern, die mir dringend geraten haben, das auch so zu machen und das Kontrastprinzip zu nutzen. Ich habe mich in den meisten Fällen dagegen entschieden.

Bei der doppelzüngigen Wiederaufnahme kommt eine weitere schwerwiegende Eigenschaft ins Spiel: Diejenigen, die damit manipuliert wurden, fühlen sich gewöhnlich nicht im Geringsten manipuliert, sondern im Gegenteil sogar stärker verantwortlich für das Einhalten der Vereinbarung. Eine betreffende Studie über Verkaufsstrategien hat ergeben, dass das Gefühl der Verantwortlichkeit für das Zustandekommen des Deals sogar zu mehr Zufriedenheit führt und zusätzlich die Bereitschaft erhöht, den Artikel ein weiteres Mal zu kaufen.

An dieser Stelle möchte ich Sie ganz kurz darauf hinweisen, dass Sie für dieses Buch statt 199 Euro *nur* 19,99 Euro gezahlt haben!

Gern geschehen.

12

IM HERZEN SIND WIR LEMMINGE: SOZIALE BEWÄHRTHEIT

Mein erstes Abendprogramm zeigte ich im April 2005 im Kaisersaal in Erfurt. Kurz zuvor, Anfang Januar, war meine erste eigene TV-Sendung *Der Gedankenleser* auf Sat.1 ausgestrahlt worden. Nach der Sendung hat eine Agentur angerufen und mich gefragt, ob ich auch in Theatern ein eigenes Abendprogramm spielen möchte. Davor war ich ausschließlich auf Kongressen, Firmenfeiern und Abendveranstaltungen unterwegs gewesen.

Ich kann mich noch gut erinnern, wie ich mit meiner Frau besprochen habe, ob ich das überhaupt machen soll. Schließlich war unsere erste Tochter damals erst knapp zwei Jahre alt. Es war klar, dass ich viel unterwegs sein würde. Ich hatte zwar jede Menge Material, aber eben kein Abendprogramm.

Es ist ein sehr großer Unterschied, ob ich 45 Minuten auf einem Kongress etwas zeige oder zweimal eine Stunde ein eigenes Abendprogramm in einem Theater auf die Beine stelle.

Um ein eigenes Programm zu schreiben und zu proben, hatte ich nur ein paar Wochen Zeit.

Wie ich nun mal bin, habe ich mich dafür entschieden.

So eine Möglichkeit wollte ich keinesfalls ungenutzt verstreichen lassen. Schließlich war genau das immer ein Traum von mir gewesen.

Und ich war ja alles andere als unvorbereitet.

Ich glaube, es war der Sänger Harry Belafonte, der in den USA über Nacht zum Star wurde und dann von einem Reporter gefragt wurde, wie es sei, über Nacht berühmt zu werden. Seine Antwort: »Auf diese eine Nacht habe ich mich 20 Jahre vorbereitet.« Solche Menschen haben mich immer schon inspiriert.

Ich habe also ein paar Wochen lang wenig geschlafen, dafür aber umso mehr geschrieben und geprobt. Das kannte ich schon von anderen Projekten als Gedankenleser. Vor großen Messeauftritten oder wichtigen Firmengalas war das bis dahin auch schon öfter so. That's Showbiz. Und auch danach kamen solche Phasen immer wieder. Genau das mag ich an dem Beruf auch so gerne.

Die Premiere war also im April im wunderschönen barocken Kaisersaal in Erfurt. Die Show war Wochen zuvor schon innerhalb eines Tages restlos ausverkauft. Meine Frau und ich sind bereits am Morgen angereist, die Tochter hatten wir zur Großmutter gebracht. Freunde aus ganz Deutschland waren mit dem Zug angereist. Es war unglaublich.

Ein eigenes Technikteam hat ab Mittag Licht und Ton installiert und den Beamer zum Laufen gebracht.

Gegen 18.00 Uhr habe ich meine Requisiten vorbereitet und mich auf meinen ersten eigenen Abend vorbereitet – einen Abend mit dem »Gedankenleser« Thorsten Havener.

Showtime war 20.00 Uhr. Ich weiß noch, dass ich erstaunlich ruhig war. Aber Lampenfieber war für mich noch nie ein allzu großes Thema. Ich nehme es an und dann geht es meistens auch schon wieder. Dennoch war ich natürlich nervös. Es war allerdings mehr wie eine Vorfreude. Ähnlich hatte ich mich als Kind immer kurz vor der Bescherung an Weihnachten gefühlt. Auch daran hat sich seither nicht viel geändert.

Die ersten Zuschauer kamen gegen 19.00 Uhr und versammelten sich im Foyer. Ich fragte meinen Manager, ob wir denn nicht die Türen für den Saal öffnen sollten. »Auf keinen Fall«, erwiderte er. »Wir machen erst ganz knapp vor Showbeginn auf. Frühestens um 19.45 Uhr.«

»Aber dann stehen die Leute ja bis auf die Straße!«

Mein Manager lächelte: »Genau!«

Da fiel bei mir der Groschen. Das war der Plan.

Stellen Sie sich mal vor, Sie gehen an einem Theater vorbei. Vor dem Theater steht eine große Menschenmenge und alle wollen da rein. Ist das Programm, das dort gezeigt wird, gut oder nicht? Wenn so viele Leute sich das anschauen, dann muss das ja schon was sein, oder?

Das ist ein ganz praktisches Beispiel für das Prinzip der sozialen Bewährtheit: »Je mehr Leute eine bestimmte Idee für richtig halten, umso mehr nimmt der Einzelne die Idee als richtig wahr«, so Cialdini in *Die Psychologie des Überzeugens*.

Ich glaube nicht, dass mein damaliger Manager Cialdini gelesen hatte. Er machte das intuitiv. Und es zahlte sich aus. Das Interesse an der Abendkasse war so groß, dass noch am selben Abend ein zweiter Termin vereinbart wurde.

Das Prinzip ist so einfach wie wirksam. Wenn wir uns nicht entscheiden können, dann schauen wir in der Regel, was andere in unserer Situation tun, und orientieren uns an deren Verhalten. Das geht so weit, dass wir Sitcoms lustiger finden, wenn Lachkonserven eingespielt werden. Wenn andere das lustig finden, dann finden wir das ebenfalls lustig. Der Knaller dabei: Es funktioniert sogar, obwohl wir wissen, dass es sich bei den Lachern um künstliche Lacher handelt! Genau hier liegt die Tücke dieser Methode. Sobald wir uns an anderen orientieren, reagieren wir reflexhaft. Das macht die Sache so manipulativ.

Das Prinzip wird auch in Bereichen angewendet, in denen wir es im ersten Moment nicht vermuten würden. Wenn zum Beispiel ein Straßenzauberer auf einem Markt auftritt und in seinem Hut liegen schon einige 5-Euro-Scheine, legen mehr Zuschauer auch 5-Euro-Scheine in den Hut. Das weiß ich von einem Freund von mir, der jahrelang als Straßenzauberer durch Europa gereist ist. Er hat das irgendwann mal ausprobiert und einfach vor der Vorstellung schon Geld in den Hut gelegt. Ohne am Programm irgendetwas zu ändern, hat er schlagartig viel mehr verdient als davor.

Er hat sich dann weiter mit ähnlichen Methoden beschäftigt und später ausschließlich folgende Technik benutzt: Er hat parallel während der Vorführung einen Assistenten mit dem Hut durch die Menge laufen lassen. Durch diese Verfeinerung hat er so viel mehr verdient, dass er mit dem Assistenten 50 : 50 geteilt hat. Mich hat das verwundert. Schließlich hat er jahrelang geprobt und die Zuschauer sind ja nur wegen ihm und seiner Straßenshow stehen geblieben.

Mit dem Hut dagegen kann jeder nach kürzester Einweisung losziehen.

Er hat mir zugestimmt, aber auch erklärt, dass er weitaus mehr als doppelt so viel verdient, wenn der Assistent *während* der Show schon durch die Menge geht, als wenn er es nach der Show selbst macht. Auch hier kommt das Prinzip zur Anwendung. Die Zuschauer sehen, dass andere Zuschauer Geld in den Hut legen (in dem vorher schon einige Scheine lagen), und machen das dann ebenfalls.

Ich habe meinen Freund dann gefragt, wie er denn auf diese großartige Idee gekommen sei. Seine knappe Antwort: »Bei einem Gottesdienst.«

Ich habe noch ein Beispiel für Sie. 1991 war ich in Las Vegas, um dort vor Ort das Showbiz zu studieren. Ich habe mir eine Woche lang mindestens zwei Shows pro Abend angesehen, meistens sogar drei. Eine der besten Shows war vom großartigen Zauberkünstler Lance Burton, der damals im Hacienda Casino auftrat. Das Hacienda gibt es nicht mehr und Lance Burton tritt auch nicht mehr auf.

Ich werde alt.

Neben einer großartigen Show ist mir auch das Finale noch in bester Erinnerung. Zur Verabschiedung ging Lance Burton ins Publikum und schüttelte den Zuschauern in der ersten Reihe die Hände. Ich weiß das deshalb so genau, weil ich einer der Zuschauer in der ersten Reihe war. Während er also auf mich zukam und mir die Hände schüttelte, beugte er sich ein Stückchen vor, nickte mit dem Kopf und sagte leise, aber sehr deutlich: »Standing Ovations, okay?« Natürlich sind einige der so angesprochenen Gäste der Bitte nachgekommen und aufgestanden. Sobald einige Gäste in der ersten Reihe standen, machten das andere Gäste weiter hinten auch – die Welle lässt sich dann fast nicht mehr aufhalten.

So kann man sich auch Standing Ovations erarbeiten.

Ich fand das zwar sehr professionell, aber auch ein wenig billig und einem so großen Künstler nicht angemessen. Dennoch, es hat funktioniert: Hunderte von Leuten standen und klatschten. Und nur ungefähr 20 kannten den wahren Grund dafür.

Auch bei Spenden wird das Prinzip gerne genutzt. Wenn Sie sich einmal gefragt haben, warum während TV-Spendengalas die Namen der Spender unten durchs Bild laufen – jetzt kennen Sie den wahren Grund. Wir sehen das und denken: »Wenn so viele einen kleinen Betrag spenden, dann muss das richtig sein.« Es ist jetzt nur noch ein sehr kleiner Schritt zu: »Dann mache ich das auch.«

Auch im Bereich Social Media finden wir die Methode. Je mehr Follower jemand hat, desto glaubwürdiger erscheint er uns. Auch wenn wir wissen, dass es bei Social Media viele Tricks und Möglichkeiten gibt, schlagartig reichlich Follower zu gewinnen, suggeriert uns eine große Zahl von Followern, dass das, was der betreffende Mensch zu sagen hat, wohl bedeutend und richtig sein muss. Und je mehr Leute dem betreffenden Account folgen, desto richtiger kommt uns der Inhalt vor.

Das Prinzip der sozialen Bewährtheit basiert auf einer einzigen Emotion: Unsicherheit.

Sobald wir nicht sicher sind, was zu tun ist, schauen wir, wie andere sich verhalten. Und dieses Verhalten nehmen wir als Kompass für unsere eigenen Handlungen.

Cialdini beschreibt in diesem Zusammenhang, wie der Einkaufswagen erfunden wurde. 1934 besaß der Kaufmann Sylvan Goldman mehrere Lebensmittelgeschäfte. Beim Beobachten der Kunden hat er bemerkt, dass seine Kunden den Einkauf beendeten, sobald ihnen ihre Einkaufstaschen zu schwer wurden. Er hatte die Idee, einen Klappstuhl mit zwei Rollen und einem Metallkorb auszustatten, und hat so den Prototyp des Einkaufswagens erfunden. Dieser Rollenwagen war jedoch zunächst so befremdlich, dass kein Mensch ihn benutzen wollte. Dabei hat Goldman so viele davon zusammenzimmern lassen, dass in den Geschäften reichlich davon zur Verfügung standen und sie auch nicht zu übersehen waren. Goldman hat auch Schilder aufhängen lassen, auf denen gezeigt und erklärt wurde, wie die Wagen funktionieren und wofür sie gut sind. Aber die Leute kannten so etwas nicht und waren unsicher. Goldman war kurz davor, die Idee zu verwerfen, als er einen – wie sich später herausstellte – großartigen Einfall hatte: Er engagierte Fake-Kunden, die nur dafür bezahlt wurden, mit diesen Wagen durch die Geschäfte zu rollen und so zu tun, als würden sie mit ihnen einkaufen. Plötzlich machten die echten Kunden das dann auch und die Idee Goldmans wurde ein weltweiter Erfolg.

Dieses Umschauen nach dem Verhalten anderer ist menschlich und gibt uns Sicherheit.

Es hat aber eine große Kehrseite, die zwar auf der Hand liegt, die wir aber in vielen Situationen ausblenden: Die anderen sind wahrscheinlich genauso unsicher und schauen sich ebenfalls um.

Das ist der Grund für den sogenannten Bystander-Effekt. Das ist das Phänomen, dass bei Unfällen oder auch Gewaltverbrechen in der Öffentlichkeit keiner eingreift. Eine Frau (oder natürlich auch ein Mann oder Diverse) wird in der Öffentlichkeit angegriffen. Jetzt wird's paradox: Je mehr Menschen dabei anwesend sind, desto höher ist die Wahrscheinlichkeit, dass keiner eingreift. Alle sind unsicher und schauen, was die anderen machen. Wenn jetzt niemand eingreift, fühlt sich keiner verantwortlich. Im Gegenteil. Je mehr Menschen untätig dabeistehen, desto weniger wird die Situation als Notfall wahrgenommen (weil ja gerade alle nur zusehen) und desto geringer wird die Chance, dass jemand eingreift.

Verrückt, oder?

Aus diesem Grund ist es auch viel wirksamer, wenn das Opfer »Feuer« anstatt »Hilfe« schreit. Weil Feuer alle betrifft und dann kommen wir schneller ins Handeln. Eine zweite sehr durchschlagende Wirkung hat es, wenn das Opfer nicht einfach hilflos stehen bleibt, bis es zu spät ist, sondern gezielt EINE Person aus der Masse anspricht.

Anstatt also zu rufen: »Hilfe! Kann mir irgendjemand helfen?« (was im Zweifel überhaupt nichts bringt), besser: »Sie, mit der grünen Jacke, rufen Sie sofort die Polizei und Sie, mit dem gelben T-Shirt, helfen Sie mir hier!« Sobald jetzt einer hilft, ist das Eis meistens gebrochen und mehrere Menschen greifen ein.

Die Situation ist klarer, die Unsicherheit nimmt ab.

Falls Sie einmal in einer Menschenmenge in Not geraten, kann dieses Wissen überlebenswichtig sein. Verlassen Sie sich nicht darauf, dass irgendwer eingreift, sondern sprechen Sie einzelne Personen so gezielt wie möglich an und geben Sie ganz präzise Handlungsanweisungen.

Neben der Unsicherheit gibt es ein weiteres wichtiges Merkmal für soziale Bewährtheit: die Ähnlichkeit. Am liebsten beobachten wir in Situationen, in denen wir uns unsicher fühlen, Personen, die so sind wie wir selbst. Das Verhalten von Personen, die uns gleichen, ist uns die liebste Richtschnur für die Angemessenheit unserer Handlungen.

Die Forscher Michael D. Basil und R. Kelly Aune haben das Mitte der 90er-Jahre in einer Studie nachgewiesen. Sie haben auf einem Uni-Campus Spenden gesammelt und herausgefunden, dass die Sammler mehr als doppelt so viel Geld gesammelt haben, wenn sie eine gemeinsame Eigenschaft zwischen sich und den Studenten angesprochen haben. Es hat gereicht, zu sagen, dass sie auch an derselben Uni studieren.

Wenn wir das Gefühl haben, eine andere Person ist uns ähnlich, dann suchen wir uns aufgrund der sozialen Bewährtheit diese Person als Vorbild für unser Verhalten, wenn wir unsicher sind.

Eltern kennen das. Wir können uns den Mund fusselig reden und nichts passiert. Sobald jedoch ein gleichaltriger Freund was sagt, wird es gemacht. Ich kann mich noch gut erinnern, dass unsere mittlere Tochter als kleines Kind keinen Brokkoli gegessen hat. Das ist nicht weiter ungewöhnlich, die wenigsten Kinder essen Gemüse. Da helfen auch die schönen Elternsprüche nichts. Umso überraschter war ich, als sie sich eines Abends selbst Brokkoli auf ihren Teller tat und ihn auch noch aufgegessen hat. Als ich sie danach fragte, wie sie denn auf die Idee gekommen sei, das auszuprobieren, sagte sie, dass eine Freundin aus dem Kindergarten ihr gesagt hätte, dass Brokkoli cool sei. Das hat zwar leider nur an dem einen Abend geklappt (inzwischen isst sie wieder kaum Gemüse), aber immerhin.

In einem Versuch wurde Kindern mit Angst vorm Zahnarzt ein Film gezeigt, in dem andere Kinder vom Zahnarzt behandelt werden und diese Behandlung harmlos und friedlich verläuft. Der Film hat nur bei denjenigen Kindern die Angst reduziert, die genauso alt waren wie die Kinder im Film.

Das Herstellen von Ähnlichkeit ist eine sehr starke Methode, um eine schnelle Verbindung zu anderen Menschen zu schaffen. Wenn ich sehe, dass eine Person eine Kette mit einer kleinen Waage trägt (was die betreffende Person in den meisten Fällen vergessen hat, weil sie die Kette schon so lange trägt), dann sage ich oft, dass ich Sternzeichen Waage bin. Meistens kommen wir sofort ins Gespräch. Das können Sie auch nutzen, um ein Gefühl der Verbundenheit herzustellen. Nehmen Sie in dem Fall allerdings am besten Ihr eigenes Sternzeichen.

Ein sehr starkes Beispiel hierfür habe ich vor einigen Monaten auf YouTube gesehen. In dem kurzen Film *Step inside the Circle* hat die amerikanische TV-Produzentin Fritzi Horstman im Februar 2020 ein Hochsicherheitsgefängnis in Kalifornien besucht. Dort hat sie 253 Häftlinge gebeten, sich in einem weiten Kreis aufzustellen. Dann hat sie sich in die Mitte des Kreises gestellt und Fragen bzw. Aussagen vorgelesen:

> *Wenn du in den ersten 18 Jahren deines Lebens durch deine Eltern oder andere Mitglieder deines Haushalts oft oder sehr oft erniedrigt, verflucht oder beleidigt wurdest, dann geh einen Schritt weiter in den Kreis.*

Praktisch jeder der Häftlinge geht einen Schritt nach vorne.

> *Wenn deine Eltern oder ein anderes Mitglied deines Haushalts dich oft oder sehr oft geschubst, am Kragen gepackt oder geschlagen oder etwas nach dir geworfen haben, dann geh einen Schritt weiter in den Kreis.*

Wieder gehen fast alle einen Schritt nach vorne.

> *Wenn du das Gefühl hattest, niemand in deiner Familie liebt dich, du bist nicht wichtig und nichts Besonderes, dann geh einen Schritt weiter in den Kreis.*

So geht das noch ein paar beklemmende Fragen lang und am Ende steht praktisch jeder der Inhaftierten direkt vor der zierlichen Frau.

Man sieht in den Gesichtern der Häftlinge, dass schnell ein Gefühl der Gemeinsamkeit entsteht.

Darauf versammeln sich alle in einem Raum. Als Erstes stellt Fritzi Horstman sich vor und erzählt, dass sie als Jugendliche dieselben Erfahrungen gemacht hat. Sofort ist sie »eine von ihnen« und hat einen ganz anderen Zugang zu den Häftlingen.

Ich kann mir gut vorstellen, dass die Häftlinge nach diesem Erlebnis anders miteinander umgehen als davor.

Der Schlüssel: Sie haben Gemeinsamkeiten untereinander festgestellt.

Cialdini wiederum erzählt die Geschichte eines Freundes, der als Student Bibellexika an Haustüren verkauft hat.

Er konnte seine Verkäufe erheblich steigern, wenn er den potenziellen Kunden erzählt hat, dass andere Kunden die Bücher gekauft hatten, ihren Kindern daraus vorlasen.

Seine wöchentlichen Verkäufe lagen am Anfang bei 550,80 Dollar.

In seinen Verkaufsgesprächen hat er bemerkt, dass er weniger Exemplare verkauft hat, wenn er zum Beispiel einer Hausfrau von einem Paar erzählt hat, das ein Buch gekauft hat. Sie wollte den Kauf daraufhin mit ihrem Mann beraten.

Hat er aber einer Hausfrau von anderen Hausfrauen erzählt, die ein Exemplar gekauft hatten, war das nicht mehr der Fall.

So hat er begonnen, Hausfrauen nur von den Käufen anderer Hausfrauen zu erzählen, Ehemännern nur von Käufen anderer Ehemänner und Paaren nur von Käufen anderer Paare. Daraufhin hatte er einen wöchentlichen Umsatz von 1209,15 Dollar.

Das ist die Macht der Kombination von sozialer Bewährtheit und Ähnlichkeit.

Überlegen Sie doch einmal, wo Sie dieses Prinzip täglich in Aktion sehen. Das geht über die Kundenbewertungen bei Amazon bis zu den Rezensionen bei Online-Buchungsportalen. Solche Rezensionen sind in vielen Fällen von Bekannten und Freunden geschrieben, das ahnen und wissen wir. Es gibt sogar Agenturen, die darauf spezialisiert sind, Rezensionen auf Social Media zu schreiben.

Besonders übel finde ich folgenden Trick: Ein mir bekannter »Autor« hat an sämtliche Bekannte und Freunde eine Mail geschickt, in der er seine Bekannten bat, nachts um 2.00 Uhr bei Amazon sein gerade veröffentlichtes Buch zu bestellen. Die Idee dahinter: Nachts bestellt fast niemand. Wenn jetzt gleichzeitig ganz viele Leute bei Amazon ein Buch bestellen, steigt das Buch im Verkaufsranking nach oben. Mit etwas Glück sogar bis auf Platz 1 der Bestseller in der entsprechenden Kategorie. Der betreffende Autor sitzt natürlich nachts um 2.00 Uhr selbst vor seinem Rechner und wartet, bis das Buch entsprechend hochgeklettert ist, und macht dann einen Screenshot. Dabei muss er sich freilich beeilen, denn der Spuk hält ja nicht lange. Es ist ja eine künstlich hergestellte Nachfrage mitten in der Nacht. Das macht aber nichts, denn der Screenshot zeigt einen waschechten Bestseller, und der wird dann auf die Website gestellt und im folgenden Newsletter an die Kunden verschickt.

Auch hier: Dass das Ganze offensichtlich gefälscht ist, macht in den meisten Fällen nichts. Unser mentaler Autopilot sagt uns: Wenn so viele Leute das gut finden, dann muss da was dran sein.

Mindestens eine Ausnahme gibt es in diesem Bereich allerdings: Wenn Sie einen potenziellen Lebenspartner davon überzeugen möchten, dass er eine Beziehung mit Ihnen eingehen soll, dann würde ich ihn nicht damit überzeugen wollen, dass das ganz viele andere vorher auch schon getan haben.

13

WIR BLEIBEN UNS TREU: COMMITMENT UND KONSISTENZ

»Und, was machst du morgen so, an deinem freien Samstag?«

»Ach, ich weiß noch nicht so genau, mal sehen.«

»Ich frage nur, weil ich morgen meine neue Küche bekomme. Kannst du mir da beim Einbau helfen?«

Dieser Dialog hat sich vor vielen Jahren genau so zugetragen.

Ich war der, der noch nicht so genau wusste, was er an seinem freien Samstag macht. Nach dem Wortwechsel wusste ich es ziemlich genau. Ich habe Kisten geschleppt und Türen in Schränke gehängt …

Der Trick des findigen Fragestellers bestand darin, mich zunächst zu einer Antwort zu bewegen (der »Freund« wusste genau, dass ich für den Samstag keine Pläne hatte), die es mir sehr schwer macht, seine Bitte abzuschlagen. Der Grund: Das Zurückweisen der Bitte wäre nach meiner ersten Antwort nicht logisch gewesen. So zu fragen sorgt dafür, dass der Fragende die Wahrscheinlichkeit für ein Ja erheblich erhöht.

Ein weiteres Beispiel habe ich in *Denk doch, was du willst* bereits erwähnt. Da es jedoch so gut passt, wiederhole ich es an dieser Stelle ganz kurz. Kurz vor Weihnachten 1991 klingelte es an meiner Wohnungstür. Ich war kurz zuvor zu Hause ausgezogen und wohnte allein. Vor der Tür stand ein netter Mann, der fragte, ob ich *kurz Zeit* für eine *knappe Befragung* hätte. Die Fragen waren ganz einfach: »Würden Sie einem ehemaligen Straftäter zurück in die Gesellschaft helfen?« oder auch »Verfolgen Sie ab und zu die Nachrichten?«. Welcher 19-Jährige würde hier schon verneinen? Dann war es ganz leicht für ihn, den Sack zuzumachen: »Ich bin ehemaliger Straftäter. Sie würden mir sehr helfen, wenn Sie über mich ein Abo abschließen ...« Nach ein paar Minuten hatte ich gleich drei Illustrierte bestellt und dem Typen sogar noch ein paar selbst gebackene Plätzchen meiner Oma mitgegeben. Ich war dem netten Ex-Straftäter schön auf den Leim gegangen.

Das Prinzip der Methode nennt Cialdini »Commitment und Konsistenz«. Eines unserer zentralen Handlungsmotive ist, konsequent zu erscheinen.

Sobald wir also eine Entscheidung treffen oder auch eine Position vertreten, haben wir das starke Bedürfnis, uns entsprechend konsistent und konsequent zu verhalten.

Psychologen betrachten diesen Drang nach konsistentem und konsequentem Verhalten als eines unserer zentralen psychologischen Motive.

Genau dieser Leitgedanke, nach außen hin zu seinen Entscheidungen zu stehen und konsequent zu erscheinen, ist das Fundament einer der stärksten Waffen der Manipulation. Denn er führt wie in den beiden oberen Beispielen oft dazu, dass wir durch dieses Streben gegen unsere eigenen Interessen verstoßen.

Gewöhnlich ist diese Konsistenz ja auch eine sinnvolle Sache. Wenn wir uns einmal festgelegt haben, verschafft uns das mentale Abkürzungen in einer sehr komplexen und komplizierten Welt. Sobald wir uns über eine Sache klar sind und eine Meinung dazu haben, brauchen wir nicht ständig wieder darüber nachzudenken. Wir haken die Sache ab und machen uns keine Gedanken mehr darüber.

Darin liegt neben der Manipulierbarkeit eine weitere große Gefahr. Wenn wir so denken, beurteilen wir eine Sache nämlich immer aufgrund von Erfahrungen aus der Vergangenheit. Wir treffen Pauschalaussagen und beobachten nicht mehr die aktuelle Situation und Sache. Vielleicht hat sich in der Zwischenzeit ja etwas geändert. Wir sollten immer wieder prüfen, ob sich eine Situation in der Zwischenzeit vielleicht verändert hat.

Aber zurück zur Manipulation.

Die Methode wird nicht nur von einzelnen Menschen, sondern auch von ganzen Industriezweigen eingesetzt. Cialdini schreibt in diesem Zusammenhang von einer Spielzeugfirma, die in einer Werbung zur Weihnachtszeit eine Autorennbahn bewirbt, die es in den Geschäften aber praktisch nicht zu kaufen gibt, weil diese nicht genügend beliefert werden. Mit diesem Trick stellt der Spielzeughersteller sicher, dass er im Frühjahr seinen Umsatz erheblich ankurbelt. Denn die Kinder wünschen sich die Autobahn zu Weihnachten, die Eltern versprechen ihren Kindern die Autobahn. Die ist aber jetzt nicht lieferbar. (Das macht aber nichts, weil der Hersteller ganz andere tolle Spielzeuge liefert …) Dann läuft nach Weihnachten wieder Werbung für die Autobahn. Die wird natürlich von den Kindern gesehen. Jetzt schnappt die Falle zu, denn die Kinder sagen zu ihren Eltern: »Versprochen ist versprochen.« Irre, oder?

Wenn Sie also jemanden dazu bringen möchten, bei seiner Meinung zu bleiben und auch dementsprechend zu handeln, dann sorgen Sie einfach dafür, dass die betreffende Person laut ihre Meinung sagt oder – auch gut – sie irgendwo aufschreibt.

Sobald der Standpunkt einmal klar ist, wird die Person nur sehr schwer gegen diesen Standpunkt handeln können. Denn sobald wir einen Standpunkt eingenommen haben, sind wir sehr bestrebt, diesen Standpunkt weiter zu vertreten, um konsequent zu erscheinen.

In einer Studie, in der Jurys in den USA eine Mehrheitsentscheidung fällen sollten, kam seltener eine klare Entscheidung zustande, wenn die

Mitglieder öffentlich per Hand entscheiden sollten. Sobald geheim per Zettel abgestimmt wurde, waren die Ergebnisse sehr viel deutlicher. Der Grund: Sobald die Mitglieder ihre Meinung vorab im Prozessverlauf einmal öffentlich geäußert hatten, wollten sie sich öffentlich nur sehr ungerne anders entscheiden.

Wenn Sie also in einem Bereich arbeiten, in dem ab und zu Abstimmungen vorgenommen werden, dann können Sie ehrlichere Ergebnisse erhalten, wenn Sie die Abstimmung nicht öffentlich abhalten.

Für das reibungslose Funktionieren der Methode müssen jedoch vier Faktoren erfüllt werden:

- Der Betreffende muss sich aktiv festlegen.
- Er muss es öffentlich tun.
- Er muss es freiwillig tun.
- Und wenn es mit Anstrengung verbunden ist, hilft es auch noch.

Das mit der Anstrengung ist übrigens einer der größten Effizienzkiller.

Haben Sie schon mal eine blöde Serie nur deshalb zu Ende geschaut, weil Sie ja schon über die Hälfte gesehen haben? Oder ein schlechtes Buch nur deshalb zu Ende gelesen, weil Sie schon auf Seite 200 von 320 waren?

Willkommen in der Commitment-Falle. In solchen Momenten denken wir uns: »Jetzt habe ich schon so viel Zeit in diese blöde Serie gesteckt, jetzt will ich auch wissen, wie es ausgeht.« In Wirklichkeit steht zu befürchten, dass die Serie in den nächsten Folgen auch nicht wirklich besser wird – aber wir haben uns schließlich mal festgelegt und haben uns bislang durchgekämpft, da wollen wir auch, dass der Kampf sich gelohnt hat.

Meistens ist das Unsinn und wir verschwenden Zeit.

In der Betriebswirtschaftslehre wird dieses Phänomen auch als »sunk-cost-bias« bezeichnet: »Voreingenommenheit durch versunkene Kosten«.

Eines meiner Lieblingsbeispiele hierzu ist die Concorde.

Das Überschallflugzeug war eine der großen technischen Errungenschaften des letzten Jahrhunderts. Zivilisten konnten damit in weniger als drei Stunden von London nach New York fliegen. Ein gewöhnliches Passagierflugzeug braucht doppelt so lange.

Die Geschichte der Concorde wurde durch einen Unfall im Juli 2000 beendet – und nicht durch die Tatsache, dass das ganze Projekt finanziell ein Fass ohne Boden war.

Über 40 Jahre kostete das Projekt mehr Geld, als es einnahm. Dennoch gaben die Regierungen Englands und Frankreichs immer wieder Geld dafür aus. Dabei war vollkommen klar, dass die Concorde das Geld nie reinfliegen würde. Der Schlüssel für dieses irrationale Verhalten: Commitment und Konsistenz.

Je mehr Geld für das Projekt ausgegeben wurde, desto schwieriger wurde es, das Projekt zu beenden.

Kennen Sie einen Menschen, der schon seit Jahren furchtbar unglücklich in seiner Beziehung lebt und den Partner trotzdem nicht verlässt? Auch hier: Je mehr Anstrengung dieser Mensch bislang auf sich genommen hat, die Beziehung zu retten, desto eher wird er »die Sache dann auch durchziehen« wollen. Damit ist genau diese Masche eine der manipulativsten Praktiken in einer Partnerschaft. Sobald dem gutmütigen Partner nach erneuten Eskapaden des komplizierten Partners ausnahmsweise mal der Kragen platzt, betont der wiederum, dass er den anderen doch trotz allem immer noch liebe und dass beide doch schon sooo viel in ihre Beziehung gesteckt hätten. Das dürfe man doch nicht einfach so aufgeben. Manipulation aus dem Handbuch, denn der Manipulator ändert sein Verhalten gewöhnlich nicht. Und je mehr »Arbeit« in die Beziehung gesteckt wurde, desto stärker zieht die Masche.

Was die Freiwilligkeit angeht: Freiwilligkeit ist einer der wichtigsten Faktoren in der Kindererziehung.

Die Sozialwissenschaft hat bewiesen, dass wir uns für eine Handlung dann besonders verantwortlich fühlen, wenn wir den Eindruck haben, dass wir sie freiwillig durchführen. Aus diesem Grund sind sowohl Belohnungen als auch Strafen nie wirklich überzeugend und führen bestenfalls kurzfristig zum Ziel. Langfristig sind sie nicht wirksam.

Das degradiert Belohnungen oder die Androhung einer Strafe in vielen Fällen zu einer Form der Manipulation, denn für eine langfristige gute Beziehung zu anderen Menschen sind sie nicht zu gebrauchen.

Der Wissenschaftler Jonathan Freedman zeigte das bereits 1965 in einer Untersuchung an der Stanford-Universität. Er wollte wissen, ob Jungen durch eine Drohung davon überzeugt würden, nicht mit einem attraktiven Spielzeug zu spielen. Hierzu hat er Jungen im Grundschulalter fünf Spielzeuge gezeigt, darunter einen teuren und sehr interessanten Spielzeugroboter. Dann sagte er, dass es verboten sei, mit dem Roboter zu spielen. Ansonsten drohe eine Strafe. Darauf verließ er den Raum. Von 22 Jungs spielte daraufhin nur einer mit dem Roboter.

So weit, so gut, kurzfristig hat die Drohung funktioniert.

Außerdem wussten die Kinder, dass die Wahrscheinlichkeit, erwischt zu werden, sehr hoch ist. Das war aber auch nicht das Ziel von Freedman.

Er wollte wissen, ob sich die Drohung langfristig auf das Verhalten der Jungen auswirken würde.

Ein paar Wochen später schickte er eine Frau in die Schule der Jungen, um sie dort zu einem anderen Thema zu befragen. Während der Auswertung der Fragen wurden die Jungen in einen Raum mit denselben fünf Spielzeugen geschickt. Jetzt griffen fast alle erst mal zu dem Roboter.

Das war der erste Teil der Untersuchung.

Bei einem zweiten Versuchsaufbau bekamen die Jungen ebenfalls die Auswahl aus denselben fünf Spielzeugen, dieses Mal bat Freedman sie ebenfalls, nicht mit dem Roboter zu spielen, ließ dabei jedoch die Drohung komplett weg. Das Resultat war genau dasselbe: Nur einer von 22 Jungen spielte mit dem Roboter.

Und jetzt kommt das wahre Resultat: Sechs Wochen später, bei der zweiten Befragung durch die Frau, spielten aus dieser Gruppe kaum Jungen mit dem Roboter, obwohl sie freie Wahl hatten!

Der Unterschied liegt im Denken der Jungen.

Dieses Denken wirkt sich auf ihr Verhalten aus. Wenn die Jungen die Verantwortung für ihre Entscheidung übernommen haben, nicht mit dem Roboter zu spielen – es also unterlassen haben, weil sie so entschieden haben und nicht aufgrund einer Drohung –, dann haben sie das selbst entschieden. Die Entscheidung wurde freiwillig getroffen.

Wir Eltern können durch diesen Versuch etwas Wichtiges lernen. Wir sollten unseren Kindern sagen, welches Verhalten wir selbst angemessen finden, und das am besten auch gut begründen.

Und im allerbesten Fall sollten wir dieses Verhalten selbst vorleben.

Dann wird das Verhalten langfristig verankert.

Eine der besten Methoden, ein aktives und öffentliches Commitment zu erhalten, besteht darin, andere ihre Zustimmung aufschreiben zu lassen. Aufschreiben hat sehr viel Power. Wenn Sie zum Beispiel möchten, dass einer Ihrer Kollegen eine Sache, die Sie besprochen haben, auch öffentlich unterstützt, reicht es in vielen Fällen nicht, das nur unter vier Augen zu besprechen. Sie erhöhen Ihre Chancen drastisch, wenn Sie dem betreffenden Kollegen eine Mail schicken, in der Sie die entsprechenden Punkte zusammenfassen. Bitten Sie einfach um eine kurze Antwort auf Ihre Mail. Sobald der andere geantwortet hat, ist die Vereinbarung schriftlich, sie ist greifbar. Damit ist sie viel kraftvoller.

Das gilt übrigens auch für uns selbst. Sobald wir einen Plan oder ein Vorhaben aufschreiben, verpflichten wir uns praktisch selbst und überzeugen uns selbst von dem Plan und Vorhaben.

14

DER MUSS ES JA WISSEN: EXPERTEN UND AUTORITÄT

Wenn wir uns nicht entscheiden können, suchen wir das Wissen eines Experten, eines Fachmanns auf seinem Gebiet.

Wir lieben das deshalb, weil der Rat dieser Menschen uns eine schöne Abkürzung im Denken liefert.

Wenn wir also selbst nicht sicher sind, ob wir zu einer Sache Ja oder Nein sagen sollen, und tun, was der Experte sagt oder tut, dann wird das schon richtig sein.

Untersuchungen haben gezeigt, dass in diesem Zusammenhang zwei Bedingungen erfüllt werden müssen:

1. Der Experte muss kompetent sein.
2. Der Experte muss vertrauenswürdig sein.

Gehen wir die beiden doch mal kurz durch.

Zunächst zur Kompetenz und Fachkenntnis.

Menschen wollen in unsicheren Situationen einem Experten mit echter Sachkenntnis folgen. Wenn Sie im Supermarkt eine neue Handcreme kaufen, dann wollen Sie dort nicht das Kleingedruckte auf der Verpackung lesen und zu Hause im Netz die mögliche Auswirkung sämtlicher

Inhaltsstoffe recherchieren. Es reicht Ihnen in der Regel, wenn ein Fachmann sein Okay gibt. Das kann ein Siegel von Öko-Test sein oder bei technischen Geräten auch ein TÜV-Stempel.

Gewöhnlich reicht uns das.

Wir legen die Creme in den Einkaufswagen und kaufen weiter ein. Eine Entscheidung weniger, über die wir gründlich nachdenken müssen.

Wenn Sie also möchten, dass andere auf Sie hören, dann hilft es ungemein, wenn diese anderen wissen, dass Sie ein Experte auf dem Gebiet sind.

Speziell in der Berufsgruppe der Speaker hat sich das offenbar besonders schnell herumgesprochen, denn ich kenne praktisch keinen Speaker, der nicht groß und breit »Experte« auf seiner Visitenkarte und natürlich auch Internetseite stehen hat. Da werden dann auch ganz gerne mal Berufe und Begriffe erfunden, von denen ein vernünftiger und normaler Mensch noch nie gehört hat. Und in dieser neu erfundenen Berufsgruppe ist der Betreffende natürlich *die* Kapazität und *der* Experte.

Nur ein Beispiel: Vor einigen Jahren gab es noch Vertreter oder Mitarbeiter im Außendienst. Unter Speakern gibt es so profane Bezeichnungen nicht mehr. Dort gibt es ausschließlich Vertriebs*experten*. Die Wortwahl macht in der Außenwirkung einen großen Unterschied, denn welchen Rat holen wir lieber ein, den eines Vertreters oder den eines Vertriebs*experten*? Sehen Sie, wie ein Wort die Wirkung ändert?

Auch irgendwelche Auszeichnungen auf der eigenen Internetseite werden in diesem Zusammenhang gerne genutzt.

Ich habe mir im Spaß schon zahlreiche Titel selbst ausgedacht, mit denen ich mich brüsten könnte: Top-100-Gedankenleser, Number-one-Gedankenleser, Top Professional Mentalist, Mitglied der International Guild of Mindreaders …

Das gibt es alles (noch) nicht, aber ich könnte die entsprechenden Vereinigungen ja locker gründen und schon wäre ich die Nummer eins in jeder Kategorie. Es wäre lustig, wenn es nicht so traurig wäre.

Der Kunde weiß ja nicht, dass es die entsprechende Vereinigung nicht gibt. Oder dass nur drei Leute Mitglied sind und jeder in seiner Kategorie Nummer eins ist. Sie verlassen sich einfach darauf, dass die Expertise stimmt. Und der Experte macht nun mal das Rennen.

Aus demselben Grund sind Doktorarbeiten bei Politikern auch so beliebt. Wirklich überzeugend sind in diesem Fall übrigens selbst verfasste Doktorarbeiten mit entsprechenden Quellenangaben.

Sich selbst das Etikett eines Experten zu geben, ist in den letzten Jahren immer beliebter geworden.

Ein weiteres äußerst bemerkenswertes Beispiel stammt aus dem Wahlkampf 2021. Hier sagt eine Spitzenpolitikerin in einem großen Interview, das sie gemeinsam mit dem männlichen Pendant der Doppelspitze gibt:

> *In manchen Dingen sind wir einfach sehr anders. (…) Vom Hause her kommt er Hühner, Schweine – weiß nicht, was haste –, Kühe melken (sic!). (…) Ich komme eher aus dem Völkerrecht. Da kommen wir aus ganz anderen Welten im Zweifel. Und (ehm) das passt gut. (…) Es wäre doch blöd, wenn wir genau beide (sic!) sagen: »Ich bin aber Völkerrechtsexperte oder ich bin aber Landwirtschaftsexperte«, dann würden wir uns dauernd streiten, wer dieses Themenfeld jetzt besetzen darf.*

Vor lauter Begeisterung über sich selbst hat sie glatt das Gendern vergessen.

… dann würden wir uns dauernd streiten, wer dieses Thema jetzt besetzen darf. Sobald die Expertenfrage jedoch geklärt ist, hat sich der Streit erübrigt. Klar: Der Experte besetzt das Thema.

Darüber hinaus ist dieses Zitat in zwei weiteren Punkten bemerkenswert. Zunächst stellt die betreffende Politikerin einfach mal in den Raum, Experte zu sein.

Da ist sie wieder, unsere gute Bekannte: die Behauptung.

Und zweitens nutzt sie das beliebte Kontrastprinzip. Welchem »Experten« würden Sie eher die Geschicke unserer Industrienation anvertrauen: einem Experten für Völkerrecht oder einem Experten für Landwirtschaft, der »vom Hause her eher Hühner, Schweine, Kühe melken« kommt?

Kontrastprinzip und Expertenstatus in 30 Sekunden. Außerordentlich manipulativ.

Dennoch klappt das Spielchen und manchmal braucht es eine Erinnerung, wer jetzt wirklich Experte ist und wer nicht. So ging dem Bundesärztekammer-Präsidenten Klaus Reinhardt (der immerhin studierter Mediziner ist) die Bevormundung eines Nichtexperten – der aber ganz anders wahrgenommen wird – so gegen den Strich, dass er in einem Interview der *Welt* richtigstellte: »Herr Spahn ist Minister und nicht Mediziner.«

Ganz nebenbei: Die beiden genannten Beispiele haben es ins Buch geschafft, weil sie plakativ sind und nicht aufgrund der Parteien. Sämtliche existierenden Parteien nehmen sich nämlich alle nichts, wenn es um Manipulation geht. Lassen Sie mich an dieser Stelle den herausragenden Wissenschaftler und Buchautor Yuval Harari (einen beispielhaften Experten) aus einem Interview zitieren, das er am 10. Juni auf seinem Instagram-Account veröffentlicht hat. Ich habe das Zitat mal für Sie übersetzt. (Die Übersetzung muss übrigens richtig sein, schließlich bin ich Diplom-Übersetzer, ach, was schreibe ich: Ich bin diplomierter Übersetzungsexperte! Sie haben Glück, sogar für Englisch.)

> *Ich glaube, Politik ist eine Sache für sich. Sie können der beste Wissenschaftler der Welt sein und dennoch ein extrem schlechter Politiker. Das ist praktisch sogar garantiert so, weil die Wissenschaft sich letzten Endes mit der Wahrheit beschäftigt, die Politik dagegen beschäftigt sich mit Macht. Und Wahrheit und Macht ziehen uns in gegenseitige Richtungen. Ich glaube, dass jemand, der in den USA, in Israel, in Brasilien versucht, eine Wahl zu gewinnen und der Öffentlichkeit die Wahrheit,*

*die ganze Wahrheit und nichts als die Wahrheit erzählt, die Wahl mit 100-prozentiger Sicherheit verlieren wird. In der Politik geht es nie nur um die Wahrheit. Sie brauchen ein paar Teile Wahrheit, aber so gewinnen Sie keine Wahl.**

Hat er mal fein ausgedrückt.

Zurück zum Expertenwissen. Die Beeinflussung durch die Positionierung als Experte ist weitverbreitet und auch sehr wirksam. Wenn Sie selbst jedoch jemanden durch Ihren Expertenstatus überzeugen möchten, müssen Sie sicherstellen, dass Ihr Gegenüber auch weiß, dass Sie ein Experte auf Ihrem Gebiet sind.

Irgendwie muss derjenige davon Wind bekommen.

Wenn Sie dann als Experte gelten, werden andere Ihrem Rat ganz automatisch folgen.

Sehr wichtig ist in diesem Zusammenhang die zeitliche Reihenfolge:

1. Zuerst muss die Expertenfrage geklärt sein und dann
2. betritt der Experte die Szene.

Stimmt diese Reihenfolge nicht, wird es peinlich. Stellen Sie sich vor, Sie treffen einen interessanten Mann und kommen mit ihm ins Gespräch. Irgendwann fragen Sie den Mann, was er beruflich macht, und er antwortet:

* »I think that politics … it's a profession on itself. You can be the best scientist in the world and a terrible politician. Actually it's almost guaranteed to be like that because Science ist about truth – eventually – whereas politics is about power. And truth and power pull you in opposite directions. I think that somebody who tries to win an election in the US, in Israel, in Brazil… and tells the public the truth, the whole truth and nothing but the truth has a 100 per cent guarantee of losing the election. Politics is never just about the truth. You need some ingredients of truth there but this is not the way you win an election.« Vergleichen Sie diese Aussage mal mit der Antwort von Frau Merkel auf Seite 56.

Ach, lassen Sie mich das in den Worten Roger Ciceros sagen:

»Ich bin ein Dichter, ein Denker
Ein Richter, ein Henker
Ein Sänger, ein Lover
Der Typ auf'm Cover
Bin ein Stürmer, ein Spieler
Das Vorbild so vieler
Ein Meister, ein Sieger
Die oberste Liga.«[*]

Sie wären ganz sicher nicht beeindruckt.

Sie würden eher denken: »So ein Vollidiot!«

Wenn Sie also jemanden neu kennenlernen und von dieser Person wahrgenommen werden wollen als *die* Kapazität in Ihrem Feld, der Meister aller Klassen, dann muss diese Person *vorher* wissen, dass Sie »das Vorbild so vieler« sind. Oder auch Völkerrechtsexperte.

Eine sehr beliebte Möglichkeit besteht darin, dass Sie das nicht selbst tun, sondern vorab jemand anders über Sie erzählt, was für ein toller Hecht Sie sind. Im Business kann das jemand sein, der vor einem ersten Meeting eine Empfehlung für Sie ausspricht. Im Showbusiness ist es der Moderator, der vor der Show oder dem Vortrag dem Publikum erzählt, was der nächste Act alles schon an Preisen gewonnen hat und wo der Künstler schon weltweit aufgetreten ist.

Falls Sie keine Freunde haben und auch gerade kein Moderator zur Hand ist, können Sie auch folgende Methode nutzen, um Ihren Status vor einem Treffen zu erhöhen: Schicken Sie Ihrem Geschäftspartner vor dem Meeting eine Mail, in der Sie ankündigen, dass Sie sich auf das gemeinsame Treffen freuen. In dieser Mail können Sie ganz kurz

---

* »Zieh die Schuh aus«, Text: Frank Ramond, Musik: Matthias Hass. © Peermusic (Germany) GmbH / Wortreich Musikverlag Janine Ramond EK / Dexter Music Produktions- und Verlags GmbH. Mit freundlicher Genehmigung Peermusic (Germany) GmbH / Sony Music Publishing (Germany) GmbH

und knapp schreiben, welchen Hintergrund Sie haben und an welchen Projekten Sie schon mitgewirkt haben. Ganz gezielt. Das sollte natürlich mit dem bevorstehenden Treffen zu tun haben und keine Eigen-Lobeshymne sein. Ein paar präzise Sätze reichen schon. Neil Strauss beschreibt in seinem Buch *Die perfekte Masche*, dass er, wenn er eine Frau in einer Disco ansprechen wollte, oft vorab einen Freund zu der Frau geschickt hat, der sie für ihn angesprochen hat. Im Gespräch hat der erzählt, dass er auf einen Freund wartet, und dann hat er diesen Freund in den höchsten Tönen gelobt: »ein Sänger, ein Lover, der Typ auf dem Cover«, Sie wissen schon. Wenn Strauss dann kurze Zeit später die Szene betrat, hatte er es viel leichter zu übernehmen. Der Freund war nur ein Köder. Das Buch heißt nicht umsonst *Die perfekte Masche*.

Also noch mal, weil es so wichtig ist: Die Information muss die betreffende Person *vorab* erreichen. Sobald Sie persönlich die Szene betreten, ist es zu spät.

So weit zum ersten Punkt: Kompetenz.

Jetzt zum zweiten: Vertrauen.

Wie können wir uns so darstellen, dass unser Gegenüber uns vertraut?

Gewöhnlich müssen wir eine gewisse Zeit mit einem Menschen verbringen, damit dieser uns vertraut. Vertrauen können wir uns nicht nehmen, wir müssen es gewinnen.

Es gibt jedoch eine Abkürzung, mit der geschickte Einflussnehmer schnell einen Vertrauenskredit bei uns aufnehmen können: das Eingestehen einer Schwäche.

Der Grundsatz lautet: Schwäche zu zeigen heißt, Stärke zu haben!

Geschickte Manipulatoren erwähnen eine kleine Schwäche in ihrer Angelegenheit.

Wenn ich als Gedankenleser eine Nummer wirklich groß spielen will, sage ich manchmal: »Was ich Ihnen jetzt zeigen möchte, habe ich noch nicht so lange im Programm. Ich hoffe, die Nummer gefällt Ihnen.« Und dann zeige ich einen absoluten Knaller. Oder beim Flirt: »Ich gebe zu, es ist mir ein wenig unangenehm, aber ich liebe ›My heart will go on‹ von Céline Dion. Beim Film habe ich am Schluss geweint.«

Im richtigen Moment kann so eine gezeigte Schwäche sehr schnell wirken und Vertrauen aufbauen.

Der Autovermieter AVIS hat bei Marketingexperten durch folgende Kampagne Kultstatus erlangt: »Wir sind zwar nur Nummer 2 – aber darum bemühen wir uns mehr.« (Ist im Englischen noch schöner, weil das Englische so knapp formuliert: »Avis is only number 2 in rent a cars – so we try harder.« Auch saustark: »Avis needs you. You don't need Avis. Avis never forgets this.«)

Sich diese kleine Schwäche einzugestehen und auch noch zu nennen, schafft sehr schnell Vertrauen. Der Betreffende zeigt nicht nur, dass er sehr reflektiert ist und auch seine schwachen Seiten kennt, nein, er ist sogar so ehrlich, diese negativen Aspekte offen anzusprechen. Wenn jetzt ein starkes Argument für seine Zwecke nachgeschossen wird, erhöht das seine Glaubwürdigkeit und das Vertrauen, das wir in diese Person setzen. Das öffnet unsere Herzen, Ohren, Gedanken und oft auch unsere Geldbeutel viel weiter, als uns vielleicht bewusst ist.

Cialdini nennt den Moment, nachdem die Schwäche genannt wurde, sogar einen »Moment der Macht«.

Sobald Sie also merken, dass jemand zunächst eine Schwäche seiner Argumente anspricht und dann ein ganz starkes Argument, das für ihn spricht, sollten Sie sehr aufmerksam werden und höllisch aufpassen. Die Person hat einen Moment der Macht geschaffen. Wenn die betreffende Person zuvor noch dafür gesorgt hat, dass sie von Ihnen als Experte wahrgenommen wird, sollten die Alarmglocken noch schriller läuten.

15

NUR NOCH HEUTE ...: KNAPPHEIT UND VERLUSTANGST

Vor einigen Jahren trat der amerikanische Zauberkünstler David Blaine im Apollo-Theater in London auf. Ich kannte das Apollo, ein schönes Theater im viktorianischen Stil. Und von David Blaine war ich ein Fan der ersten Stunde. Mit seinem TV-Special Ende der 90er-Jahre hat er die Zauberkunst des neuen Jahrtausends eingeleitet. Eine Liveshow hatte er seither nie gezeigt. Also musste ich da natürlich hin. Sobald ich von der Show erfahren hatte, kaufte ich meiner Familie und mir Theaterkarten. Ich ging auf die entsprechende Internetseite und klickte die verfügbaren Plätze an. Und jetzt ging es los: Sobald ich mich für die Plätze entschieden hatte, lief am rechten oberen Bildschirmrand ein Countdown, der mir in großen roten Zahlen verdeutlichte, dass ich nur noch drei Minuten Zeit hatte, die Plätze mit meiner Kreditkarte zu zahlen und den Kauf damit abzuschließen. Mir war klar: Sobald der Countdown bei null ist, verfällt das Angebot.

Da hätten Sie mich aber mal sehen sollen: Ich bin wie ein Wilder aufgesprungen, um meinen Geldbeutel zu holen, die Karte rauszuziehen und die Bestellung abzuschließen. Mit jeder Sekunde, die der Countdown der Null näher kam, stieg mein Puls. Knapp vor Ablauf der Frist hatte ich es geschafft. Danach habe ich erst mal eine kurze Pause gebraucht. Dabei hätte ich danach ganz easy weitere Karten kaufen können, es gab an dem Tag nämlich noch genügend Plätze.

Willkommen in der Welt der suggerierten Knappheit.

Ich wurde Opfer einer Technik, die ich in meinen Vorträgen selbst erkläre.

Das ist das Tückische dabei: Wir wissen, welche Wirkung Knappheit auf uns hat, und trotzdem reagieren wir mit emotionalem und auch körperlichem Stress. Bei mir ging der Puls zumindest ganz ordentlich hoch, sobald die Zeit zum Bestellen knapp wurde.

Es ist ein psychologisches Prinzip, das uns Möglichkeiten umso wertvoller erscheinen lässt, je unerreichbarer sie für uns werden. Wir wollen das, wovon es nur noch wenig gibt.

Das geht so weit, dass uns Kekse besser schmecken, wenn von Anfang an nur ein paar davon auf dem Teller liegen und es danach keine mehr gibt. Die Knappheit beeinflusst sogar unseren Geschmackssinn! Weil wir die Tendenz haben, etwas, was nicht mehr zu haben ist oder was ganz knapp verfügbar ist, nicht nur als begehrenswerter, sondern sogar als hochwertiger und besser einzuschätzen.

Die Knappheit arbeitet mit einem unserer größten Schwachpunkte. Wir kennen ihn schon: die Verlustaversion. Sie erinnern sich: Wir fürchten den Verlust mehr, als wir den Gewinn schätzen.

In dem Moment, in dem die Theaterkarten im Warenkorb lagen, fühlte ich mich, als seien sie schon mein. Am Ende des Countdowns wären sie wieder weg gewesen. Ganz schön hinterlistig. Und damit ein sehr mächtiges Mittel der Manipulation.

Wie mein Beispiel zeigt, beschränkt sich die Verknappung nicht nur auf Gegenstände oder Produkte, sie funktioniert auch mit Zeit. (Ich hätte mich nach Ablauf des Countdowns nämlich ganz einfach neu einwählen und andere Plätze buchen können.)

Ich selbst habe das intuitiv schon als Student in meinen Shows genutzt. Ich zeigte eine Nummer, in der vier Zuschauer (oder auch Zuschauerinnen und natürlich auch Diverse) auf der Bühne gleichzeitig eine einfache Zeichnung anfertigen sollten. Alle vier bekamen ein Blatt und einen Stift und sollten auf mein Kommando loslegen. Als ich die Nummer die ersten Male gezeigt habe, hat das teilweise sehr lange gedauert. Inzwischen ist die Sache in einem kurzen Augenblick erledigt.

Was mache ich anders?

Ganz einfach: Ich beschränke die Zeit.

Ich sage vorher, dass die Mitwirkenden bitte an ein einfaches Bild denken sollen, und dann sage ich, dass sie zum Aufmalen 10 Sekunden Zeit haben werden. Dann gebe ich das Kommando zum Loslegen und zähle rückwärts von Zehn bis Null.

Das funktioniert immer.

Immer!

Der Anbieter der David-Blaine-Karten hat mich also mit meinen eigenen Waffen geschlagen. Ist vielleicht ausgleichende Gerechtigkeit.

Dasselbe macht ein Verkäufer, wenn er seinem Kunden eine Frist setzt, in der er sich entscheiden muss. Er verkürzt die Zeit und macht sie damit knapp.

Wie nutzen Manipulatoren diesen Grundsatz für sich?

Ganz einfach: Sie suchen sich ein Detail ihres Vorschlags (das kann ein Produkt sein oder eine Dienstleistung, ein Vorschlag oder eine Empfehlung), das wir nicht bekommen, wenn wir die vom Manipulator vorgeschlagene Empfehlung ausschlagen: »Wenn du jetzt nicht einwilligst, kriegst du das Angebot nicht.«

Wenn Sie das nutzen wollen, stellen Sie sich folgende Frage: Was sind die einzigartigen Merkmale Ihres Angebots, die der andere nicht erhält, wenn er auf Ihr Angebot verzichtet? Da der Grat zwischen Manipulation und Überzeugung sehr schmal ist, kann diese Methode natürlich auch als Überzeugungshilfe genutzt werden. Wenn Sie diese Merkmale betonen – ganz ehrlich und offen – und Ihrem Gegenüber verdeutlichen, was es verpasst, wenn es Ihr Angebot ablehnt, erhöhen Sie Ihre Chancen erheblich, dass derjenige zustimmt.

Es gilt dabei der Grundsatz: Wenn Sie ein Angebot beschreiben, dann beschreiben Sie nicht nur, was der andere davon hat, *sondern auch, was derjenige verliert, wenn er das Angebot nicht annimmt.* Eine meiner Lieblingsgeschichten seit meiner Kindheit ist von Mark Twain. (Einige meiner Lieblingsgeschichten sind von Mark Twain, aber das hier war die erste, die ich gelesen habe. Danach habe ich jede Folge der gleichnamigen Serie geschaut.) Sie kennen sie sicher auch: Der junge Tom Sawyer muss zur Strafe einen Gartenzaun streichen. Die Geschichte spielt Mitte des 19. Jahrhunderts an einem fiktiven Ort am Mississippi. Der Waisenjunge Tom lebt dort mit seiner Tante Polly (die in der Serie meiner Kindheit von der wunderbaren Schauspielerin Brigitte Horney gespielt wurde), seinem ätzenden Halbbruder Sid, der Cousine Mary und dem Sklaven Jim. Sein bester Freund ist der Freigeist Huckleberry Finn. Falls Sie das Buch nicht gelesen haben, sollten Sie es unbedingt nachholen. Das Kapitel mit dem Gartenzaun erzählt, wie Tom, nachdem er von Sid mal wieder verpetzt wurde, zur Strafe einen zur Straße zeigenden Gartenzaun anstreichen muss. Schlecht gelaunt stellt er den Farbeimer auf die Straße, taucht den Pinsel ein und beginnt zu streichen. Als einer von Toms Kameraden ihn beim Streichen sieht, lacht er ihn aus. Tom reagiert daraufhin ganz gelassen und erzählt dem Freund, dass er hier keine Strafe abarbeite, sondern dass es sich vielmehr um eine Belohnung handele, genau diesen Zaun streichen zu dürfen. So eine tolle Arbeit würde seine Tante bei Weitem nicht jedem anvertrauen und außerdem: »An den Fluss gehen kann ich jeden Tag. Aber einen Zaun streichen kann ich nicht oft.«

Da ist sie, die Knappheit. Als der Freund fragt, ob er denn auch mal ein paar Pinselstriche auf den Zaun malen dürfe, lässt Tom sich noch lange bitten. Er macht das Streichen zu einem sehr wertvollen und auch sehr knappen Gut (so ein Zaun ist ja auch nicht unendlich lang). Nach langem Zögern willigt er ein. Und es geht noch weiter. Jeder weitere

Freund, der vorbeikommt, will jetzt auch mal den Zaun streichen. (Das ist übrigens das Prinzip der sozialen Bewährtheit. Wenn die anderen Kameraden das toll finden, dann wird das schon was Tolles sein.)

Am Mittag hat Tom nicht nur kaum einen Pinselstrich getan, er hat sich sogar dafür bezahlen lassen, dass andere für ihn den Zaun streichen dürfen. Seine Schätze waren: ein Apfel, drei Bälle, ein altes Taschenmesser, eine junge Katze und »ein blaues Glas, wodurch man die Welt schön blau sehen kann«.

Neben der Knappheit und der sozialen Bewährtheit nutzte Tom hier auch die Methode des Framing. Tom hat das Streichen des Zauns einfach neu bewertet. Aus einer Strafe machte er eine ganz besondere Belohnung.

Sein Hauptargument war jedoch meines Erachtens die Knappheit: »An den Fluss gehen kann ich jeden Tag. Aber einen Zaun streichen kann ich nicht so oft.« Er hätte auch sagen können: »Wenn du jetzt nicht diesen Zaun streichst, hast du diese tolle Gelegenheit verpasst.«

Verpassen ist ein gutes Stichwort.

FOMO

Die Angst, etwas zu verpassen, ist meiner Meinung nach *der* Manipulator mit dem die sozialen Medien uns dazu bringen, sie ständig zu checken. Der Autor und Vortragsredner Patrick James McGinnis bezeichnete diesen Drang treffend mit dem Begriff FOMO – *Fear of missing out*. Instagram und Facebook liefern durch Feeds und vor allem Storys die Möglichkeit, einen vermeintlich echten und nahen Einblick in das Leben anderer Menschen zu erhalten. Smartphones ermöglichen es uns, diesen Einblick ständig und überall erhalten zu können.

Kennen Sie aus alten Filmen noch diese Porträts, durch deren Auge der Bösewicht aus dem Nebenzimmer unbemerkt beobachten konnte, was die Gäste machten und worüber sie redeten?

Man sah immer, wie das Porträt durch das Öffnen eines Schiebers plötzlich die Augen des Bösewichts bekam, der so das Geschehen im Nebenzimmer geheim beobachtete.

Diesen Schieberegler haben wir jetzt ständig bei uns. Ein, zwei Klicks und wir beobachten das Leben anderer Menschen.

Die *Fear of missing out* bezeichnet die große Schattenseite dieser ständigen Verfügbarkeit. Eine Studie der Online-Plattform Mylife.com hat nämlich ergeben, dass 56 Prozent der Teilnehmer denken, dass sie etwas Wichtiges verpassen, wenn sie nicht ständig Social Media checken.

Es ist ein Paradoxon: Die ständige Verfügbarkeit erzeugt Knappheit. Wir haben nämlich nicht unbegrenzt viel Zeit, um in das Leben all der Menschen in den sozialen Medien einzutauchen, denen die meisten von uns folgen wollen. Ein weiterer wichtiger Suchtfaktor – und damit ein ganz besonders hinterhältiger Manipulator – ist das bereits erwähnte Kontrastprinzip. Wir haben die Tendenz zu vergleichen. Und wenn wir unser von Routine geprägtes Leben mit dem Hochglanzleben eines schönen, schlanken, intelligenten und reichen Influencers in Dubai vergleichen, schneiden wir einfach schlecht ab. Es entsteht der Eindruck, alle anderen haben mehr Spaß, sind reicher und auch schöner als wir.

Aber auch bei den Freunden und Gleichaltrigen kommt immer häufiger das Gefühl ins Spiel, ausgegrenzt zu werden, was dafür sorgt, dass die sozialen Netzwerke ständig gecheckt werden, um nur ja nichts Wichtiges zu verpassen. Ich habe mich mit Social Media und dem damit verbundenen voyeuristischen Verlangen bereits in *Sag es keinem weiter* beschäftigt. Seither hat sich meine Einstellung hierzu nicht groß geändert. Die Beweise liegen auf der Hand: Die Nutzung führt bei der Mehrzahl der User zu Stress, psychischer Belastung und einem Verlust an Lebensqualität.

Warum?

Weil wir manipuliert werden!

Wir haben Angst, etwas zu verpassen. Knappheit heißt, wir müssen uns entscheiden, womit wir unsere begrenzte Lebenszeit verbringen. Ob

Social Media hier die beste Wahl ist, sei dahingestellt. Real Social wäre ja auch mal eine Alternative.

Sie sehen schon, die Angst, etwas *nicht* zu bekommen, begleitet uns auf Schritt und Tritt. Sie bringt uns ins Handeln – allerdings nicht immer zu unserem Vorteil, sondern oft zum Vorteil desjenigen, der uns erzählt, was wir alles nicht bekommen, wenn wir nichts tun.

Die Verlustangst ist einer der empfindlichsten Punkte, den wir haben. Ein Stromanbieter hat seinen Kunden eine Prüfung der Energieeffizienz angeboten. Hierbei wurden zwei Ansätze getestet. Bei den Testbesuchen wurden die Haushalte mit zwei Argumenten getestet.

Einer Hälfte wurde gesagt:

»Wenn Sie Ihr Haus richtig isolieren lassen, sparen Sie jeden Tag 75 Cent!«

Die andere Hälfte wurde so informiert:

»Wenn Sie Ihr Haus nicht richtig isolieren lassen, *verlieren* Sie jeden Tag 75 Cent.«

Sie ahnen es schon, bei der zweiten Variante haben viel mehr Hausbesitzer ihr Haus isolieren lassen. Die Sprache des Verlusts ist überzeugender als die Sprache des Gewinns. Derselbe Sachverhalt wurde einfach von zwei verschiedenen Seiten beleuchtet, das war alles.

Die Angst bringt Menschen zum Handeln.

Wenn Sie also Menschen zum Handeln bewegen wollen, überlegen Sie sich vorher genau, was Ihr Gegenüber zu verlieren hat. Es beeinflusst den Entscheidungsprozess erheblich.

GEHEIMNISSE

Das Prinzip der Knappheit funktioniert sogar bei Informationen. Aus diesem Grund sind Geheimnisse auch so reizvoll. Sobald eine Information nicht frei verfügbar, sondern nur einem kleinen Kreis vorbehalten ist, wird sie nicht nur reizvoller, sondern natürlich auch wertvoller. Das wurde 2014 in einer Studie näher untersucht. An der Universität Colorado wurden Freiwillige in drei Experimenten mit verschiedenen Szenarien konfrontiert. Zum Beispiel sollten sie sich in einem Versuch vorstellen, sie wären Berater des amerikanischen Außenministeriums. Sie erhielten Informationen über vier ausländische Politiker, die sich in ihren Ländern zur Wahl stellten. Zum Teil waren diese Informationen als geheim deklariert. Die Studienteilnehmer sollten entscheiden, ob sie den jeweiligen Kandidaten dem Außenministerium empfehlen würden oder nicht, und unterstützten häufiger jene Kandidaten, bei denen die Angaben nicht nur positiv, sondern vor allem geheim waren. Alle drei Experimente zeigten diese Ergebnisse: Sobald eine Information als geheim eingestuft wurde, beeindruckte sie die Probanden stärker und fand häufiger Zustimmung. Die Forscher beschreiben dieses Phänomen als *secrecy heuristic* (Geheimhaltungsheuristik). Demnach neigen Menschen häufig dazu, sich von Geheimnissen manipulieren zu lassen.

Wenn die Information geheim ist, dann muss sie sehr wichtig sein.

Der Grund für diese Wertigkeit ist sicher, dass geheime Informationen oft wirklich qualitativ besser sind als öffentliche, aber auch, dass Geheimnisse als wertvoll eingestuft werden, weil sie Verschwiegenheit erfordern.

Und dadurch sind sie knapp!

Diese Knappheit in Kombination mit der Verschwiegenheit macht Geheimnisse übrigens auch zu einem starken Mittel der Einflussnahme.

Sobald ich Ihr Interesse will, muss ich Ihnen einfach nur vorab erzählen, dass die folgende Information geheim ist – und damit knapp.

Geheimnisse haben für mich als Gedankenleser natürlich einen ganz besonderen Reiz. Einerseits sind sie manipulativ und oft dunkel, andererseits sind sie extrem faszinierend und können aufgrund der Knappheit und Verschwiegenheit eine Beziehung auch stärken. Wir teilen sie gewöhnlich nur mit ganz besonderen Menschen. Und mit nur ganz wenigen.

Die Sozialpsychologin Catrin Finkenauer von der Freien Universität Amsterdam fand heraus, dass dieses Teilen die sozialen Bande extrem stärkt. »Geheimnisse sind die Währung der Freundschaft«, sagt sie, eine Eintrittskarte in die engere Beziehung zu einem Menschen.

Durch das Teilen von Geheimnissen wird die zwischenmenschliche Bindung gestärkt und dadurch, dass man dem anderen etwas Besonderes anvertraut, wird diese Beziehung zu etwas Einzigartigem. Geheimnisse werden so quasi zur Währung für Intimität. Mit Geheimnissen wird sozusagen in einer Beziehung Handel betrieben. Geheimnisse sind eine Investition in eine Beziehung, die ohne diese Exklusivität nicht wirklich funktionieren kann. Doch wie bei jedem Handel sollte am Ende die Bilanz stimmen: das Prinzip der Reziprozität.

Ich habe dem Thema Geheimnisse und deren Einfluss auf unser Handeln ein ganzes Buch gewidmet und möchte es aus diesem Grund hier nicht weiter vertiefen.

Als Mittel der Einflussnahme sind Geheimnisse insofern bedeutend, als sie natürlich auch ein starkes Instrument der Manipulation sind.

Sobald Ihnen also ein Mensch als Gegenleistung eines Gefallens ein Geheimnis anbietet, sollten Sie vorsichtig werden und die Situation genau prüfen. Fast jeder YouTube-Clip irgendwelcher windiger Verkaufsfritzen stellt genau das in Aussicht: »Mach meinen Kurs! Hier erzähle ich dir meine Geheimnisse, wie du mehr Geld verdienst und jeden Partner bekommst, den du willst.« Meistens gibt es besagten Kurs dann nur ganz kurze Zeit (also für einen knappen Zeitraum) für einen günstigeren Preis …

Wie das Weitergeben knapper – und damit geheimer – Informationen das Verhalten anderer Menschen beeinflusst, verdeutlicht (mal wieder) Cialdini in einem sehr beeindruckenden Beispiel.

Einer seiner Doktoranden war bereits ein erfolgreicher Geschäftsmann. Er importierte Fleisch aus Australien, um es in den USA an Supermärkte zu verkaufen.

In einem Versuch wollte er herausfinden, mit welcher Strategie er dabei am meisten Gewinn macht. Er unterteilte seine Kunden in drei Gruppen.

Der ersten Gruppe sagten seine Verkäufer: »Wir haben diese Menge an Fleisch, wie viele Einheiten möchten Sie kaufen?«

Die Kunden kauften durchschnittlich 10 Wagenladungen Fleisch.

Bei der zweiten Gruppe benutzten Verkäufer das Prinzip der Knappheit. Sie sagten den Kunden: »Aufgrund des Wetters in Australien wird demnächst wahrscheinlich das australische Fleisch knapp.«

Diese Kunden kauften durchschnittlich 24 Wagenladungen.

Das ist schon beachtlich, aber der wahre Knaller kommt jetzt:

Einer dritten Gruppe wurde gesagt, dass das Fleisch wahrscheinlich knapp werde und dass diese Information aus einer exklusiven Quelle des australischen Wetterdienstes komme: »Diese Information ist noch nicht an die Öffentlichkeit gelangt, kein anderer hat sie.«

Es wird also nicht nur das Fleisch knapp, nein, auch die Information, dass das Fleisch knapp wird, ist vertraulich – und damit ebenfalls knapp.

Die Kunden bestellten 61 Wagenladungen. 600 Prozent mehr als die anderen.

Merken Sie, wie mächtig diese Methoden sind und wie sehr sie uns zum Handeln bewegen?

Eins ist sehr wichtig: Sollten Sie versucht sein, diese Methoden einzusetzen, dann stellen Sie sicher, dass sämtliche Informationen über Knappheit und Verfügbarkeit der Informationen stimmen!

Ich persönlich finde das Beispiel mit dem australischen Fleisch ethisch vertretbar. Sämtliche Informationen haben der Wahrheit entsprochen. Ein Verkäufer mit geheimen Informationen und einem hochwertigen Produkt wäre dumm, diese Informationen nicht zu teilen. Warum auch nicht?

Als Empfänger solcher Informationen sollten wir jedoch sofort überlegen, ob wir über den Autopiloten handeln und ob wir wirklich 61 Wagenladungen Fleisch brauchen.

Kürzlich war ich in einem Schreibwarenladen. Dort interessierte sich ein Kunde für einen schönen Füller, was mich persönlich sehr gefreut hat. (Ich habe manchmal den Eindruck, ich bin der Einzige, der noch mit einem Füller schreibt.)

Der Verkäufer sagte zum Kunden: »Das ist leider das Ausstellungsstück und ich habe es gerade eben an einen anderen Kunden verkauft.«

Damit hat er den Füller natürlich noch reizvoller gemacht.

Weiter: »Soll ich mal im Lager nachschauen, ob doch noch einer da ist?«

Nachdem der Kunde darum gebeten hat, ließ der Verkäufer die Falle mit einem eleganten Satz zuschnappen: »Wenn ich noch einen finde, würden Sie den Füller dann zum Preis des Ausstellungsstücks nehmen?«

Und schnapp!

Knappheit und Bestätigung – der Kunde hat gekauft.

Überlegen Sie doch mal, wo diese Regel noch überall zur Anwendung kommt. Vielleicht sogar in Bereichen, in denen Sie gar nicht damit rechnen würden. Ich gebe Ihnen ein persönliches Beispiel: Wenn ich mit meinen Kindern reden möchte, rufe ich sie inzwischen manchmal auf dem Handy an.

Das hat zwei Gründe. Erstens bin ich oft zu faul aufzustehen und sie zu suchen.

Und zweitens weiß ich, dass sie ans Telefon gehen.

Es ist ein psychologischer Trick!

Überlegen Sie doch mal: Angenommen, Sie reden mit jemandem und das Telefon klingelt. Können Sie es einfach auf dem Tisch liegen lassen?

Nein!

Sie haben den unbedingten Drang, zumindest nachzuschauen, wer anruft. Das psychologische Prinzip dahinter ist die Angst, etwas zu verpassen. Denn wenn Sie nicht nachschauen oder abheben, besteht die Gefahr, dass Sie die Information des anderen vielleicht nicht bekommen.

Knappheit.

Das war, nebenbei bemerkt, vor der Rufnummernerkennung ein noch wirksameres Prinzip als heute. Denn heute sehen wir ja sofort, wer anruft. Meine Kinder gehen übrigens trotzdem ran.

Beim Blick auf das Display wissen wir dann meistens vorher schon, ob derjenige uns was Spannendes zu sagen hat oder ob es doch wieder nur der vorwitzige Kollege, die neugierige Tante oder die vegane Nichte ist.

Oder: Als in Deutschland die Glühbirnen verboten wurden, waren die letzten Exemplare plötzlich heiß begehrt.

Ein weiteres Beispiel: Vielleicht kennen Sie ja ein Paar, das in einer langweiligen Partnerschaft lebt. Sobald einer der Partner jetzt aber einen Verehrer hat, kommt plötzlich Schwung in die Sache.

Der sonst als gegeben hingenommene Partner ist plötzlich eine knappe Ressource und nicht mehr automatisch unbegrenzt verfügbar. Es kommt die Verlustangst.

Mein Tipp: Behandeln Sie Ihren Partner einfach immer wie eine wertvolle Quelle für ein schönes Leben. Dann hat der Verehrer wahrscheinlich keine große Chance. An der Front gibt es dann folglich keinen Grund für Verlustängste. (Hier gilt freilich, was ich bereits beim Geheimnis angedeutet habe: Ihr Partner sollte dieses Verhalten erwidern. Am Ende sollte die Bilanz stimmen.)

16

DU BIST WIE ICH: MANIPULATION DURCH SYMPATHIE

Vor einigen Jahren war ich mit meiner Familie auf Jamaika. Am Ende des Urlaubs hatte ich noch einige Jamaika-Dollar in bar in der Tasche. Ich entschied mich, dieses Bargeld im Duty-free-Shop in jamaikanischen Rum zu investieren.

Ich halte das bis heute für eine sehr kluge Entscheidung.

Der Rum wurde in eine sehr dekorative Reisekartonage verpackt. Mit meinem köstlichen Souvenir betrat ich das Flugzeug und wir flogen nach Hause: Montego–Köln – 2 Stunden Pause – Köln–München.

So weit, so gut.

Womit ich allerdings nach ein paar Wochen jamaikanischer Lässigkeit nicht gerechnet hatte, waren die deutschen Einreisebestimmungen und vor allem die Beamten, die diese Bestimmungen durchsetzten.

Ich stieg also in Köln bestens gelaunt aus dem Flugzeug und reihte mich mit der Familie in die Schlange zum Durchchecken. Dort schaute man mich an, als sei ich Pablo Escobar. Ich hatte zwei Flaschen jamaikanischen Rum in einer schönen Reiseverpackung. Aber – und das war mein schweres Vergehen – um die Reiseverpackung war keine versiegelte Plastiktüte geschweißt. Ich trug den Karton direkt in der Hand.

Die Frau hinter dem Schalter hielt sich dann auch gar nicht lange mit Höflichkeitsfloskeln oder stimmigen Erklärungen auf.

Sie teilte mir lediglich unmissverständlich mit, dass ich mit dem Rum natürlich keinesfalls in die Maschine nach München steigen könne. Da war wirklich nichts zu machen. Sie teilte mir weiter mit, dass ich ja zwei Stunden Zeit hätte, mir meinen Koffer zu besorgen, den Rum dort reinzupacken und den Koffer dann wieder aufzugeben.

Glücklicherweise hatte ich im Urlaub ein Buch über Stoizismus gelesen.

Ich atmete also ein paar Mal tief durch (das ist generell eine gute Idee), verabschiedete mich von meiner Familie und verließ den Bereich zur Durchreise in Richtung öffentlicher Bereich.

Da stand ich nun mit meinem Rum.

Ein wenig müde, aber entspannt und gut gelaunt.

Ich ging allerdings nicht zum Airline-Schalter, sondern in den Zigarren- und Whiskeyladen. Dort zeigte ich der sehr netten Mitarbeiterin meine Schätze und erklärte ihr meine Lage.

Dann fragte ich sie, ob ich die Flaschen denn einige Wochen bei ihr deponieren dürfe. Die Dame rief daraufhin den Inhaber des Geschäfts. Der kannte den Rum, verstand meine Lage und das Zwischenlagern war überhaupt kein Problem.

Vier Wochen später war ich für einen Auftritt wieder in Köln.

Ich holte den Rum einfach im Geschäft am Flughafen ab, kaufte natürlich noch ein paar schöne Zigarren für einen guten Freund und freute mich erneut über meine Idee.

Über drei Dinge war ich mir bei meiner Rückreise mit meinem Rum in der Hand völlig im Klaren:

Erstens, dass ich am Flughafenschalter keine Chance hätte, den Rum nach München zu kriegen.

Zweitens, dass ich keinerlei Probleme haben würde, den Rum in dem Geschäft für Tabak und Spirituosen zu deponieren, und drittens, dass Senecas Büchlein über Stoizismus auch nach knapp 2000 Jahren eine sehr lebensnahe Lektüre war. Aber eins nach dem anderen.

Warum war ich mir so sicher, dass die angestellten Security-Leute am Schalter zum Aufgeben der Koffer mir nicht helfen würden?

Nun, das liegt in der Natur der Sache. Diese Menschen arbeiten nicht für die Airline, sondern sind zuständig für die Sicherheit am Flughafen und in der Luft. Sie tragen Anzüge und haben eine wichtige Aufgabe, die sie ernst nehmen. Wenn da ein braun gebrannter Typ in sonnengebleichtem T-Shirt, Hut und Jeans mit zwei Flaschen Rum aufkreuzt, finden die das vielleicht amüsant, aber das war's dann auch schon. In diesem Moment habe ich mit den Security-Leuten überhaupt nichts gemeinsam.

Es gibt einfach keine Schnittmenge.

Ganz anders bei den Leuten im Spirituosengeschäft. Die handeln doch mit Whiskey und Rum. Auch Zigarren sind ein Genussmittel, das recht gut nach Jamaika passt (wobei ich bei meiner Rückkehr festgestellt habe, dass die in Jamaika gekauften Zigarren aus der Dominikanischen Republik kamen ...). Es ist ein Geschäft, das für Genuss und Qualität steht. Wenn ich dort in meinem Reiseoutfit mit zwei Flaschen erlesenem Rum aufkreuze und dem Inhaber erzähle, dass ich leider die Flaschen im Flugzeug nicht mitnehmen kann, aber dass es doch schade wäre um den tollen Rum, dann haben wir eine große Gemeinsamkeit: die Liebe zu einem guten Tropfen.

Bei einer solchen Gemeinsamkeit fällt es uns allen leichter, einer Bitte nachzukommen und Ja zu sagen.

Das ist ein weiteres Prinzip der Beeinflussung und auch Manipulation:

Wir sagen lieber Ja zu denen, die wir kennen und mögen.

Genau das war mein Gedanke am Flughafen: Die Security-Leute zu überzeugen, wäre nicht möglich gewesen. Die haben ihre Vorschriften, an die sie sich halten müssen.

Außerdem bilden sie das andere Ende der Polarität: Hier haben wir einen Jamaika-Reisenden und dort einen deutschen Security-Beamten.

Dazwischen liegt unendlich viel Raum.

Der Inhaber des Zigarren- und Whiskeyladens ist mir in dem Moment viel näher. Wir haben doch schon eine Gemeinsamkeit: Rum.

Die Tür zur Überzeugung stand bereits offen.

Die Psychologie hat gezeigt, dass es drei Faktoren gibt, die uns dazu bringen, jemanden zu mögen:

1. *Gleichheit.* Wir mögen Menschen, die uns ähnlich sind, die ähnliche Interessen haben, sich ähnlich kleiden, ähnliche Meinungen haben.
2. *Komplimente.* Wir mögen Menschen, die uns mögen und das auch sagen.
3. *Kooperation.* Wir mögen Menschen, mit denen wir auf ein gemeinsames Ziel hinarbeiten.

Gehen wir die drei doch mal durch.

Gleichheit

Im Fall meines Rum-Imports war ja über den Rum schon mal eine Gemeinsamkeit da. Bevor ich die Mitarbeiterin um einen Gefallen bat, haben wir natürlich kurz geplaudert. Wir haben kurz über guten Whiskey, schöne Zigarren und auch meinen original Jamaika-Rum geredet. Wenn Sie jemanden um einen Gefallen bitten wollen, hilft es ungemein, vorab das zu betonen, was Sie mit dieser Person gemeinsam haben.

Erinnern Sie sich noch an den Halo-Effekt?

Hier ist er wieder.

Ein Freund von mir arbeitet in einem Autohaus. Er sagt, einer seiner besten Verkäufer wirft bei Neukunden immer einen kurzen Blick in deren Auto. Wenn er dort zum Beispiel eine Sporttasche sieht, dann sagt er im Verkaufsgespräch kurz, dass er später noch ins Training geht. »Ach, Sie trainieren auch? Ich gehe heute Abend auch noch zum Training …« Sieht er einen Kindersitz, eine Trinkflasche für Kinder oder auch einen

Schnuller auf dem Rücksitz, erzählt er vielleicht, dass er eine anstrengende Nacht hinter sich hat, weil sein kleiner Sohn gerade zahnt.

Sie merken, worauf ich hinauswill.

Im Englischen gibt es den schönen Satz »We like each other when we are like each other«, wir mögen uns, wenn wir uns ähnlich sind. Klingt im Deutschen nicht so hip und catchy, stimmt aber auf der ganzen Welt.

Komplimente

Kommen wir zum zweiten Punkt, zu den Komplimenten.

Die Psychologie hat bewiesen, dass es sich bei Komplimenten um die einzige Information handelt, die sogar dann funktioniert und erfolgreich ist, wenn sie nicht echt ist. Im Klartext: Ein Kompliment funktioniert sogar dann, wenn wir als »Komplimentierter« wissen, dass es nicht stimmt!

Selbst wenn also jemand Samu Haber für sein akzentfreies Deutsch loben würde oder Harry und Meghan für ihre Bescheidenheit und Besonnenheit im Umgang mit den Medien – sie würden sich darüber freuen. Auch Donald Trump für seine Weitsicht. (Wobei Donald Trump sich über wirklich JEDES Kompliment freuen würde. Mein Freund Pablo Hagemeyer, der ein tolles Buch über Narzissten geschrieben hat, sagte mir, dass Komplimente bei jedem Narzissten wirken und ihn milde stimmen. Egal wie profan.)

Ich finde in dieser Hinsicht übrigens die vergifteten Komplimente besonders reizvoll. Durch ihre Zweideutigkeit sagt der Geber etwas ganz anderes, als der Empfänger hört.

Ich war vor einigen Jahren mit einem guten Freund im Theater in einer Premiere. Der Hauptdarsteller war ein gemeinsamer Bekannter, den mein Freund allerdings nicht wirklich gut leiden kann. Das Stück kam gut an, wobei ich fairerweise sagen muss, dass unser gemeinsamer Schauspiel-Bekannter an dem Abend nicht in Form war. Er spielte nicht sonderlich gut, was er aber nicht merkte (er ist sehr von sich eingenommen).

Später, auf der Premierenfeier, kam er – seine leidliche Leistung geflissentlich ignorierend – zu uns und wollte sich sein Lob abholen.

Ich werde die Worte meines Freundes nie vergessen. Er strahlte den Schauspieler an und sagte mit anerkennender Stimme: »Ich habe dich nie besser gesehen!« Herrlich.

Da Komplimente und Schmeicheleien so gut funktionieren und wir alle so empfänglich dafür sind, sollten wir gerade hier auf der Hut sein. Wenn sich jemand bei uns einschmeichelt und kurz danach etwas von uns will, dann waren die Schmeicheleien vielleicht nur eine Masche. Und dann sollten wir hellhörig werden.

Das Gefährliche bei Schmeicheleien und Komplimenten ist, dass wir Menschen, die uns falsche Komplimente machen, meistens genauso gerne mögen wie Menschen, die uns echte Komplimente machen.

Achten Sie also immer darauf, ob Ihnen jemand ein falsches Kompliment macht und kurz darauf etwas von Ihnen will.

Hier lohnt es sich, kurz den Unterschied zwischen Manipulation und Überzeugung zu betrachten.

Manipulatoren geben fadenscheinige Gemeinsamkeiten vor und machen falsche Komplimente. Und – so unglaublich ich das auch in vielen Bereichen finde – kommen damit erstaunlich oft an ihr Ziel. Sie erschleichen sich Sympathie. Es sind Schleimer, die Nettigkeiten als Technik benutzen.

Ein Motivator oder auch eine gute Führungskraft macht das nicht. Eine gute Führungskraft (und das kann durchaus auch mal ein Vater oder eine Mutter sein) sucht nach echten Gemeinsamkeiten und übt echte Anerkennung. Das funktioniert hervorragend. Machen Sie doch mal folgende Übung, nachdem Sie dieses Kapitel gelesen haben. Schließen Sie das Buch (aber nur ganz kurz!), gehen zu Ihrem Partner und machen ein echtes Kompliment. Sie können auch einfach nur sagen: »Ich mag dich«, oder: »Ich freue mich, mit dir zusammen zu sein.« Wenn Ihr Partner Sie jetzt anschaut, als kämen Sie vom Mond, dann zeigen Sie ruhig auf dieses Buch und sagen: »In diesem (herausragenden!) Buch steht, man soll seinem Partner ruhig mal ein Kompliment machen – wenn es echt ist –, und ich meine das auch so. Ich mag dich!«

Glauben Sie mir, Ihre Chancen auf einen tollen Abend steigen erheblich.

Falls Ihr Partner Sie jetzt für verrückt erklärt oder abweisend reagiert, haben Sie ihm (oder ihr) vielleicht schon zu lange nicht mehr gesagt, dass Sie ihn mögen. In dem Fall funktionieren sogar lediglich gedachte Komplimente. Ganz im Ernst, probieren Sie es!

Als Nächstes kommen wir zu einem sehr wichtigen Grundsatz der Manipulation, der oft übersehen und daher stark unterbewertet wird. Es ist eines der echten Geheimnisse der Sympathie als Waffe:

Es ist nicht so wichtig, dass der andere uns mag – viel wichtiger ist, dass der andere spürt, dass wir ihn mögen!

Dieser Grundsatz ist nicht nur durchschlagend stark, er ist auch sehr praktisch und anwendbar. Wir können sowieso nicht beeinflussen, ob jemand uns mag oder nicht.

Wir können uns jedoch auf das Gute in jemandem konzentrieren und dafür sorgen, dass wir etwas an dem anderen finden, das wir mögen.

Wir können dafür sorgen, dass unser Gegenüber spürt: »Der (oder die) findet mich nett!«

Überlegen Sie doch mal: Wenn Sie jemanden mögen, dann müssen Sie dessen Rat trotzdem nicht unbedingt folgen. Wenn Sie aber spüren, dass der andere Sie mag, dann spüren Sie, dass dieser Mensch sicher nur das Beste für Sie möchte. Und in dem Fall ist das, was diese Person zu Ihnen sagt, viel überzeugender.

Ganz nebenbei: Genau hier liegt das Problem vieler Eltern, die ihre Kinder nicht mehr erreichen. Sobald ein Kind (oder Jugendlicher) nicht mehr spürt, dass es gemocht und geliebt wird, wird es den Bitten der Eltern nicht mehr nachkommen. Warum auch, dieser junge Mensch hat das Gefühl, dass die Eltern nicht das Beste für ihn wollen. Denn das wollen nur Menschen, die uns mögen.

Die Welt ist schon kompliziert genug. Wir wollen Verbündete, die uns mögen. Menschen an unserer Seite, die sich dort auskennen, wo wir es nicht tun. Menschen, die uns an der Hand nehmen und Orientierung geben.

Wenn wir jetzt spüren, dass ein Mensch uns mag, dann vertrauen wir diesem Menschen viel schneller und reichen ihm die Hand. Dann wird er es schon gut mit uns meinen.

Noch mal, weil es so wichtig ist: Dass wir jemanden mögen, hilft, kommt aber erst an zweiter Stelle. Viel wichtiger für den Manipulator ist unser Gefühl, dass der andere uns mag!

Das öffnet Manipulatoren natürlich Tor und Tür. Überlegen Sie doch mal, in welchen Momenten Sie jemandem auf den Leim gegangen sind. Sehr wahrscheinlich haben Sie den Eindruck gehabt, der andere mag Sie …

Kooperation

Wenn wir uns auf unsere Unterschiede konzentrieren, werden wir Schwierigkeiten dabei haben, gemeinsame Ziele zu verfolgen. Kürzlich haben wir in der Familie über die Übel der Welt geredet und darüber, dass der Mensch es so schön haben könnte, sich aber stattdessen so sehr auf die Unterschiede konzentriert und dass diese Unterschiede uns das Leben so schwer machen.

Daraufhin sagte eines meiner Kinder mehr im Scherz, dass die Lösung wahrscheinlich in einem Angriff von Außerirdischen bestünde. Denn wenn die Menschheit gemeinsam gegen einen außerirdischen

Feind kämpft, dann hätte sie ja ein gemeinsames Ziel, und das würde sicher helfen, sie zusammenzuschweißen.

Ich nehme an, dass das stimmt.

Ich nehme aber auch an, dass das nur kurz stimmen würde, denn gegen Außerirdische, die es schaffen, uns mit Raumschiffen anzugreifen, hätten wir wahrscheinlich nicht lange eine Chance. (Ich habe mir dann übrigens noch sagen lassen, dass die Außerirdischen ja sowieso schon ganz lange unter uns leben. Gut getarnt in den höchsten Ämtern. Queen Elisabeth zum Beispiel oder auch Papst Benedict XVI. sind nämlich, so habe ich gelernt, in Wirklichkeit Reptiloide, also echsenartige außerirdische Wesen, die sich lediglich als Menschen tarnen. Zumindest im Fall von Donald Trump habe ich kurz gezögert.)

Zurück in die Realität. Ein gemeinsames Ziel hilft ungemein, um Sympathie herzustellen. Und damit meine ich kein »komm, du willst es doch auch …«, sondern eine echte Gemeinsamkeit.

Wenn Sie jemanden überzeugen möchten, dann überlegen Sie vorab einmal, worin ein gemeinsames Ziel bestehen könnte, und sprechen Sie das an. Bei meinem Kölner Spirituosenhändler war das gemeinsame Ziel, den köstlichen Rum nicht zu verschwenden.

Das war allerdings bei dieser Geschichte nicht wirklich das ausschlaggebende Element.

Das Prinzip des gemeinsamen Ziels hat mich in diesem Fall eher davon überzeugt, es bei den Security-Leuten gar nicht erst zu versuchen.

Das ist auch ein wichtiges Detail: sich vorab zu überlegen, bei wem man überhaupt eine Chance hat.

Das oberste Ziel der Flughafenangestellten ist Sicherheit. Und dafür befolgen sie klare Anweisungen. Mein Ziel war es, möglicherweise gefährliche Flüssigkeiten in einem Flugzeug zu transportieren.

Da habe ich auch mit all meinen Überzeugungskünsten keine große Chance.

Also suchte ich mir jemanden, den ich nett fand und mit dem ich eine Gemeinsamkeit hatte.

Und: Wenn Sie ein Ziel haben, dann seien Sie flexibel. Das Ziel bestand in meinem Fall nicht darin, den Rum um jeden Preis ins Flugzeug zu kriegen, sondern ihn irgendwie nach Hause zu bringen.

Ich finde den Umweg über das Zigarrengeschäft immer noch recht elegant.

BEFREIEN SIE IHRE GEDANKEN UND WERDEN SIE FREI VON MANIPULATION

Mein guter Freund Dominik Chudzinsky erzählte mir vor Jahren einmal folgende Geschichte:

Jedes Kind wird mit einer perfekten Schüssel voller Licht geboren. Das ist unsere reine, unschuldige Natur. Wenn wir auf die Schüssel achten und sie pflegen, wird das Licht in ihr immer stärker und wir können in unserem Leben fantastische Erfahrungen machen und ein erfülltes Leben leben.

Sobald wir jedoch gegen unsere Natur und unseren Charakter handeln, neidisch werden, an Ängsten festhalten, an uns zweifeln und uns gestresst fühlen, ist das so, als würden wir einen Stein in die Schüssel legen.

Mit jedem Stein leuchtet die Schüssel schwächer.

Denn Steine und Licht können nicht gleichzeitig in der Schüssel sein. Je mehr Steine wir in die Schüssel legen, desto dunkler wird sie.

Bis sie irgendwann überhaupt nicht mehr leuchtet.

Daher ist es wichtig, dass wir sie immer wieder reinigen und die Steine aus der Schüssel entfernen.

Eine der besten Möglichkeiten, Steine aus der Schüssel zu räumen, besteht darin, Leid und Kummer zu klären, Stress zu reduzieren und so zu handeln, wie es unserem Charakter und unseren Werten entspricht.

Wenn jetzt jemand kommt und uns manipuliert, tun wir unter Umständen genau das nicht mehr.

Wir handeln nicht mehr nach unseren Ideen und Wertvorstellungen, sondern aufgrund einer Täuschung nach den Vorstellungen eines anderen.

Wir legen einen Stein in die Schüssel.

Wie kommt der da jetzt wieder raus?

Ich habe da einen Vorschlag für Sie. Lesen Sie weiter.

Die Grundeinstellung unseres Geistes ist: vorhersagen und uns schützen.

Wir versuchen, gedanklich vorherzusagen, was als Nächstes passiert, und dadurch unangenehme Erfahrungen zu vermeiden oder Gefahren zu entgehen. Wir versuchen intuitiv, keine Steine in die Schüssel zu legen.

Wie wir inzwischen wissen, wird jedes Verhalten im Kern von unseren Gedanken und den durch sie ausgelösten Emotionen und Gefühlen gesteuert. Denn unsere Gedanken steuern unsere Gefühle und unsere Gefühle steuern unser Verhalten – was sich wiederum auf unsere Gedanken auswirkt. Dieser Kreislauf steuert unser Leben. Er bestimmt unser Schicksal.

Wenn wir jetzt lediglich versuchen, unser Verhalten zu ändern, ohne dabei unsere Gedanken und Emotionen anzusprechen, ist das zu spät angesetzt. Wir sollten vielmehr verstehen, welche Programme in uns ablaufen, wie wir denken und wie sich diese Programme und unser Denken auf unser Verhalten, unsere Entscheidungen und unser Leben auswirken.

Was sagen wir gedanklich vorher und was wollen wir dadurch vermeiden?

Um Manipulation zu entkommen, sollten wir ein Verständnis dafür entwickeln, wie wir die Welt sehen, wie wir uns selbst sehen und was wir für möglich halten. Denn das ist immer der Vorläufer unserer Handlungen.

Da jede Form der Manipulation darauf ausgerichtet ist, unser Handeln zu steuern, sind wir ab dem Moment, in dem wir wissen, wie wir die Welt sehen, auch nur noch sehr schwer manipulierbar.

Wir lassen uns einfach nicht mehr so leicht täuschen.

Die Grundlage der Manipulation und der ihr zugrunde liegenden Täuschung liegt immer im Ansprechen unserer Emotionen. Der Manipulator erzeugt durch seine Worte oder Handlungen in uns immer Angst, Unsicherheit, Zweifel oder Stress (oder eine Mischung daraus).

Oder aber er erzeugt durch eine überzeugend vorgetragene Behauptung ein trügerisches Gefühl der Sicherheit – da es sich bei der Behauptung in diesem Moment jedoch um falsches Wissen handelt, ist auch die daraus folgende Emotion eine unangemessene.

Ich gebe Ihnen ein Beispiel: Ein Freund von mir hat die ständige An- und Auszieherei an der Sicherheitskontrolle am Flughafen satt. Er möchte nach Möglichkeit seinen Gürtel nicht ausziehen. Nicht, dass es schlimm wäre, wenn er dazu aufgefordert wird – er hat einfach nur keine große Lust auf den zusätzlichen Handgriff. Also lässt er einfach jedes Mal seinen Gürtel an und sagt zu den Security-Leuten voller Selbstvertrauen: »Das ist ein spezieller Reisegürtel, den darf man anlassen.« Als ich das erste Mal mit ihm eingecheckt habe, hat mich diese völlig aus der Luft gegriffene Behauptung fast aus den Socken gehauen (Schuhe hatte ich am Security-Check-in schon keine mehr an). Vollends verblüfft hat mich dann die Reaktion des Sicherheitspersonals. Die haben ihn danach nämlich einfach durchgewunken. Der macht das immer so. Es ist ein Spiel. Wenn es klappt, freut er sich jedes Mal diebisch.

Ich liebe so was ja und mache das seither auch. Und was soll ich sagen? Es funktioniert erstaunlich oft. Ein weiteres Beispiel für die Wirkung einer selbstbewusst aufgestellten Behauptung.

Was macht diese Behauptung? Sie sorgt für ein Gefühl der Sicherheit. Damit spricht sie eine Emotion an.

Jede Manipulation spricht unsere Emotionen an.

Wie können wir nun frei werden von Manipulation? Wie können wir sie durchschauen und ihr entkommen?

Wenn wir lediglich versuchen, unser Verhalten zu ändern, indem wir verändern wollen, was wir tun oder nicht tun, ist das in vielen Fällen wenig zielführend. Meiner Meinung nach liegt der Schlüssel im Verständnis unserer Emotionen.

Und im Verstehen des Zusammenhangs unserer Emotionen mit der Zeit.

Denn jede Emotion braucht die Zeit, um in uns eine Wirkung zu entfalten.

Angst zum Beispiel.

Angst braucht die Zukunft – denn sie ist immer die Erwartung von etwas äußerst Unangenehmem.

Dabei kann auch die Vergangenheit eine große Rolle spielen, denn eine vergangene Verletzung füttert die zukünftige Angst. Ohne die Erwartung einer unangenehmen Zukunft kann die Angst also nicht existieren.

Wenn wir es also schaffen, Emotionen von unserem Gefühl der Zeit zu entkoppeln, nehmen wir ihnen die Wirkung. Ab dem Moment sind wir Herr über unsere Gefühlswelt. Damit sind wir nicht mehr manipulierbar. Wir handeln der Situation angemessen und nicht mehr so, wie ein anderer es uns vorgibt. Wir versuchen dann nicht länger, eine Situation zu ändern, die sich unter Umständen nicht ändern lässt, sondern wir ändern, wie wir auf die Situation reagieren.

Ab diesem Moment nehmen wir das Leben nicht mehr als ein Produkt unseres Umfelds und unserer Mitmenschen wahr, sondern wir entwickeln ein tiefes Verständnis dafür, dass es immer unsere Beziehung zu den Menschen und Umständen ist, die bestimmt, wie wir fühlen und handeln. So werden unser Denken und unsere Handlungen frei.

Gehen wir die Zeit und die damit verbundenen Emotionen doch einmal durch.

Zunächst ist da die Vergangenheit. Sie kann eine Quelle der guten Erinnerungen und damit des Wohlbefindens sein.

Ist sie aber oft nicht.

Denken Sie doch einmal an ein unangenehmes Ereignis in Ihrer Vergangenheit. Welche Emotion fühlen Sie bei diesem Gedanken?

Ich nehme an, es ist ein Gefühl der Verletzung oder Scham. Auch Schuldgefühle im aktuellen Moment brauchen eine vergangene Erfahrung, die die aktuelle Schuld nährt und am Leben erhält. Wenn jetzt jemand in uns diese Gefühle aus der Vergangenheit anspricht, um uns im gegenwärtigen Moment Angst einzuimpfen, macht uns das sehr manipulierbar. Sie kennen ja jetzt die Grundeinstellung unserer Gedanken: vorhersehen und vermeiden. Das ist das Tückische bei der Angst. Sie sorgt dafür, dass wir das, wovor wir Angst haben, vermeiden wollen. Die in diesem Buch erwähnte Verlustaversion arbeitet mit genau dieser Grundeinstellung.

Bevor ich Ihnen vorschlage, was Sie in solchen Momenten tun können, widmen wir uns noch den anderen Zeiten.

Als Nächstes also die Gegenwart. Denken Sie doch einmal an etwas, das Ihnen genau in diesem Moment Unbehagen bereitet. Etwas, womit Sie gerade jetzt nicht zufrieden sind. Es kann auch nur eine winzige Kleinigkeit sein. Vielleicht fühlen Sie sich einsam, verloren, leer, traurig …

Was steckt dahinter?

Der vorherrschende Gedanke, der Ihnen den Moment verdirbt und ihm die Kraft nimmt, ist ein Wunsch. Wir leiden im Moment nämlich entweder, weil wir etwas nicht haben, das wir aber unbedingt wollen, oder aber, weil wir etwas haben, das wir nicht wollen.

Jedes Mal also, wenn jemand in uns den Wunsch aktiviert, unbedingt etwas haben zu wollen oder – umgekehrt – etwas, was wir aktuell um uns haben, nicht mehr haben zu wollen, triggert er über diese Emotionen unsere Entscheidung.

Und dann gibt es natürlich noch die Zukunft. Denken Sie einmal an ein unangenehmes Gefühl, das Ihnen in Bezug auf die Zukunft auf der Seele liegt. Ich habe es oben schon vorweggenommen: In Bezug auf die Zukunft ist die vorherrschende unangenehme Emotion Angst.

Nur ganz kurz: Wenn wir aktuell keine Lösung für das vorhergesehene Leid haben und nicht wissen, wie wir es vermeiden und uns vor ihm schützen können, kommt oft eine weitere sehr tückische Emotion in uns auf: Hoffnung. Sie ist der Wolf im Schafspelz. Hoffnung ist keine positive Emotion, denn sie nimmt uns die Macht zu handeln. Sie ist der letzte Strohhalm, an den wir uns klammern. Sie beraubt uns unserer Kraft, lässt uns in die Opferhaltung fallen. Keine gute Voraussetzung, um selbstbewusst und stark zu handeln. Die Hoffnung ist freilich etwas ganz anderes als eine positive Grundhaltung. Denn die positive Grundhaltung lässt uns handeln mit dem Vertrauen, dass unser Handeln etwas Gutes bewirken wird. Wir bleiben aber im Handeln, voller Zuversicht und Kraft – das ist der Unterschied!

Jede Form der Manipulation versucht, sich über eine dieser Emotionen in unser Denken einzuklinken und uns über diese Emotion zu einer Handlung zu bewegen. Das geht über die ganze Klaviatur, egal ob zum Beispiel ein Scharlatan uns verschimmelte Toastbrotscheiben verkauft, um unsere Hoffnung auf die Kontaktaufnahme mit Verstorbenen zu nähren, oder ein findiger Kartenanbieter im Internet versucht, uns über einen kurzen Countdown Angst zu machen, die begehrten Theaterkarten nicht mehr zu bekommen.

Was können wir nun dagegen tun?

Eine Möglichkeit besteht darin, die Methoden der Manipulatoren zu kennen. Es wird aber immer irgendwo einen intelligenten Menschen geben, der die Methoden neu kombiniert und neue Wege finden wird, über unsere Emotionen Zugang zu unserem Entscheidungsverhalten zu finden. Selbst wenn ich noch weitere 600 Seiten schreibe, ich würde nie alle Methoden sammeln können.

Manipulation ist wie eine Hydra. Schlage ich einen Kopf ab, wachsen zwei nach.

Zu einer weiteren, meines Erachtens effektiveren Methode wurde ich vom »Mind Architect« Peter Crone in einem seiner Workshops inspiriert. Sie besteht darin, zu verstehen, wie unsere Emotionen mit unserem Zeitgefühl zusammenhängen, und dann, im zweiten Schritt, Kontrolle über unsere Emotionen und unser Handeln zu erlangen. Denn: Wir sollten unsere Emotionen wahrnehmen und spüren – sie sollten uns aber nicht beherrschen.

Halten wir also fest:

Verletzung und Scham brauchen die Vergangenheit.
Begierden und Wünsche brauchen die Gegenwart
und Angst braucht die Zukunft.

Was können wir nun mit diesem Wissen tun? Wie können wir es nutzen?

Was die Vergangenheit betrifft: Sie ist vorbei. Was wir als Vergangenheit betrachten, ist eine Idee – diese Idee hat mit den tatsächlichen Ereignissen oft nichts zu tun. Sie existiert in dieser Form nur in unseren Gedanken. Außerdem ändert sich die Welt ständig. Vielleicht hat sich inzwischen die Situation geändert. Das sollten wir immer prüfen, bevor wir eine Entscheidung treffen.

Das Leben ist da, um gelebt zu werden und um Erfahrungen zu machen. Verletzungen gehören dazu.

Stellen Sie sich einmal vor, ein kleines Kind hat sich die Knie aufgeschürft und kommt weinend zu Ihnen. Schimpfen Sie als Erstes mit dem Kind? Halten Sie dem Kind dann erst mal einen Vortrag darüber, wie man richtig läuft? Ich denke nicht. Ich nehme vielmehr an, dass Sie das Kind in den Arm nehmen, auf die Wunde pusten und liebevoll ein Pflaster auf die Knie kleben.

Mit uns selbst gehen wir meistens nicht so liebevoll um.

Warum eigentlich?

Wenn Sie eine Verletzung spüren oder sich schämen, dann verdeutlichen Sie sich: Sie können Vergangenes nicht ändern. Sie können es nur als Erfahrung nehmen, um jetzt und auch in Zukunft anders zu handeln.

Ich nehme an, Sie haben irgendwo an Ihrem Körper eine Narbe. Sie haben über diese Narbe nicht nachgedacht, bevor ich sie erwähnt habe. Sie ist ein Teil Ihres Körpers, vollkommen integriert.

Dasselbe können Sie mit Ihren emotionalen Narben machen.

Was passiert ist, ist passiert. Die Vergangenheit ist Ihr Mentor.

Akzeptieren Sie sie. Akzeptanz ist ein wunderbarer Schlüssel zu Gelassenheit und Freiheit.

Nun zur Gegenwart. Es ist gerade, wie es ist. Wenn Sie etwas nicht wollen, was gerade da ist, oder wenn Sie unbedingt etwas wollen, was gerade nicht da ist, dann ist das ein wunderbarer Nährboden für Stress. Wenn Sie die Gegenwart nicht annehmen, wie sie ist, dann führt das zu gedanklicher und körperlicher Anspannung.

Wollen ändert aber überhaupt nichts. Wie wir im Kapitel über Suggestion gesehen haben, unterliegt unser Wille nämlich immer unserer Vorstellungskraft. Wenn Sie etwas wollen, sich aber nicht vorstellen können, es auch zu bekommen, dann wird der Wille Sie immer runterziehen und für Stress sorgen. Gestresste Menschen sind manipulierbar. Jede Form der Manipulation, die uns zum Beispiel unter Zeitdruck setzt, nutzt genau diese Tatsache unseres Denkens geschickt aus.

Eine sehr gute Möglichkeit, sich vom reinen »Wollen« zu lösen, besteht darin, ins Handeln zu kommen. Denn unser Leben reagiert auf Handlungen. Am besten ist hier natürlich eine wohlüberlegte Handlung.

Erst nachdenken, dann vorstellen, dann handeln. Alles wird zweimal geschaffen, einmal mental und einmal real. Erst kommt die Vorstellung, dann die Realisation.

Hier kommt also erneut unsere Vorstellungskraft ins Spiel. Und auch hier gilt: Je angespannter wir sind, desto weniger Kontrolle haben wir über unsere Vorstellungskraft.

Eine sehr gute Möglichkeit, mehr Kontrolle über unsere Vorstellungskraft zu erlangen, besteht also darin, körperlich zu entspannen und den Körper entspannt zu halten.

Bei dieser Form der Selbst-Suggestion und der damit verbundenen Konzentration auf ein Ziel oder einen Wunsch unterliegen wir schnell der Illusion, dass das Bild oder wir selbst etwas bewirken würden. Das ist nicht der Fall. Die Konzentration hilft lediglich, unsere Erwartung zu stärken. Und diese Erwartung lässt uns Möglichkeiten um uns herum entdecken, die wir andernfalls wahrscheinlich einfach übersehen würden. Aus diesem Grund muss uns auch das Universum (oder welche Energie Sie auch am liebsten anrufen, wenn Sie nicht mehr weiterwissen) nichts schenken. Wie wir alle wissen, bekommen wir gewöhnlich nichts einfach so geschenkt. Es geht ja eben nicht ums Wollen. Es geht vielmehr um die Überzeugung, dass wir etwas verdienen oder brauchen.

Denn unsere Umwelt reagiert nicht auf unsere Wünsche, sondern auf unsere Überzeugungen. Und auf die damit verbundene Konzentration unserer Aufmerksamkeit. Und die damit verbundenen Handlungen.

Dann bleibt noch die Zukunft. Und die so oft damit verbundene Angst. Auch hier ist die körperliche Reaktion Anspannung. Wenn Sie Angst haben, besteht eine der schnellsten Möglichkeiten, sie loszuwerden, darin, körperlich zu entspannen. Erlauben Sie sich, ruhig zu atmen, und beobachten Sie Ihren Atem. Dann entspannen Sie ganz bewusst jeden Muskel. Das wird dafür sorgen, dass die Angst abnimmt. Als Zweites beobachten Sie einmal alles um sich herum. Konzentrieren Sie sich auf alle Farben, auf alle runden Formen, dann auf alle eckigen.

Achten Sie auf die Klänge in Ihrer Umgebung und auf die Temperatur.

Wie duftet es in Ihrer Umgebung?

Der Trick dabei: Da die Angst die Zukunft braucht, nimmt sie in dem Maße ab, in dem Sie sich auf das Jetzt konzentrieren.

Wenn Sie dann ruhig sind und die Angst und die damit verbundene Anspannung Ihnen nicht weiter die Sinne rauben, können Sie sich dem richtigen Denken widmen.

Warum haben wir Angst vor der Zukunft? Ich denke, weil sie ungewiss ist.

Wir wissen nicht, was passiert. Das ist ein Naturgesetz.

So, wie Feuer heiß ist und Wasser flüssig, ist die Zukunft ungewiss.

Das mögen unsere Gedanken gewöhnlich nicht.

Wir können aber auch anders darüber denken: Die Zukunft ist leer. Wir wissen nicht, was in ihr passiert. Warum also Angst haben?

Unser Problem liegt in der Gegenwart!

Wir sind nämlich in Wirklichkeit nicht ängstlich wegen unserer Zukunft, sondern wegen unserer Vorstellung, was in der Zukunft passieren wird. Unsere Gedanken nehmen ein vergangenes Ereignis und projizieren es in eine mögliche Zukunft. Wir haben Angst vor unserer eigenen Vorstellungskraft. Und wie wir die nutzen, wissen wir ja jetzt.

Wenn Sie Ihre Emotionen derart losgelöst von der Zeit betrachten, nehmen Sie ihnen ihre manipulative Wirkung und erkennen sie als das, was sie sind: Hilfsmittel, die Sie unterstützen, Ihre Konzentration und Aufmerksamkeit auf das Wesentliche zu lenken.

In dem Moment bleiben Sie entspannt und sind nicht mehr anfällig für Manipulationen.

Denn keine Manipulation ohne Emotion.

Ab dem Moment, in dem Sie so denken und handeln, wird etwas Wunderbares passieren:

Sie verändern sich.

Sie entfernen die Steine aus der Schale.

Sie werden frei.

DANKE

Ich danke allen Menschen, mit denen ich während der Entstehung dieses Buchs sowohl virtuell, spirituell als auch »in echt« in engem Austausch war:

Satori, Alexander De Cova, Freddy Kremer, Petra und Dominik Chudzinsky, Tina und Michael Ruhe, Michael Vochezer, Pablo Hagemeyer, Antje und Flory Bähr, Albert Kitzler, Herbert Sojak, Andreas Buchty, Nico Gutjahr, Matze Fischedick, Michael Rossié, Clara, Claudia und Frank Scheelen, Christa Kinshofer, meinen Eltern, der Voit Family, Derek und Johnny, Serge und Gloria King, Imke und Frank Salzmann, Caro Voit und Philipp Steinbacher, Oskar Stolivits, Daniela Mayer-Zaupa, Bernd Mayer, Astrid und Günter Rauh, Biegel und Axel Friedrich, Simone und Michael Weideneder, Petra und Johannes Hähn, Mareike und Olaf Kensy.

Für eine großartige Zusammenarbeit in einer Zeit, in der die Kultur echt am Ende ist, danke ich an erster Stelle der unermüdlichen Steffi Rinsche und meinen Tourjungs Tomi Kaußen, Daniel Kettner und Marcel Sand, meinem Team: Christiane, Tina, Yannic Lühmann, Jascha Görres und Christoph Becker, Erwin und Maria Kistler, Simone und Bernt Haberland.

Für großes Vertrauen und eine äußerst angenehme Zusammenarbeit bei diesem Buchprojekt danke ich dem Yes-Verlag, besonders Pascale Breitenstein und Oliver Kuhn sowie Dr. Sybille Beck fürs Lektorieren und Christian Heinrich für die Recherche.

Des Weiteren möchte ich all meinen Zuschauern und Lesern meinen tiefen Dank aussprechen – ohne euch gäbe es weder Vorträge noch Workshops oder Bücher.

Der größte Dank geht an meine Familie, die mich immer wieder inspiriert und jeden Tag aufs Neue glücklich macht: meine Frau Christiane und meine drei Kinder Carlotta, Vincent und Marlena.

Wer mehr darüber erfahren möchte, wie Narzissten manipulieren, dem lege ich wärmstens das aktuelle Buch meines Freundes Dr. Pablo Hagemeyer ans Herz: *Die perfiden Spiele der Narzissten: Der nette Narzissmus-Doc klärt auf.*

QUELLEN

BÜCHER UND ARTIKEL

Alike, Mark D.: »Culpable Causation«, *Journal of Personality and Social Psychology 63* (1992): 368-378.

Bauer, Joel, Levy, Marc: *How to persuade people who don't want to be persuaded*, John Wiley and sons, 2004.

Cannon, Walter B.: »Voodoo Death«, *American Anthropologist 44*, 1942, 169–181.

Cialdini, Robert B.: *Die Psychologie des Überzeugens: Wie Sie sich selbst und Ihren Mitmenschen auf die Schliche kommen*, Hogrefe AG, 2010.

Die Fertigen Finger: *Das Fertige Buch oder don't forget to point*, Der Fertige Finger Verlag, 1997.

Dr. Bill: »Suggestabilities«, pdf, 2008, (Download unter https://www.penguinmagic.com/p/3076).

Gladwell, Malcolm: *Blink! Die Macht des Moments*, Piper Verlag, 2007.

»Less is Better: When Low-Value Options are Valued More Highly than High-Value Options«, *Journal of Behavioral Decision Making*, Vol. 11, 1998.

Stern, Robin: *Der Gaslight Effekt. Wie Sie versteckte emotionale Manipulation erkennen und abwenden*, Komplett Media GmbH, 2017.

Strack, Fritz, Martin, Leonard L., Schwarz, Norbert: »Priming and Communication: Social Determinants of Information Use in Judgements of Life Satisfaction«, *European Journal of Social Psychology 18* (1988): 429-442.

Thaler, Richard: *Misbehaving. Was uns die Verhaltensökonomik über unsere Entscheidungen verrät*, Siedler Verlag, 2015.

Tompkins, Matthew L.: *Die Kunst der Illusion: Magier, Spiritisten und wie wir uns täuschen lassen,* Dumont Verlag, 2019.

Travers, M., Van Boven, L., Judd, C. (2014): »The Secrecy Heuristic: Inferring Quality from Secrecy in Foreign Policy Contexts«, *Political Psychology*, Volume 35, Issue 1, 97–111, Februar 2014.

Van Manen, M., Leverin, B.: *Kindheit und Geheimnisse: Über Intimität, Privatheit und Identität*, Julius Klinkhardt Verlag, 2000.

Watzlawick, Paul: *Die erfundene Wirklichkeit. Wie wissen wir, was wir zu glauben wissen?*, Piper Verlag, 1985.

Zmeck, Jochen: *Handbuch der Magie*, Henschelverlag Kunst und Gesellschaft, 1984.

WWW

https://blog.redpepper.de/auf-nach-florida-mit-priming-reize-setzen

https://books.google.de/books?id=bNXQDgAAQBAJ&pg=PT154&lpg=PT154&dq=%22Man+hat+mir+vorgeworfen,+Menschen+zu+manipulieren,+worauf+ich+antworte:%22&source=bl&ots=iFZ8T4F9t-A&sig=ACfU3U0X5fvuUxVOnp8_KL4GrTdaPAK9cQ&hl=de&sa=X&ved=2ahUKEwiD386qx9vvAhXAgP0HHW4JCiUQ6AEwBHoECAEQAw#v=onepage&q=%22Man%20hat%20mir%20vorgeworfen%2C%20Menschen%20zu%20manipulieren%2C%20worauf%20ich%20antworte%3A%22&f=false

https://darrenhardy.com/programs?gclid=EAIaIQobChMI3ci2npf97wIVM-7mCh2lFgOrEAAYASAAEgJ3gfD_BwE

https://de.wikipedia.org/wiki/Carl_Sagan

https://de.wikipedia.org/wiki/Fliegendes_Spaghettimonster

https://de.wikipedia.org/wiki/Russells_Teekanne

https://dorisandmilton.de/milton-erickson-vom-gelaehmten-zum-groessten-hypnotherapeuten-unserer-zeit/

https://ichi.pro/de/aristoteles-und-die-kunst-der-uberzeugung-72915323624903

https://karrierebibel.de/halo-effekt/

https://lexikon.stangl.eu/17010/fear-of-missing-out-fomo

https://plato.stanford.edu/entries/ethics-manipulation/

https://pubmed.ncbi.nlm.nih.gov/9420342/ (Stelfox, Chua, O'Rourke & Detsky, 1998 – Conflict of interest in the debate over calcium-channel antagonists)

https://www.deutschalsfremdsprache.ch/contentLD/DFN/Te395sTomSawy.pdf

https://www.focus.de/digital/diverses/toast-trend_aid_88596.html

https://www.mdr.de/wissen/mensch-alltag/kirche-des-fliegenden-spaghettimonsters-100.html

https://www.sueddeutsche.de/politik/merkel-in-china-im-reich-der-kleinen-schritte-1.880279-2

https://www.tagesschau.de/faktenfinder/inland/kriminalitaet-trump-vonstorch-101.html sowie https://www.tagesschau.de/faktenfinder/trump-bilanz-uswahl-fakenews-101.html

https://www.ted.com/talks/niro_sivanathan_the_counterintuitive_way_to_be_more_persuasive?rid=gDSuPiG7rUut&utm_source=recommendation&utm_medium=email&utm_campaign=explore&utm_term=watchNow

https://www.washingtonpost.com/news/worldviews/wp/2018/06/18/trump-says-crime-in-germany-is-way-up-german-statistics-show-the-opposite/

https://www.welt.de/politik/deutschland/article231427351/Aerztekammer-Chef-Wuerde-jetzt-nicht-raten-Kinder-regelhaft-impfen-zu-lassen.html

https://www.welt.de/wirtschaft/article138940780/Zehn-Millionen-Flugreisen-werden-aus-Angst-storniert.html

https://www.youtube.com/watch?v=nOMW8Kn4OLw (NDR-Interview Bärbock – Habeck)

Weitere Informationen zu Thorsten Haveners

Onlinekursen

und zu seinen

Coaching-Konsultationen,
Workshops
und
Vorträgen

erhalten Sie unter:

www.thorsten-havener.com

Follow us on social media